本书是国家社科基金规划项目"丝绸之路（
非物质文化景观基因图谱研究"的

丝绸之路
"长安—天山廊道"国内段
非物质文化景观图谱研究

魏鹏 杜婷 著

知识产权出版社
全国百佳图书出版单位
—北京—

图书在版编目（CIP）数据

丝绸之路"长安—天山廊道"国内段非物质文化景观图谱研究／魏鹏，杜婷著. —北京：知识产权出版社，2024.1
ISBN 978-7-5130-7883-2

Ⅰ. ①丝… Ⅱ. ①魏… ②杜… Ⅲ. ①丝绸之路—文化—景观—非物质文化遗产—中国—图谱 Ⅳ. ①K928.70-64

中国版本图书馆 CIP 数据核字（2021）第 233289 号

内容提要

本书以丝绸之路"长安—天山廊道"国内段 11 项人类"非遗"、282 项国家级"非遗"（含前项列入人类遗产的国家级遗产）、1090 项省级"非遗"，共标注 1854 处"非遗"为对象，进行线路区段内"非遗"景观的基因图谱研究。

本书采用地理信息技术和地学信息图谱思想，构建非物质文化景观的基本单元信息图谱表达模型，显示非物质文化景观基因的空间分布、空间结构和空间关系，揭示其空间分异、空间关联与环境响应关系，提出基于空间分异的真实性、线路关联的整体性以及与环境相适应的生态性为要求的保护与开发方案建议。

责任编辑：刘 嚞　　　　　　　责任校对：王 岩
封面设计：红石榴文化·王英磊　　责任印制：孙婷婷

丝绸之路"长安—天山廊道"国内段非物质文化景观图谱研究
魏　鹏　杜　婷　著

出版发行	知识产权出版社有限责任公司	网　　址	http://www.ipph.cn
社　　址	北京市海淀区气象路 50 号院	邮　　编	100081
责编电话	010-82000860 转 8119	责编邮箱	liuhe@cnipr.com
发行电话	010-82000860 转 8101/8102	发行传真	010-82000893/82005070/82000270
印　　刷	北京建宏印刷有限公司	经　　销	新华书店、各大网上书店及相关专业书店
开　　本	720mm×1000mm　1/16	印　　张	13.5
版　　次	2024 年 1 月第 1 版	印　　次	2024 年 1 月第 1 次印刷
字　　数	197 千字	定　　价	89.00 元

ISBN 978-7-5130-7883-2

出版权专有　侵权必究
如有印装质量问题，本社负责调换。

前　言

　　本书围绕丝绸之路"长安—天山廊道"国内段非物质文化遗产（以下简称"非遗"）景观基因图谱开展研究。本书所指非物质文化景观基因图谱，是借鉴生物基因的概念与分析方法，对非物质文化的景观表象进行载体、符号、功能等要素的基因化提取，以数字表达为主，文义与多媒体表达为辅，在地理信息系统中对基因要素与空间、环境关系以及各基因要素谱系间关系进行图形显示的表达体系。本书所指丝绸之路"长安—天山廊道"国内段区域包括世界文化遗产"丝绸之路：长安—天山廊道的路网"所涵盖的我国河南省、陕西省、甘肃省、新疆维吾尔自治区四省区。

　　"非遗"是文化遗产的重要组成，是文化发展历史的活态记录。丝绸之路是东西方之间融合、交流和对话之路。"丝绸之路：长安—天山廊道的路网"2014年被列为世界文化遗产，属丝绸之路东段的重要组成部分，在丝绸之路交通与交流体系中具有独特的起始地位和突出的代表性。"丝绸之路：长安—天山廊道"（以下简称丝绸之路）区域，历史悠久、地理多样、文化多元，形成了丰富的非物质文化景观；文化相互融合影响，形成了交错与过渡特征明显的文化景观区；在近代化的过程中，受西方强势文化的侵蚀较少，保持了自己的传统，保存了非物质文化遗产的地域性、民族性与历史性的记忆特征，是研究文化基因图谱的良好区域。在"丝绸之路：长安—天山廊道的路网"

申遗成功后，文化资源亟须整体协调保护，在"一带一路"倡议加快推进民心相通发展，国家致力于传承发展优秀传统文化以增强文化自信与文化软实力，文化旅游产品成为大众化消费产品的背景下，基于基因图谱方法对研究区的"非遗"景观进行研究具有突出的理论与实践价值。

本书内容主要包括以下几方面。

1. "非遗"景观的基因梳理与标注

非物质文化具有复杂的文化形式与文化内涵，承载了丰富的文化发展的历史信息与地理信息。本书建立包括文化的形式、符号和功能等的图谱体系，对研究的"非遗"对象进行逐一标注，通过基因解构的方法，梳理"非遗"的文化景观现象，显现出"非遗"文化的表里特征，逆向化解析其所蕴含的文化时空信息，为"非遗"文化的数字化保护与地理信息呈现，以及基于整体性与地方生态性的保护与开发提供基础。

2. "非遗"景观的空间分布

本书采用由下至上的标点方法，针对确切的"非遗"点，遵循"整体特征—局部分划—局部特征"的逻辑，创新性地将 CV 指数、Ripley's K 指数、空间热点探测以及空间聚集分形维数的空间研究方法综合运用，以定量测评研究区"非遗"空间分布总体聚集特征，测定最大聚集的尺度，探测空间分布的多阶热点地区，显现研究区"非遗"景观空间分布的典型格局。

3. "非遗"景观基因的地区与民族间的分异与关联

本书针对不同地区与民族的"非遗"景观及基因研究其分异与关联特征。主要采用 Cramer's V 值测量分民族与地区的名义变量间的相关性，采用 Pearson 相关系数测量不同类型要素的占比数值间的相关关系，采用系统聚类（分层聚类法）测量地区之间的文化基因的聚类关系，采用均值（t 值）、方差（F 值）检验方式来辨识各要素间的差异关系。

4. "非遗"景观的环境响应

本书通过中国科学院地理空间云数据，以及县级行政区常年平均统计数据[1]进行的基于径向基功能的趋势面分析构建覆盖研究区域的整体趋势的栅格图层信息，以分点获得栅格值信息的方式，获取各点的自然条件信息。主要采用均值（t 值）、方差（F 值）进行组间与组内检验，测量"非遗"景观基因所处的自然地理环境以及不同类型之间的关联与分异关系，较为清晰地显示了"非遗"景观及基因对自然环境的响应机制。

5. "非遗"景观的图谱挖掘与展现

本项目通过与相关科技企业合作，借鉴 Google 知识图谱，创建"非遗"文化基因知识图谱平台以及"丝绸之路"国内段"非遗"景观基因知识图谱体系，实现了基于属性与关系特征的"非遗"知识的挖掘与展现。

本书采用 ArcGIS 地理信息的分析与在线服务系统，为"非遗"景观的图谱展现提供具有通用性、可视性、兼容性的数据平台，能够立体地展现图谱的要素表现与丰富文化内涵信息。

6. "非遗"景观的保护与开发

本书基于"非遗"的景观与环境特征，遵循整体性与地方生态性理念，提出保护与传承的方案建议，对基因的系统化挖掘、立体化呈现与多视角的分析，是整体性与生态性开发的基础。

基于本书内容体系完整、学术性严谨的要求，为保证研究基础与《保护非物质文化遗产公约》等国际非物质文化遗产相关理论基础保持一致，以及避免在不同语系之间进行翻译的过程中产生偏差，本书部分内容保留了英文原文，以便读者更准确地获得相关知识。

魏　鹏

2023 年 1 月

---

[1] 数据来源：国家科技资源共享服务——国家地球系统科学数据中心共享服务平台（http://www.geodata.cn）。

目　录

第1章	绪论	1
1.1	非物质文化景观图谱	1
1.2	丝绸之路：长安—天山廊道	2
1.3	联合国教科文组织关于人类非物质文化遗产的知识图谱	4
1.4	国内外相关研究	11
1.5	相关概念	18
1.6	"非遗"基因的识别与图谱表达	22

第2章	丝绸之路国内段行政区划与自然环境概况	25
2.1	行政区划	25
2.2	自然地理	26
2.3	研究分区	39

第3章	丝绸之路国内段非物质文化景观的概况与分布	42
3.1	数量与类型	42
3.2	地区分布	43
3.3	民族归属	48
3.4	产生年代	54
3.5	空间分布特征	58

第4章 丝绸之路国内段非物质文化遗产的表现形式与文化功能 ········· 69
- 4.1 说唱 ·· 69
- 4.2 舞蹈 ·· 74
- 4.3 制作技艺 ·· 78
- 4.4 文化功能及其分布 ··· 80
- 4.5 本章小结 ·· 84

第5章 丝绸之路国内段非物质文化遗产的文化符号 ························· 87
- 5.1 文义 ·· 87
- 5.2 时令 ·· 92
- 5.3 器具 ·· 95
- 5.4 材质 ·· 100
- 5.5 图腾 ·· 103
- 5.6 本章小结 ·· 105

第6章 丝绸之路国内段主要民族的非物质文化遗产基因特征 ············ 108
- 6.1 汉族 ·· 108
- 6.2 少数民族 ·· 115
- 6.3 本章小结 ·· 124

第7章 丝绸之路国内段各地区的非物质文化遗产基因特征 ··············· 126
- 7.1 南疆 ·· 126
- 7.2 北疆 ·· 131
- 7.3 河西走廊 ·· 135
- 7.4 陇南山地 ·· 140
- 7.5 陕南山地 ·· 145
- 7.6 豫西山地 ·· 150
- 7.7 陇东黄土高原 ·· 154
- 7.8 陕北黄土高原 ·· 159
- 7.9 关中平原 ·· 163

7.10 豫东黄河平原 ·· 168
  7.11 豫东淮河平原 ·· 172
  7.12 本章小结 ·· 177

第8章 丝绸之路国内段非物质文化遗产基因的主要特征 ·········· 184
  8.1 "非遗"基因的区域内共生 ·· 184
  8.2 "非遗"基因的区域内排异 ·· 185
  8.3 "非遗"基因的地区间分异 ·· 185
  8.4 "非遗"基因的民族分异 ·· 186
  8.5 "非遗"基因的邻近关联 ·· 188
  8.6 "非遗"景观与基因分布的自然环境分异 ···························· 193
  8.7 "非遗"基因的历史差异性层进发展 ···································· 194

参考文献 ·· 196

第1章
绪 论

1.1 非物质文化景观图谱

《保护非物质文化遗产公约》(以下简称《公约》)中所指"非物质文化遗产",是指被各社区、群体乃至个人,视为其文化遗产组成部分的各种社会实践、观念表述、表现形式、知识、技能以及相关的工具、实物、手工艺品和文化场所。非物质文化遗产(以下简称"非遗")世代相传,在各社区和群体适应周围环境的过程以及与自然和历史的互动中,被不断地再创造,为这些社区和群体提供认同感和持续感,从而增强对文化多样性和人类创造力的尊重。在《公约》中,只考虑符合现有的国际人权文件,各社区、群体和个人之间相互尊重的需要和顺应可持续发展的"非遗"[1]。

非物质文化景观图谱,是借鉴生物基因的概念与分析方法,对非物质文化的景观表象进行形式、符号、功能等要素的基因化提取,以数字表达为主,文义与多媒体表达为辅,在地理信息系统中对基因要素与空间、环境关系以及各基因要素谱系间关系进行图形显示的表达体系。

---

[1] 联合国教育、科学及文化组织大会第 32 届会议. 保护非物质文化遗产公约[Z/OL]. 联合国公约与宣言检索系统,https://www.un.org/zh/documents/treaty/files/ich.shtml,2003-10-17.

1.2 丝绸之路：长安—天山廊道

"丝绸之路：长安—天山廊道的路网"由公元前 2 世纪至公元 16 世纪整个丝绸之路的起始路段与分布于天山山脉地区的交通路网组成，是"丝绸之路"中地位特别突出、交通距离特别长、交流内容极为丰富、影响力非常深远、旅途景观尤为壮美多彩的组成部分。它从中国古代的长安/洛阳往西、经河西走廊进入天山山脉地区，路网跨距近 5000 千米、总长达 8700 多千米，由分布于中国、哈萨克斯坦和吉尔吉斯斯坦三国境内的代表性遗迹以及它们之间在 18 个世纪的历史过程中所形成的交通交流关系构成。遗存类型包含了亚洲大陆上不同历史时期的诸多帝国或汗国的都城或宫城、中心城镇、商贸聚落或城镇、石窟寺、古道、驿站、关隘、烽燧、长城、城堡、墓葬等考古遗址和多种宗教建筑与遗存；沿途拥有高山与平原、森林与草原、沙漠与戈壁、绿洲与河谷等亚洲内陆极富特色的地貌景观。

"丝绸之路：长安—天山廊道的路网"属于丝绸之路极为重要的组成部分，不仅在丝绸之路整个交流交通体系中具有起源的地位，还因经由多种途径的人与自然的互动关系建立起跨区域的长距离交通，连接了多种文明地带，展开了东西方之间持续而广泛的商贸、宗教、科技、文化等交流活动，在游牧与定居、东亚与中亚等文明交流中拥有广泛而重要的影响和作用，见证了亚欧大陆于公元前 2 世纪至公元 16 世纪期间人类文明与文化发展的主要脉络及其重要历史阶段，以及其中突出的多元文化特征；促进了洲际多种文明的协调和共同繁荣，是亚洲大陆上建立长距离东西方交通，开展广泛的人类文明与文化交流、对话的杰出范例。

2014 年，根据文化遗产遴选依据标准（ii）（iii）（v）（vi），"丝绸之路：长安—天山廊道的路网"被联合国教科文组织世界遗产委员会批准作为文化遗产列入《世界遗产名录》。

第1章 绪论

遴选依据标准（ii）："丝绸之路：长安—天山廊道的路网"以跨越东亚与中亚的特大区域性路网规模、持久的沿用时间、丰富的各类遗存及其相互间的内在动态关联、多元的交流内容、多样的地理环境，展现出公元前2世纪—公元16世纪期间亚欧大陆诸多文明区域、特别是游牧的草原文明与定居的农耕、绿洲或畜牧文明之间所发生的互相影响与作用，包括在宗教信仰、城市文化、建筑设计、住居方式、商品贸易、民族交流等方面所揭示的人们价值观的相互影响，是亚欧大陆上人类经由长距离交通、开展广泛的文明与文化交流的杰出范例。

遴选依据标准（iii）："丝绸之路：长安—天山廊道的路网"是公元前2世纪—公元16世纪期间欧亚大陆经济和文化交流传统，以及社会发展的重要见证。特别是分布于路网沿线的一系列都城、中心城镇和聚落遗址，为亚洲大陆、尤其是中亚地区在约18个世纪中诸多业已消逝或发展演变的古代民族及其文明，以及东亚地区延续至今的华夏文明都提供了特殊的见证，揭示了亚洲历史上中原农耕文明、草原游牧文明、西域绿洲文明之间的交流、冲突、兼容、融合等对话过程，以及这一过程所经历的若干重要历史阶段与突出的多元文化特性。

遴选依据标准（v）："丝绸之路：长安—天山廊道的路网"经由一系列对自然环境的依托、利用和改造措施，包括对荒漠地带土地利用的成功开发，共同支撑了荒漠条件下的行旅交通，最终使得跨越洲际的文化线路得以贯通，是人类为实现长距离交通与交流而与自然环境相互作用的杰出范例。

遴选依据标准（vi）："丝绸之路：长安—天山廊道的路网"的诸多遗址遗迹与大量相关出土文物、简牍文书、历史文献和行旅游记，与对亚欧大陆上的人类文明与文化交流史具有里程碑意义的"张骞'凿空'西域"直接关联；与对东亚文化具有重大影响的中国佛教传播事件和传播方式直接关联；与以丝绸为大宗贸易的洲际商贸传统（如绢马互市）以及粟特人在丝绸之路上独特的经商传统直接关联；与此同时，在其沿线其他地点出土的大量文物、简牍文书和考古资料等珍贵材料，可为亚欧大陆上广泛的文明与文化交流内容，包括东西方之间物种、习俗、艺术、科学、技术等交流传统提供实质性的佐证，揭示出这些交流活动对社会、政治、经济、文化等诸多方面所产生的广泛而深刻的影响。

世界遗产委员会评价："丝绸之路：长安—天山廊道的路网"是路网跨距近 5000 千米的丝绸之路的一部分，从中国汉唐中央都城长安/洛阳延伸到中亚地区。丝绸之路形成于公元前 2 世纪—公元 1 世纪，一直使用到 16 世纪，将多种文明联系起来，并促进在贸易、宗教信仰、科学知识、技术创新、文化习俗和艺术方面的广泛活动与交流。路网中包含的 33 个组成部分，包括首都和各帝国、汗国的宫殿建筑群、贸易定居点、佛教洞穴寺庙、古径、驿站、通道、灯塔、长城部分、防御工事、坟墓和宗教建筑。❶

1.3 联合国教科文组织关于人类非物质文化遗产的知识图谱

联合国教育科学和文化组织（以下简称联合国教科文组织）提供了一个"潜入非物质文化遗产"（Dive into Intangible Cultural Heritage）方案（以下简称方案），为非物质文化遗产的知识透视提供了一个利用网络语义学和图形可视化技术的指数图谱方案，通过联合国教科文组织 2003 年《公约》清单上的近 500 个元素，提出了一个相对广泛的概念和视觉导航，探索了跨领域、主题、地理和生态系统的各种元素，并使它们之间的深层相互联系得以可视化，以了解更多关于其概念的知识。

1.《公约》中的"非遗"

方案显示了依据 2003 年《公约》确定的"非遗"的五种类型，以及列入人类"非遗"名录的知识关联关系。五种类型包括：①口头传统和表现形式，

---

❶ 联合国教科文组织关于《丝绸之路：长安—天山廊道的路网》的描述[EB/OL]. 联合国教科文组织，https://whc.unesco.org，2020-12-20.

包括作为"非遗"媒介的语言；②表演艺术；③社会实践、仪式、节庆活动；④有关自然界和宇宙的知识和实践；⑤传统手工艺。图1-1交互式图像显示了2003年《公约》所规定的生命遗产要素与第2条所述的五个领域之间的关系。共享相同领域的要素被分组在一起，而相关国家在轨道上显示，按地区划分。

图 1-1 《公约》中关于"非遗"的图谱

在"非遗"知识图谱中的生命遗产群包含有众多《公约》图谱信息，主要包括以下几方面。

①最外层代表的是国家（地区）：主要包括东欧国家（地区），拉美和加勒比国家（地区），亚萨里安–美国国家（地区），亚洲和太平洋国家（地区），阿拉伯国家（地区）以及西欧和北美国家（地区）；每个区域按字母顺序排序。对于每个国家（地区）也会显示与其"非遗"（ICH）元素相关的所有域的关系。

②中间层代表的是"非遗"。

③最里层代表的是2003年《公约》中的五大"非遗"领域。

④元素之间的联系：默认情况下可见的线是所有内容群落的连接。

⑤ ◆代表国家；◆代表地区，在一个国家或者地区之前也强调生命遗产群与ICH元素的关联性；◆代表世界遗产地。

例 1：克雷莫纳的传统小提琴工艺（Traditional Violin Craftsmanship in Cremona）作为一项"非遗"，与乐器制作、弓弦乐器、器乐、工艺工人、技术能力、木头、恢复、学徒制、传统的工具、文化组织、职业学校、声学以及音乐家等概念有关，与其相关的国家是意大利共和国。

例 2：传统朝鲜族摔跤（Ssirum / Ssireum），与游戏、运动竞赛、牛、摔跤、金沙、体训、农业礼仪、才能以及假期等概念有关，与其相关的国家是大韩民国和朝鲜民主主义人民共和国。

例 3：加里富纳的语言、舞蹈和音乐（Language, Dance and Music of the Garifuna）与口头传统、器乐、舞蹈、节庆、当地的语言、奴隶制、讽刺、讲故事、造船、建筑、口述史、殖民历史、木薯、海上捕鱼以及农业概念有关，与其相关的国家是尼加拉瓜共和国、危地马拉共和国、伯利兹和洪都拉斯共和国。

2. "非遗"的谱系

如图 1-2 所示，方案以独特、互动的视觉效果展示了 2003 年《公约》所铭记的生物遗产的多样性和相互联系。通过"舞蹈""家庭"或"仪式"等概念进行导航，可以看到来自 100 多个国家（地区）的社区中的近 500 个元素。

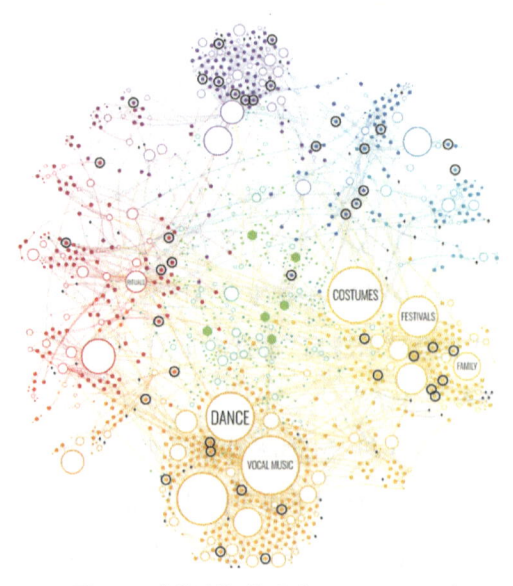

图 1-2 "非遗"谱系（Constellation）

在"非遗"谱系中生命遗产群包含了丰富的信息，主要包括以下几方面。

①"非遗"：所有的实心圆 ●。

②概念：大小不同的圆，圆越大，包含的信息越多。

③元素之间的联系：默认情况下可见的线是所有生物群系的连接。

④ ◆代表国家；●代表地区，在一个国家或者地区之前也强调生命遗产群与 ICH 元素的关联性；◆代表世界遗产地。

3. "非遗"与生物和自然资源

如图 1-3 所示，方案以互动的视觉效果提供了一种洞察力，使人们可以洞悉 2003 年《公约》所记录的生物遗产与自然资源之间的联系，并为实现可持续目标提供支援。通过浏览"河流""树木"或"马匹"等概念，了解它们与八个通用生物群落的关系。在"非遗"知识图谱中，生物和自然资源包含的信息众多，主要包括以下几方面。

①"非遗"。所有相同大小的实心圆 ●，这些圆是根据与其有关联的生物群系进行填充的，而外部笔触颜色显示的是其主要生物群系。

②地区。◆代表国家；●代表地区，在一个国家或者地区之前也强调所有生物群落与 ICH 元素的关联性；◆代表世界遗产地。

③自然。包括大小不同的圆，圆越大，包含的信息越多。其中代表的自然概念主要有河流、马匹、木头、大米、植物、火、羊毛、水、树木、花卉等。

④生物：带有图标的大笔触圆圈，每个都有其自己的颜色；ICH 元素要靠近主要生物群落，但也被拉向其他可能的生物群落。

⑤元素之间的联系：默认情况下可见的线是所有生物群落连接。

⑥知识图谱外围的大圆圈包含有：森林、内陆湿地、海洋、沿海和内陆地区、山脉、都市区域、特定的非生态系统、干旱地区、农业生态系统、草原、大草原等。

图 1–3 "非遗"与生物和自然资源

  例 1：布迪玛舞（Budima Dance）与外围的内陆湿地、农业生态系统以及山脉主要生物群系都有着密切关系，与谷物和牛的自然概念有关，与其相关的地区是赞比亚。可持续发展目标包括：品质教育；性别平等；可持续的城市和社区；和平、正义与强大机构。

  例 2：比利时的啤酒文化（Beer Culture in Belgium）：与外围的都市区域、农业生态系统以及特定的非生态系统主要生物群系都有着密切关系，与环境的保护和谷物的自然概念有关，与其相关的地区是比利时。可持续发展目标包括：零饥饿；品质教育；努力的劳动和经济的增长；和平、正义与强大机构。

  例 3：树养蜂文化（Tree Beekeeping Culture）：与外围的内陆湿地、森林以及主要生物群系都有着密切关系，与树木、季节的自然概念有关，与其相关的城市是白俄罗斯和波兰。与世界遗产地相关联的是比亚沃维耶扎（Bialowieza）森林。可持续发展目标包括：零饥饿；健康和幸福；品质教育；

努力的劳动和经济的增长；有责任的劳作和生产；气候的变化；实现目标的伙伴关系。

4. "非遗"面临的威胁

关于"非遗"面临的威胁的互动式视觉设计是在实验的基础上进行的，旨在凸显威胁到《紧急需要保护的非物质文化遗产名录》中所列非物质文化遗产要素的现象。通过研究提名文件，联合国教科文组织确定了其中的46个现象，通常被称为"风险"或"威胁"。为了便于导航，将这些现象分为九类：中间的一种（"虚弱的做法和传播"）对应濒危遗产的症状，而另一种则对应潜在的因素、威胁或风险。选择一个"威胁"以查看其如何影响相关元素；选择一个元素以查看哪些因素会影响其生存能力。

在"非物质文化遗产"知识图谱中包含众多的生命遗产和威胁的信息，如图1-4所示，主要包括以下几方面。

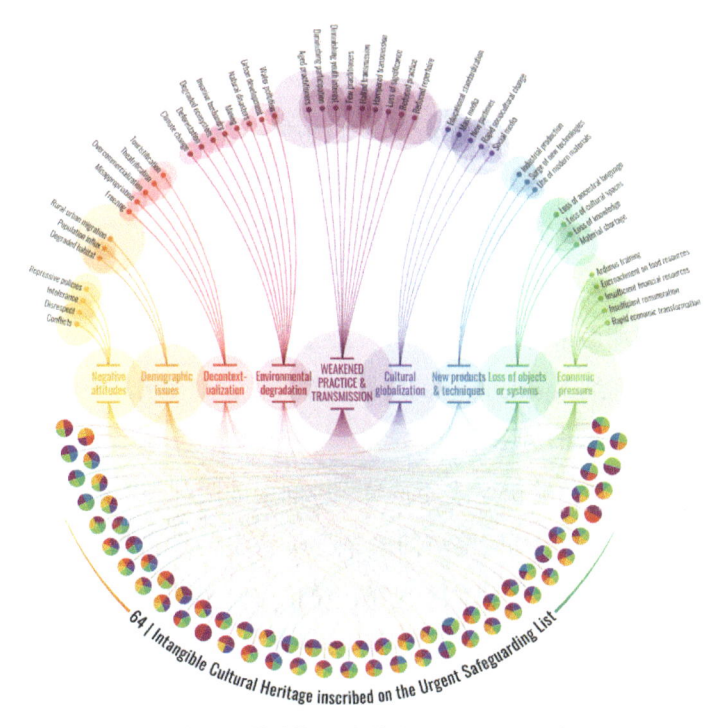

图1-4 关于"非遗"面临的威胁的知识图谱内容

上半圈表示与 ICH 元素相关联的数量。Few Many 圆越大，包含的信息越多，主要包括：矛盾，不尊重，不容忍，压迫性的政策；退化的栖息地，人口涌入，城乡迁移；冷冻，盗用，过度的商业化，恐吓，旅游化；气候的改变，毁林，退化的生态系统，侵入性饲养，采矿，自然灾害，都市的发展，水污染；老年从业者，减少参与，青年失去兴趣；极少的从业者；停止传播，传输受阻，失去意义，减少练习，经典曲目的减少；教育的标准化，大量的媒体，新消遣，社会文化的快速改变，社交媒体；工业的生产，新技术的兴起，现代材料的使用；祖先语言的丧失，文化空间的丧失，语言的丧失，材料的短缺；艰苦的训练，侵占粮食资源，财政资源不足，薪酬不足，快速的经济转变共 46 个"风险"或"威胁"要素。

中间层表示威胁的种类，主要包括：相关的因素，人口的问题，非文本化，环境恶化，实践和传播的削弱，文化的全球化，新的产品和技术，体系或系统的丢失以及经济的压力九大类。

下半圈表示列入紧急保障清单的非物质文化遗产。 是根据其相关威胁类别填充，主要包括：耀瓦（Enawene Nawe）维持社会和宇宙秩序的仪式；雅克力（Nakhchivan 的传统集体舞蹈）；在波斯湾建造和航行伊朗 Lenj 船的传统技巧；苏里·贾格（Suri Jagek）（观察太阳），是基于对当地地形的太阳、月亮和星星观测而来的传统气象和天文实践；卡利亚迪沙皇（圣诞节沙皇）的仪式；博茨瓦纳 Kgatleng 区的陶器制作技巧；Al Azi，表演赞美、骄傲和毅力诗歌的艺术等 67 项。

例 1：社会文化的快速改变是属于中间层威胁种类中的文化的全球化，包含了 23 个列入紧急保障清单的"非遗"。例如，蒙古族史诗；黎族传统的纺织技术：纺纱、染色、编织和刺绣；哥伦比亚－委内瑞拉 llano 工作歌曲；等等。

例 2：在环境恶化中包含了 8 个"风险"或"威胁"要素，如气候的改变、毁林、退化的生态系统、侵入性饲养、采矿、自然灾害、都市的发展以及水污染。包含了 18 个列入紧急保障清单的"非遗",例如,Kit Mikayi 神社的礼节和习俗,乌干达中北部兰戈的男孩子清洗仪式以及南帕奇仪式;等等。

例 3:在列入紧急保障清单的"非遗"中,如蒙古人崇拜圣地的传统习俗,包含了威胁种类中的六大类,主要包括:相关的因素,人口的问题,环境恶化,实践和传播的削弱,体系或系统的丢失,经济的压力;这与"风险"或"威胁"要素中的压迫性的政策、城乡迁移、都市的发展、经典曲目的减少、文化空间的丧失以及快速的经济转变 6 个因素有关。

1.4 国内外相关研究

1. 国外研究

对口头文学、传统技艺等非物质文化的现象与精神研究,伴随着人类文化的发展具有悠久的历史。但真正以学科的面貌被认识应当始自 19 世纪末、20 世纪初,泰勒基于文化史和民族学进化观念开创了文化基因的概念并将统计学引入文化研究的方法;索尔将文化景观作为人与自然交互的结果予以提出。20 世纪 50 年代怀特提出了包括工艺、社会与意识形态的文化研究的体系,形成了文化科学的内容与方法基础。20 世纪 80 年代以来,受益于信息技术与学科综合方法的发展,以软计算、虚拟现实、尺度转换、信息模型、隐喻和综合集成等形成的文化研究方法体系也得以不断完善,乔丹等提出的新文化地理学受到来自社会科学"文化转向"的影响,经后结构主义等视角转向,文化景观被拓展到文化图像与意象的研究领域,并着重用来探讨景观表象背后的深层意义与结构问题;进化动力学、网络结构方法、文化发生学为文化基因的内容、结构、演进研究提供了一系列新的方法,与之相关的"文化组学"是艾登等利用谷歌图书和维基百科的海量数据观察文化变迁的新概念与方法。20 世纪 90 年代以来,联合国教科文组织的系列政策与研究成果则推动了相关研究的快速发展:文化景观被定义为一个连接文化遗产与自然遗产纽带的遗产类型加以明确；相继出台的《宣布人类口头和非物质遗产代表作申报书编写指南》《公约》等，使得"非遗"的定义与宏观保护及可持续发展政策得到学界的广泛关注；文化线路作为国际文化遗产保护领域的一个新概念，在 20 世纪末马德里文化线路世界遗产专家会议形成的会议报告中第一次被清晰地提出，国际古迹遗址理事会文化线路科学委员会成立后，即开始系统、深入地探讨"文化线路"的内涵、价值、意义及其保护策略，同时开启了以"对话和交流"为特征的跨地区或跨国家的文化线路作为新型文化遗产研究的热潮。

（1）非物质文化

自 20 世纪 90 代末，联合国教科文组织相继出台《宣布人类口头和非物质遗产代表作申报书编写指南》《保护非物质文化遗产公约》，以及"人类口头与非物质文化遗产代表作"计划和"人类非物质文化遗产代表作名录"诞生以来，非物质文化的概念被正式提出并得到学界的广泛关注。Harriet Deacon[1]、Marta Bordignon、Kenji Yoshida[2]等对"非遗"的概念与宏观保护进行了深入的研究。

（2）文化景观

文化景观自 20 世纪 20 年代被索尔提出，体现了人与自然交互的结构[3]，1992 年联合国教科文组织将文化景观定义为一个连接文化遗产与自然遗产纽带的遗产类型。以此为基础，乔丹立足于索尔的文化景观观点，围绕文化生态学核心，进一步提出了文化地理学的研究框架与范式，它由文化区、文化扩散、文化生态、文化景观、文化整合 5 个方面的概念，以及这些概念之间的逻辑关系构成[4]；包含了软计算等技术的研究方法体系也得到了极大的拓展。20 世纪 80 年代以来，新文化地理学受到来自社会科学"文化转向"的

---

[1] Deacon 在其所著《Intangible Heritage in Conservation Management Planning》中提及。

[2] Kenji Yoshida 在《The Museum and the Intangible Cultural Heritage》中提及。

[3] Sauer C O. The morphology of landscape[J]. University of California Publication in Geography，1925，(2)：19-54.

[4] Jordan Terry G. The Human Mosaic : A Thematic Introduction to Cultural Geography[M]. New York: Harper and Row Publishers，1986.

影响，将文化景观拓展为文化图像与意象的内容，并着重探讨景观表象背后的深层意义与结构问题，从而将景观研究纳入文化研究的范畴。

（3）文化基因

国外学者的文化基因研究，自文化人类学诞生以来有上百年的历史。特别是20世纪80年代以来，以进化动力学[1]、网络结构方法、文化发生学为文化基因的内容、结构、演进为研究提供了一系列新的方法，其重点是基于文化的进化论纵向发展角度。20世纪60年代，结构主义学派的兴起与引入将文化基因引向人类构筑文化所遵循的一般通则。Erez Lieberman Aiden 与 Jean-Baptiste Michel 所提出的"文化组学"研究则是利用谷歌大数据库观察文化时间变迁的新的概念与方法。

2. 国内研究

（1）非物质文化遗产

以民间音乐、民间故事和民间习俗等的搜集、整理为重点的非物质文化的研究与保护，在国内外都具有非常悠久的学术发展历史。民俗学在微观层面的民俗事象以及宏观层面的民俗起源、结构、精神的发展成果蔚然壮观。国内的非物质文化研究在《国务院办公厅关于加强我国非物质文化遗产保护工作的意见》《国务院关于加强文化遗产保护的通知》《国家"十一五"时期文化发展规划纲要》，以及《中华人民共和国非物质文化遗产法》相继出台的背景下，成为文化研究的显学，研究重点在于非物质文化遗产的概念、特征、分类、保护、传承、开发及利用等方面[2][3]。重点是"非遗"的价值评估[4]、保护理论建设[5]、法制建

---

[1] 源自博伊德（Robert Boyd）与理查森（Peter J. Richerson）于1985年合著的《文化与进化过程》（Culture and the Evolutionary Process）。

[2] 飞龙. 国外保护非物质文化遗产的现状[J]. 文艺理论与批评, 2005（6）: 59-66.

[3] 谢菲. 国外非物质文化遗产相关研究述评[J]. 贵州民族研究, 2011（6）: 93-98.

[4] 蒋丽芹. 非物质文化遗产旅游价值评价体系构建及应用[J]. 边疆经济与文化, 2014（1）: 9-11.

[5] 乌丙安. 非物质文化遗产保护中文化圈理论的应用[J]. 江西社会科学, 2005（1）: 102-106.

设[1]、教育教学研究[2]、地理格局[3]、规划管理[4]、数字化传承[5]等方面。这一时期非物质文化遗产研究主要包括非物质文化遗产的分类、评估、空间格局、地理环境、保护传承以及开发利用等,高丙中等开始关注"非遗"视角的文化空间,黄永林等则将数字化技术引入"非遗"的保护与开发研究中。

(2)文化景观与基因

国内文化景观研究肇始于 20 世纪 80 年代末,自始就受到新文化地理学思想的影响,以物象、景象、意象等多维度观念加以审视,并且在后结构主义思想与追本溯源、注重精神价值的中国学术传统的影响下,文化的基因解构与精神价值自始便与文化景观研究如影随形。2000 年以来,文化研究呈现对象具体化的趋势,刘沛林等对以古村落为重点的聚落文化景观研究已然取得了丰硕的成果,非物质文化景观的概念也被李仁杰等提出,并在以剪纸、民歌以及民间信俗、语言、地名等特定载体对象研究中被涉猎。与此相适应,文化基因被重点应用于聚落文化景观的解构与地域特色的显现,在非物质文化的景观基因识别与挖掘、空间特征等领域也已取得了一系列开创性的成果,这些领域的文化图谱研究也得以开展。

(3)文化图谱

20 世纪 90 年代,多学科研究方法的引入丰富了文化研究的方法体系,文化图谱是这一时期由我国学者陈述彭等所提出的,是地学信息图谱下的新概念与新方法,它是在 3S 地理信息技术快速发展与广泛应用的背景下,表达一种分类化、系统化、概念化、相对比例的地学要素图谱。

地学信息图谱是在 3S 地理信息技术快速发展与广泛应用的背景下,20

---

[1] 卢白蕊. 论非物质文化遗产的法律保护[D]. 武汉:武汉理工大学,2008:1-41.

[2] 钟福民. 非物质文化遗产教学研究初探[J]. 青海民族大学学报:教育科学版,2011(1):89-91.

[3] 路爽. 非物质文化景观格局的地学图谱研究体系:理论与体系[D]. 石家庄:河北师范大学,2010:1-44.

[4] Harriet Deacon. Intangible heritage in Conservation Management Planning[J]. International Journal of Heritage Studies,2004(5):68-70.

[5] 黄永林,谈国新. 中国非物质文化遗产数字化保护与开发研究[J]. 华中师范大学学报:人文社会科学版,2012,51(2):49-55.

第1章 绪 论

世纪末被我国学者所提出，该图谱探求形、数、理的有机结合，表达的是一种分类化、系统化、概念化、相对比例的各种地学要素图谱[1]，目前已在水文、自然景观与城镇等领域取得了研究上的突破。在这一理论方法的启示下，"非遗"景观与剪纸等非物质文化景观的文化图谱也被涉猎。马俊如院士1997年在谈到地理学的科学性问题和地位时说："地理科学为什么只定位在'复杂的巨系统的层次上'，能不能也给复杂的地学问题寻找一个简单的表达？也来研究一下地学领域的图谱问题？"基于此，结合中国科学院知识创新工程"地学信息图谱方法的探索研究"和国家"973"计划的重点开拓领域之一"地学信息图谱"研究方向，刘沛林2003年提出了探索"中国聚落景观基因图谱"的构想。具体说来，"非遗"景观基因就是一个"非遗"特有的遗传因子，存在于文化景观之内，可作各种有序排列。文化景观基因是"非遗"遗传的基本单位，即某种代代传承的区别于其他景观的因子，它对某种文化景观的形成具有决定性的作用，反过来，它也是识别这种景观的决定因子。

随着现代信息技术的发展，地理信息系统（GIS）开始应用于文化景观的数据管理与分析。知识图谱，也称为科学知识图谱，是将数学、图形学、信息可视化技术、信息科学等学科的理论与方法与计量学引文分析、共现分析等方法结合，并利用可视化的图谱形象地展示学科的核心结构、发展历史、前沿领域以及整体知识架构，达到多学科融合目的的现代理论，为学科研究提供切实的、有价值的参考。

（4）丝绸之路非物质文化研究

文化线路是指拥有特殊文化资源集合的线形区域内的物质和非物质的文化遗产族群，具有多维度的文化内涵，被认为是拓展文化遗产规模和复杂性趋势的新发展成果。文化线路应当被理解为"一种文化遗产体系，一种文化遗产资源的集合"，具有其自身的生态环境、基础构架、网络肌理和影响范围。1994年，经世界遗产委员会批准召开的马德里文化线路世界遗产专家会议，

---

[1] 陈述彭. 地学信息图谱探索研究[M]. 北京：商务印书馆，2001.

对文化线路的有关问题进行了深入讨论，认为应将"路线作为文化遗产的一部分"。会议形成的专家报告第一次清晰地提出了文化线路的概念，指出文化线路是一种具体的动态的文化景观，认为文化线路"建立在动态的迁移和交流理念基础上，在时间和空间上都具有连续性"；"强调不同国家和地区间的对话和交流"；"是多维度的，有着除其主要方面之外多种发展与附加的功能和价值，如宗教的、商业的、管理的等"；"文化线路或路线的概念指的是一套整体大于个体之和的价值。正是借助这套价值，文化线路才具有其意义。鉴别文化线路的依据是能够证明线路自身意义的一系列要点和物质元素。通过在某段历史时期对某个社会或团体的文明进程起到决定性作用的线索，来承认某条文化线路或路线中能够联系到某个非物质价值的关键要素和实物"[1]。

丝绸之路是迄今世界上规模最大的文化线路遗产，是促成古代东西方之间经济、文化交流的重要桥梁，在促进东西方文明之间的沟通方面，发挥了极其重要的作用。由于丝绸之路的重大历史文化价值和代表意义，对丝绸之路国内段以及中亚地区的历史地理、聚落形态、功能结构、宗教传播、文化融合等方面的研究在国内具有较长的学术历史。2000年以来，单霁翔等从新型文化遗产角度提出了丝绸之路等文化线路遗产的整体保护思路。自2013年"一带一路"倡议的提出以及丝绸之路世界遗产申报以来，雍际春、荣新江、吴宏伟等的成果显示出以文化交流与融合为重点的文化研究得到学界的广泛关注。多学科方法对文化研究的介入特别是文化景观的基因解析、空间与定量化表达与分析方法等是文化挖掘研究的前沿领域与重点方向。但现有对非物质文化遗产研究中概念与理论基础讨论多，具体的实证结构讨论较少；单一载体的非物质文化讨论多，多载体讨论少；点状空间讨论多，线状区域讨论少；形式分类研究多，基因解析研究少，这使得"非遗"研究有失于构成的可解析性、区域的可比较性、线路的整体性。对丝绸之路文化研究，关于

---

[1] 单霁翔. 关注新型文化遗产——文化线路遗产的保护[J]. 中国名城, 2009（5）: 4-12.

文化的历史梳理和遗址类研究较多,对非物质活态遗存的文化景观研究较少,关于该区域非物质文化的基因解析鲜有涉及。

(5)"非遗"保护

如图1-5所示,根据目前在知网搜"非物质文化保护"这一主题关键词所得数据,可见2002—2009年每年的发文量呈现增长的趋势,在2011年发文量达到近20年来的一个峰值,约180篇,但从2013年之后每年的发文量骤降。

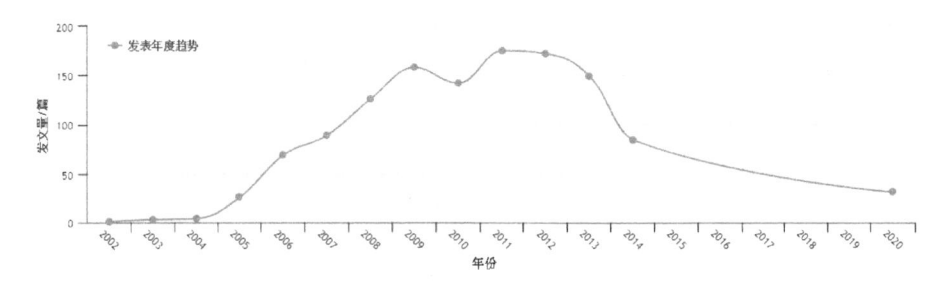

图1-5 "非物质文化保护"的相关发文量

我国有着丰富而博大的"非遗"资源,其蕴藏的价值是推进我国社会主义文化建设、提升我国文化竞争力和文化软实力的基因所在,对"非遗"的保护与传承已经迫在眉睫。自2003年我国加入联合国教科文组织《公约》以来,关于"非遗"保护的法律法规不断完善,"非遗"保护工作机制日益健全并取得了相应的成效。文化生态保护,是大家的一个重要立足点,学者们提出了基于"文化生态"理论的"非遗"抢救性保护、整体性保护,进行文化生态区保护等系列方案[1],创造性转化与创新性发展是近年来学界关注的一个焦点[2]。"非遗"保护与旅游业发展的关系更受到了广泛的关注。学者们提出借助旅游对"非遗"进行保护性开发利用,实现"静态"保护向"活态"传

---

[1] 黄永林."文化生态"视野下的非物质文化遗产保护[J]. 文化遗产,2013(5):1-12,157.
[2] 知遥,刘智英,刘垚瑶. 中国非物质文化遗产保护理念的几个关键性问题[J]. 民俗研究,2019(6):39-46,157-158.

承的转身，这对"非遗"的可持续发展显得尤为重要。[1]"非遗"保存了目的地的地方性和独有的品质，并在实践中成为旅游吸引力的重要来源。[2]

但"非遗"的保护与旅游的开发难免会存在分歧。"保护"与"开发"的核心问题就是正确处理"传统"与"现代"的关系[3]。因此为了解决这一难题，学界也提出了很多对"非遗"保护的认识与方法，如"兼容并保"[4]，有学者认为现阶段对少数民族非物质文化遗产进行整体性保护在我国尚不具备获得实效的条件，目前我们仍需"采取一种解构的方法对待少数民族的非物质文化遗产，即要把单个的非物质文化遗产项目从完整的、庞大的非物质文化遗产体系中剥离出来，根据其特点进行分类，进而采用相应的方法进行保护"[5]。

整体而言，现有研究对于"非遗"、文化基因图谱等的概念与理论基础讨论充分，但是具体的文化景观讨论较少；单一载体文化讨论多，多元文化讨论少；点状空间讨论多，线状区域讨论少；碎片化讨论多，系统性讨论少。

1.5 相关概念

1. 文化景观

地理学所牵涉的文化景观（Cultural Landscape）概念由来已久，19世纪初德国地理学家洪堡就提出"景观应该作为地理学的中心问题"。文化景观，是地理学研究的核心内容之一，是指任何特定时期内形成的构成某一地域特

---

[1] 张舸，魏琼."静态"保护向"活态"传承的转身——非物质文化遗产保护与旅游业开发的互动研究[J]. 广西社会科学，2013（8）：43-47.
[2] 王晓华. 非物质文化遗产旅游化利用中的地方文化精英[J]. 旅游学刊，2019，34（5）：5-7.
[3] 祁庆富. 存续"活态传承"是衡量非物质文化遗产保护方式合理性的基本准则[J]. 中南民族大学学报（人文社会科学版），2009，29（3）：1-4.
[4] 王涛."兼容并保"：一种对非物质文化遗产保护的认识与方法[J]. 艺术百家，2013，29（S1）：98-99.
[5] 叶芳芳，朱远来. 少数民族非物质文化遗产整体性保护的困境与出路[J]. 广西民族研究，2013（3）：197-203.

征的自然与人文因素的总和,其随人类活动的作用而发生相应的变化[1],它是一个综合体,并能够体现一个地区的地理特征[2]。文化景观在地面的直观表征是聚落形态、土地利用类型和建筑样式。[3]美国的 David Lowenthal[4]、J. B. Jackson[5],英国的 Dennis Cosgrove[6]等强调地方史对文化解释的重要作用,通过剖析文化对景观形成与演化的基础性作用,形成了"景观是文化的线索"这一思想。

近年来,随着研究方法与技术的更新迭代,关于文化景观研究的新数据来源以及新方法、新路径、新思路不断涌现。刘沛林等在研究客家"非遗"景观的识别时,是立足于景观基因的角度[7];文化空间、文化场域、身体地理学等也被广泛引入对"非遗"的系统性信息的研究中[8]。

地理学关于文化景观的研究开拓了研究途径,为非物质文化景观格局研究提供了思路。如果基于文化载体的角度开展相关研究,如非物质文化艺人和传承人、代表性作品和工艺作坊等,则传统文化景观描述的视角和思路可以引入非物质文化地理学研究。

2. 文化生态

"文化生态"概念源自文化生态学,有两层含义:第一,"人类的文化和行为与其所处的自然生态环境之间相互的关系";第二,"一种类似自然生态

---

[1] Sauer C O. The morphology of landscape[J]. University of California Publication in Geography,1925,(2):19-54.

[2] 李旭旦. 人文地理学[M]. 上海:中国大百科全书出版社,1984:223-224.

[3] [法]皮尔曼. 人文地理学[M]. 北京:商务印书馆,1993:66-73.

[4] Lowenthal D. Past Time,Present Place. Landscape and Memory[J]. Geographical Review,1975 (65-1):1-36.

[5] Jackson J B. Discovering the Vernacular Landscape[M]. New Haven: Yale University Press,1984.

[6] Cosgrove D. Social Formation and Symbolic Landscape[M]. London and Sydney: Croom Helm,1984.

[7] 刘沛林,刘春腊,邓运员,等. 客家传统聚落景观基因识别及其地学视角的解析[J]. 人文地理,2009,6:40-44.

[8] 陶伟,等. 身体地理学视角下非物质文化遗产的传承与实践[J]. 地理学报,2020,75(10):2256-2268.

的概念，把人类文化的各个部分看成是个相作用的整体"❶。有学者认为"文化生态"是一种系统、全面地观察自然、社会与人类文化的整体方法。对于民俗文化而言，它既包括物质文化遗产，又包括非物质文化遗产，要"从自然生态、社会、文化三方面与人的关系入手，来系统地研究民间文化与艺术"❷。

20世纪20年代，文化人类学家朱利安·斯图尔德就提出了生态学在人类学中的重要地位和突出价值，20世纪50年代中期他提出了"文化生态学"概念，旨在"解释那些具有不同地方特色的独特的文化形貌和模式的起源"。他认为自然环境影响文化创造活动，作为社会环境表达形式的社会制度、组织形式等也会影响文化的创造，应当基于自然、社会、文化三个相互关联和作用的整体体系来研究不同社会、不同民族的文化特殊表现形态和发展模式。因此，文化生态学并非单独考察文化因素的某一项内容或某种表现，而是一种综合、整体、全面、动态的社会文化研究。❸

文化景观具有自身的生命发展和地理生态性。詹姆斯·邓肯是美国"新文化地理"的代表人物之一，他认为景观是人类表达知识与传播知识的三大文本之一，而文化景观是写在大地上的文本。迈克·克朗在《文化地理学》一书中将地理景观视为"历史重写本"（Palimpsest），这一词语来源于中世纪书写用的印模，刻在印模上的文字可以反复擦去并重新书写文字，但是，重写本反映的正是所有被擦除以及再次书写上去的文化总和，因为之前刻在印模上的文字从未被彻底擦掉，它总是会留下某些历史痕迹❹。

3. 知识图谱

2003年美国科学院首次提出了知识图谱的概念，这一概念主要用于揭示知识之间的关系，将知识可视化地展示给人们，用可视化技术向人们清晰呈

---

❶ 方李莉. 文化生态失衡问题的提出[J]. 北京大学学报（哲学社会科学版），2001（3）：105-113.
❷ 潘鲁生. 走进民艺——呼吁民间文化生态保护[J]. 美术研究，2003（2）：54-59.
❸ 张耕. 契合一冲突：民间文学艺术与地理标志保护[J]. 西南民族大学学报（人文社科版），2007（2）：117-121.
❹ [英]迈克·克朗. 文化地理学[M]. 杨淑华，宋慧敏，译. 南京：南京大学出版社，2007：20.

现原本复杂多变的、零散的、不规则的知识体系[1]。2006年，Berners-Lee提出了链接数据（linked data）的思想，呼吁推广和完善相关的技术标准。知识图谱这一概念提出之后，就被广泛运用于各行各业中，如教育、旅游、医疗以及金融等。目前已经有一大批知识图谱涌现，其中国外具有代表性的是YAGO[2]、Freebase[3]、Probase[4]等。2012年谷歌（Google）在智能搜索领域应用中再次提出知识图谱的概念，引起了人们对这一概念在理论与实际应用中的广泛关注。维基百科对知识图谱给出的词条解释是：知识图谱是谷歌用于增强其搜索引擎功能的辅助知识库。它沿用了谷歌的定义[5]。

近年来，知识图谱受到越来越多的国内学者关注，每一年的发文量也逐渐增加。不同学者在研究知识图谱时都有自己的切入点。王海宁在《民族节日知识图谱构建与应用研究》中指出："知识图谱由若干结点和边构成，以符号形式描述客观世界中存在的事物，其中结点代表实体或概念，边代表实体或概念之间的语义关系"[6]。李涓子、侯磊等学者认为，知识图谱是描述客观世界的概念、实体、事件及其间的关系。马忠贵等梳理了知识图谱全生命周期技术[7]，从知识抽取与表示、知识融合、知识推理、知识应用4个层面展开综述，建立方法论思维。韩笑在《知识图谱分布式表示研究》中谈到建模知

---

[1] 家明强. 知识图谱的构建及应用研究[J]. 电脑编程技巧与维护，2020（9）：147–149.

[2] Hoffart J, Suchanek F M, Berberich K, et al. YAGO2: a spatially and temporally enhanced knowledge base from Wikipedia[J]. Artificial Intelligence, 2013, 194: 28.

[3] Bollacker K, Evans C, Paritosh P, et al. Freebase: a collaboratively created graph database for structuring human knowledge // Proceedings of the 2008 ACM SIGMOD International Conference on Management of Data. Vancouver, 2008: 1247.

[4] Wu W T, Li H S, Wang H X, et al. Probase: A probabilistic taxonomy for text understanding // Proceedings of the 2012 ACM SIGMOD International Conference on Management of Data. Scottsdale, 2012: 481.

[5] http://www.w3.org/design issues/Linked Data.html.

[6] 王海宁. 民族节日知识图谱构建与应用研究[D]. 昆明：云南师范大学，2020.

[7] 马忠贵，倪润宇，余开航. 知识图谱的最新进展、关键技术和挑战[J]. 工程科学学报，2020，42（10）：1254–1266.

识图谱局部结构特性和全局结构特性[1]。李涓子、侯磊等学者对知识图谱的相关技术进行全面解析，认为知识图谱技术包括知识表示、知识图谱构建和知识图谱应用三方面的研究内容[2]。

1.6 "非遗"基因的识别与图谱表达

本书的"非遗"基础资料主要来源于联合国教科文组织官方网站（https://ich.unesco.org/）、中国非物质文化遗产网（http://www.ihchina.cn/）以及各省（区）文化和旅游厅（委）官网数据，采用田野调查法对缺乏文献资料的（主要包括传统戏剧、民间舞蹈、民间曲艺等）非物质文化的音频与视频资料以及非物质文化进行收集，采用文献分析法对具有文献资料的非物质文化景观资源进行收集，并对其载体以及部分功能要素基因进行提取。

本书借鉴美术学中的"图形比较法"，针对民间美术、传统戏剧、传统手工技艺、民俗、民间舞蹈以及传统体育、游艺与杂技等具有形象内容的非物质文化遗产进行基因符号、功能提取；借鉴"文化组学"方法，对民间文学、民间曲艺、传统戏剧等具有文义内容的文化进行基因符号、功能提取。采用形态比较、本体识别方法并借鉴人类学"谱系排列法"与生物学"基因分类"方法进行非物质文化景观的基因提取、分类与图谱排列。

景观基因识别是为提取该区域独特的文化景观基因，挖掘某些"非遗"文化景观要素中最为突出、最为特殊、最容易辨别的特征因子，将该文化景观的特征分解为不可再细分的基本文化单元，并将其视为"非遗"文化景观所表达的基因特征。如图 1-6 所示，在非物质文化资源采集的基础上，基于非物质文化景观的特色性与典型性，从文化载体、文化符号、文化功能三个维度挖掘非物质文化基因要素，建立以数字表达为基础，文义表达与典型多媒体表达（知识图谱、地图）为补充的图谱表达模式。

---

[1] 韩笑. 知识图谱分布式表示研究[D]. 北京：北京邮电大学，2019.

[2] 李涓子，侯磊. 知识图谱研究综述[J]. 山西大学学报（自然科学版），2017，40（3）：454-459.

第1章 绪论

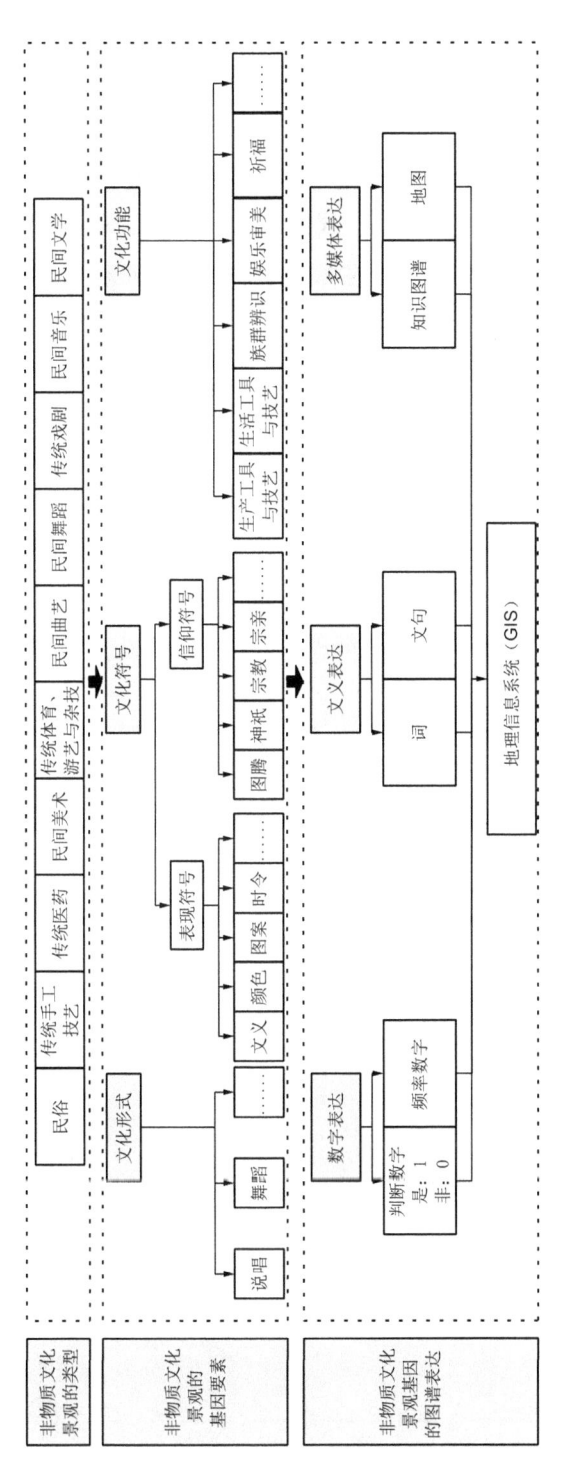

图 1-6 非物质文化景观基因提取与图谱表达基本方案

采用"基因分析法"研究非物质文化景观的外在表达、内在显著特质，是对文化地理学关于"文化景观"理论的进一步探索。各地非物质文化景观之所以千差万别、多姿多彩，其根本原因在于影响景观形成的文化基因的不同，尤其是传统的原始文化记忆、民间艺术、宗教信仰以及地方文化等因素对景观基因的形成有重要影响。在掌握非物质文化景观要素的基本构成的基础上，建立区域非物质文化景观的识别系统，有助于区域景观建设和文化多样性保护。

第2章
丝绸之路国内段行政区划与自然环境概况

2.1 行政区划

丝绸之路国内段位于东经 73°29′~116°39′，北纬 31°23′~49°10′，其中昆仑山脉、阿尔金山脉、祁连山脉区域属于第一阶梯，其余大部属于第二阶梯，豫东平原属于第三阶梯，涉及地区由西向东分别是新疆维吾尔自治区、甘肃省、陕西省、河南省。

新疆维吾尔自治区是中国陆地面积最大的一个省级行政区，土地总面积约 166 万平方千米。东西最长 2000 千米，南北最宽 1600 千米。新疆的陆地边境线长达 5700 多千米，北方是俄罗斯，西面与哈萨克斯坦、吉尔吉斯斯坦、塔吉克斯坦为邻，东北与蒙古国接壤，西南则与巴基斯坦、阿富汗、印度毗连。

甘肃省位于中国西部内陆，全省平面形态总体为北西—南东走向，东西跨度 1480 千米，南北跨度 1132 千米。全省土地总面积约 43 万平方千米，位居全国各省（区）第七位。全省地域狭长呈带状，形似一个"哑铃"，东西长

1655 千米，南北宽 530 千米，南北—东南方向最窄处仅 76 千米。甘肃省这种特殊的平面分布形态向东南延伸可以进入华北暖温带，向西北延伸可以达到塔里木盆地东缘，深入亚洲中部腹地。

陕西省位于中国内陆腹地，黄河中游。全省土地总面积约 21 万平方千米，北邻内蒙古，西与宁夏、甘肃接壤，南界四川、重庆，东南与河南、湖北为邻，东部边界北隔黄河峡谷与山西为邻。

河南省全省土地总面积约 17 万平方千米，整个省域的轮廓犹如一片叶柄朝东的树叶，南北纵跨 530 千米，东西横亘 580 多千米。河南省周围与 6 省区毗邻，东接山东、安徽，西连陕西，南邻湖北，北接河北与山西。从自然、行政区划、交通位置以及全国三大经济地带的区位关系看，河南不失为"中国之中"的地理位置。

2.2 自然地理

地貌是地表起伏的形态，是地理环境中最基本的要素之一。它能够控制热量与水分的重新分配，在很大程度上又影响着地表物质的迁移、生态系统的演变以及自然资源的分布。丝绸之路国内段整体上呈现高大山系与大盆地、大平原相间的地貌。整体以西北高原和黄淮平原形态为主，周边被高大的山系所环绕，形成巨大的山间盆地。大部分山系均沿纬向或准纬向延伸，且多由数条平行山脉所组成，这些山系的长度、高度数值都比较大，因此景观垂直分带显著。由于山地的抬升，西北地区的盆地多并具有被分割、孤立和封闭的特点。

1. 主要山脉

（1）阿尔泰山脉

阿尔泰山脉，蒙古语意为"金山"，呈西北—东南山势递减走向，平均海拔 3000 米以下，中段在中国境内的长度约为 500 千米。南坡面能够迎接西来的水汽，从而使得这里冬季降雪丰厚，夏季雨水充沛，气候湿润，牧草优良，林木繁茂，是理想的天然牧场，孕育了丰富典型的草原游牧文化。

（2）天山山脉

天山山脉长约2500千米，在我国的新疆境内的长度约为1700千米。在新疆境内西起乌恰，东迄哈密，由三列东西向平行的褶皱山脉以及一系列的陷落盆地、谷地组成，如昭苏、伊犁、巩乃斯、巩留、拜城、尼勒克、焉耆、乌什、博尔塔拉、哈密、吐鲁番、巴里坤等山间谷地。整体上山势西高东低，山体西宽东窄，西段宽达400千米，东段仅宽100千米，平均海拔约4000米。

（3）昆仑山脉

昆仑山脉西起帕米尔高原，包括喀喇昆仑山、昆仑山和阿尔金山等系列山脉，是青藏高原和塔里木盆地分界线，位于新疆南缘。昆仑山脉山势高峻，山体宽广，平均海拔5500~6000米，海拔5000米以上有丰富的冰川积雪。较大的山间盆地有阿牙克库木、塔什库尔干、喀拉米兰等。中巴边境的乔戈里峰海拔8611米，为世界第二高峰。

（4）阿尔金山-祁连山山地

阿尔金山-祁连山山地位于青藏高原东北边缘，前者主体在青海和新疆境内，仅东部在甘肃省内，平均海拔4000米以上，由系列山脉和谷地组成，祁连山山地呈北西西—南东东走向，山脉间为一系列谷地和盆地。

乌鞘岭位于甘肃省武威市天祝藏族自治县中部，属祁连山脉北支冷龙岭的东南端，为陇中高原和河西走廊的天然分界，也是半干旱区向干旱区过渡的分界线，是东亚季风到达的最西端。

（5）北山山地

北山山地位于甘肃河西走廊以北山地地带，海拔1300~2000米，由龙首山、合黎山等一系列山脉和高地组成。

（6）六盘山

六盘山是中国最"年轻"的山脉之一，位于宁夏西南部、甘肃东部。六盘山横贯陕甘宁三省区,是关中平原的天然屏障。六盘山是黄河水系的泾河、清水河、葫芦河发源地。

(7)秦岭和大巴山及其毗邻地区

秦岭和大巴山及其毗邻地区又称秦巴山区。广义的秦岭,西起昆仑,中经陇南、陕南,东至鄂豫皖—大别山以及蚌埠附近的张八岭,是长江和黄河流域的分水岭。大巴山位于中国西部,是中国陕西、四川、湖北三省交界地区山地的总称,东西绵延500多千米。大巴山是嘉陵江和汉江的分水岭,四川盆地和汉中盆地的地理界线。秦巴山区包含以下几部分。

陕南秦巴山区,指长江最大支流——汉水上游的秦岭—大巴山及其毗邻地区。这一地区山地的山间盆地和低山丘陵地区是陕西水热条件最好的地区。

陇南山地由西秦岭和岷山余脉摩天岭组成,以流水侵蚀中山地貌为主。西秦岭海拔2000~3000米,山体较宽广,山间盆地发育;其中徽成盆地是最大的山间盆地,它将西秦岭分隔为南北两支,并构成境内长江流域和黄河流域的分水岭。

伏牛山是秦岭在豫西南部规模最大的一支山脉,总长达400余千米,有"八百里伏牛山"之称。山体呈西北—东南走向,东南抵南阳盆地东北边缘,西北与熊耳山相连,构成黄河、淮河与长江三大水系的分水岭。伏牛山海拔1000~2000米,相对高度600~1200米,绝大部分属于中山,岭脊形态多呈锯齿状,山峰挺拔突兀。

桐柏山和大别山是河南南部两条重要的山脉,山体大致呈西北—东南走向。它们分布于淮河之南,属淮阳山地西段。从整体上说,它们也是秦岭向东南延伸的一部分。整体上山势较低,多为低山丘陵,其间广泛发育了山间河谷和小盆地,淮河南侧众多支流皆源于此。

(8)太行山脉

太行山脉北起拒马河谷,南至晋、豫边境黄河沿岸,长400余千米,海拔1000米以上,北高南低,西缓东陡,受河流切割,多横谷(陉),为东西交通孔道,古有"太行八陉"之称。太行山在河南境内部分大体呈弧形带状并向东南凸出,长达180多千米。

2. 主要河流

(1) 额尔齐斯河

额尔齐斯河为鄂毕河最大的支流,是流经中国、哈萨克斯坦、俄罗斯的国际河流,也是我国唯一流入北冰洋的河流。额尔齐斯河发源于阿尔泰山南坡,自东南向西北奔流出国,经俄罗斯的鄂毕河注入北冰洋。额尔齐斯河全长4248千米,在中国境内的长度为593千米,中国境内流域面积5.26万平方千米,年径流量多达111亿立方米,水量仅次于伊犁河,居新疆第二位。额尔齐斯河上游流经阿尔泰各山脉之间,降水较多,河网发育好,径流充沛。额尔齐斯河下游的河床中沙洲林立,碧水茫茫。

(2) 内陆河流域

甘新内陆河主要由冰川、永久积雪和夏雨所补给。由于冰雪强烈消融和雨季在时间上的吻合,促成了6~8月的夏汛。甘新内陆河主要包括以下几条河流。

塔里木河。塔里木在维吾尔语里意为"无缰之马"和"田地、种田",塔里木河位于新疆维吾尔自治区塔里木盆地北部,发源于天山山脉及喀喇昆仑山,沿塔克拉玛干沙漠北缘流入台特玛湖。从叶尔羌河源起算,塔里木河流域面积19.8万平方千米,全长2179千米,是我国最大的内陆河、世界第五大内陆河。塔里木河主干曾注入罗布泊,后由于河流水量减少、河道摆动而改道。

伊犁河。伊犁河是跨越中国和哈萨克斯坦的国际河流。伊犁河的主源特克斯河发源于天山汗·腾格里峰北侧,向东流经中国新疆的昭苏盆地和特克斯谷地,又向北穿越伊什格力克山,与右岸支流巩乃斯河汇合后称伊犁河,西流至霍尔果斯河进入哈萨克斯坦境内,最后注入中亚的巴尔喀什湖。伊犁河全长1500千米,其中中国境内河长601千米,流域面积6.02万平方千米。全流域处于迎风面,降水丰富,谷地年降水量约300毫米,山地年降水量500~1000毫米。由于降水丰富,山地能自然形成植被,低山缓坡还能经营旱地农业。

黑河，曾名合黎水、羌谷水、鲜水、覆表水、副投水、张掖水、甘州河等。黑河全长810千米，流域面积5.64万平方千米，是中国西北地区第二大内陆河、甘肃最大的内陆河。黑河发源于祁连山北麓中段，流经青海、甘肃、内蒙古三省（区），注入居延海。黑河是张掖市等绿洲城市生产、生活用水的主要水源。20世纪60年代以前，合黎山以北的额济纳河年过流期8~10个月，遇到丰水年份，河道水流全年不断。

疏勒河，古名籍端水，全长540千米，流域面积3.95万平方千米，是甘肃河西走廊内流水系的第二大河。疏勒河发源于祁连山脉西段托来南山与疏勒南山之间，西北流经肃北县的高山草地，贯穿大雪山到托来南山间峡谷，过昌马盆地。

党河，是疏勒河支流，古名氏置水，亦称龙勒水、甘泉水、都乡河。党河全长390千米，流域面积约1.7万平方千米。党河上游有二源，大水河与奎腾河，分别源出肃北蒙古族自治县巴音泽尔肯乌拉和崩坤达坂，沿谷地西北流，经党河水库，拐向东北，入敦煌绿洲，至敦煌市注入疏勒河。

石羊河，古名谷水，是甘肃河西走廊内流水系的第三大河，全长250千米。石羊河发源于祁连山脉东段冷龙岭北侧的大雪山，全水系自东而西，主要支流有大景河、古浪河、黄羊河、金塔河、西营河、东大河及西大河等。河系以雨水补给为主，兼有冰雪融水成分。上游祁连山区降水丰富，有64.8平方千米冰川和残留林木，是河水源补给地。

（3）黄河流域

黄河干流。黄河，发源于中国青海省巴颜喀拉山脉，从西到东跨越青藏高原、内蒙古高原、黄土高原和黄淮海平原四个地貌单元，流经青海、甘肃、陕西、河南等9个省（区），于山东省北部注入渤海。甘、陕等六省（区）的省会或自治区首府均在黄河流域内，河南省会郑州也位于黄河之滨。黄河甘肃段干流全长913千米，在甘肃境内，黄河干流流经甘南藏族自治州、临夏回族自治州、兰州市、白银市等市（州）。黄河陕西段位于黄河中游，是陕西与山西两省界河，自北而南流入府谷县的墙头乡进入陕西省，于沙坡出陕西省境进入河南。黄河陕西段干流全长719千米，陕西秦岭以北除毛乌素沙漠内流区外均属黄河水系，境内流域面积13万平方千米。黄河经三门峡的灵宝市流入河南省内，流经三门峡、焦作、洛阳、郑州、新乡、开封、濮阳。

渭河，是黄河的最大支流，发源于甘肃省定西市鸟鼠山，全长818千米，主要流经甘肃省的定西市、天水市，以及陕西省关中平原的宝鸡市、咸阳市、西安市、渭南市等地，至渭南市潼关县汇入黄河。渭河南有东西走向的秦岭横亘，北有六盘山屏障。渭河流域可分为东西二部：西为黄土丘陵沟壑区，东为关中平原区。

泾河，是黄河二级支流，是渭河第一大支流，泾河全长455千米。它发源于宁夏六盘山东麓，南源出泾源县老龙潭，北源出于固原县大湾镇，东流经平凉市、泾川县进入陕西省长武县，于西安市高陵区注入渭河。

无定河，是黄河一级支流，位于中国陕西省北部，它发源于陕西省定边县白于山北麓，上游叫红柳河，流经靖边新桥后称为无定河。全长约491千米，流域面积3万余平方千米，由西北向东南注入黄河。上游红柳河源于定边东南长春梁东麓，东南流向，沿途纳榆溪河、芦河、大理河、淮宁河等支流，在清涧县河口注入黄河。

洮河，是黄河上游右岸的一条大支流，发源于青海省河南蒙古族自治县西倾山东麓，于甘肃省永靖县汇入黄河刘家峡水库区，全长约673千米，流域面积2万余平方千米。在黄河各支流中，洮河年水量仅次于渭河，居第二位。

湟水，是黄河上游左岸的一条大支流，发源于达坂山南麓青海省海晏县境内，流经西宁市，于甘肃省永靖县付子村汇入黄河，全长374千米，流域面积3万余平方千米，其中约有88%的面积属青海省，12%的面积属甘肃省。

洛河（南洛河），古称雒水，黄河右岸重要支流。因河南境内的伊河为重要支流，亦称伊洛河，即上古时期河洛地区的洛水。南洛河为洛河在水文上的名称。源出陕西省渭南市华州区西南与蓝田县、临渭区交界的箭峪岭侧木岔沟，流经陕西省东南部及河南省西北部，在河南省巩义市注入黄河。河道全长约447千米，陕西境内河长129.8千米，河南境长366千米。流域面积1.89万平方千米。洛河水利开发历史悠久，在中华文明的发展中占有重要地位，与黄河交汇的中心地区被称为"河洛地区"，是华夏文明发祥地，河洛文化被称为中华民族的"根文化"。

（4）长江流域

嘉陵江，长江上游支流，是长江支流中流域面积最大、流量第二的大河。干流流经陕西、甘肃等省（区）。陕西省境内，嘉陵江流经凤县，入甘肃再回陕西，经略阳县和宁强县出陕。陕西境内的部分属于河流上游段，长244千米，约占总河长的30%；在陕西境内的流域面积近1万平方千米，多年平均径流量为56.6亿立方米。在甘肃省境内的部分古称西汉水，自陕西凤县在两河口入甘肃省境，再流向西南，经两当县和徽县，在吴王城复出省境至陕西省略阳县。

白龙江，发源于甘肃省甘南藏族自治州碌曲县与四川省阿坝藏族羌族自治州若尔盖县交界的郎木寺，流经甘肃省甘南藏族自治州碌曲县、迭部县、舟曲县，陇南市宕昌县、武都区、文县，四川省阿坝藏族羌族自治州若尔盖县，在四川省广元市境内汇入嘉陵江。白龙江在甘肃省境内长475千米，流域面积2.7万平方千米。

汉江，又称汉水、汉江河，为长江最大的支流，流域面积和长度在陕西河流之中均居第二位。汉江起源在秦岭南麓陕西宁强县境内，流经勉县称沔水，东流至汉中始称汉江。汉江流经陕西、湖北两省，在武汉市汇入长江。汉江长1577千米，其中陕西境内干流长657千米，流域面积6万余平方千米。汉江在历史上居于重要地位，常与长江、淮河、黄河并列，合称"江淮河汉"。

（5）淮河流域

淮河流域地处中国东部，介于长江和黄河两流域之间，流域西起桐柏山、伏牛山，东临黄海，南以大别山、江淮丘陵、通扬运河及如泰运河南堤与长江分界，北以黄河南堤和泰山为界与黄河流域毗邻，流域面积约27万平方千米。淮河发源于河南省南阳市桐柏山老鸦叉，是中国南北方的一条自然分界线，中国1月0℃等温线和800毫米年等降水量线大致沿淮河和秦岭一线分布。

颍河，古称颍水，为淮河最大的支流。其主要支流为沙河，因此也被称为沙河或沙颍河。颍河发源于河南省登封市嵩山，经周口市、安徽省阜阳市，在寿县正阳关（颍上县沫河口）注入淮河。

3. 高原

一般海拔在500米或1000米以上，地势相对平坦或有一定起伏的广阔地区，被称作高原。

（1）黄土高原

黄土高原海拔800～3000米，为大部分被切割破碎，但尚保存局部完整原面的高原。

陇东黄土高原，海拔1400～2200米，受流水侵蚀作用，地表破碎。陇东大部分以残塬沟壑地貌为主，北部为黄土丘陵和滩地；陇中中南部为黄土丘陵沟壑地貌，北部为黄土丘陵和土石低山。

陕北黄土高原是我国黄土高原的中心部分，地势西北高，东南低，总面积9万余平方千米。基本地貌类型是黄土塬、梁、峁、沟，是黄土高原经过现代沟壑分割后留存下来的高原面。梁、峁是黄土塬经沟壑分割破碎而形成的黄土丘陵，或是与黄土期前的古丘陵地形有继承关系。沟大都是流水集中进行线状侵蚀并伴以滑塌、泻溜的结果。

河南的黄土低山分布面较小，主要集中地分布于灵宝东南部和渑池北部。灵宝东南部的黄土低山，沿着崤山的北侧呈带状分布，海拔在700～800米，相对高度也有350～450米，坡度为25度左右。

（2）甘南高原

甘南高原是青藏高原的一部分，海拔3000～3500米，高原呈波状起伏，山地与高原相间分布。

4. 平原与盆地

（1）塔里木盆地

塔里木盆地，是中国面积最大的内陆盆地，由天山与昆仑山、阿尔金山、帕米尔高原围起来的面积约占新疆总面积的一半，平均海拔1000米左右。地势由西南向东北倾斜，其自四周向内的圈层地貌景观具有典型的规律性：近山为戈壁砾石带，接着是散布在沙海周围的绿洲带（冲积平原带），中间是面积达33.7万多平方千米的世界第二大沙漠、也是中国的最大沙漠——塔克拉玛干大沙漠。盆地地势西高东低，西部水源比较充足，绿洲大多分布在库车、于田以西。在泉水或地表水的灌溉滋润下，绿树成格田为盘，日照时间长，日间、季间温差大，使得这里孕育了独特的绿洲农业文化。

（2）准噶尔盆地

准噶尔盆地，在阿尔泰山、天山及西部诸山之间，呈三角形，为半封闭性内陆盆地，总面积近20万平方千米，海拔为500～1000米（艾比湖湖面海拔189米）。盆地地势东高西低。中部的古尔班通古特沙漠是中国第二大沙漠，其中绝大部分是固定或半固定沙丘。盆地西有萨吾尔、塔尔巴哈台等低山，东有北塔山，西有阿拉尔山口、乌伦古—额尔齐斯河谷地，是自古以来的交通要道，也是西来的润湿气流进入北疆的通道。

（3）河西走廊

河西走廊位于黄河以西，是自西向东由敦煌—安西盆地、酒泉—张掖盆地以及武威盆地构成的狭长低地带。河西走廊海拔1400～2900米，南靠祁连山地，北为一系列干燥剥蚀山地，走廊两侧为山前洪积平原，中间为河流冲积平原。戈壁滩前缘的潜水溢出带和大河中下游两岸，往往形成大片绿洲带。走廊地带内由于组成物质细小、地下水出露加之地表平坦等一系列水土条件的结合，使得绿洲成为荒漠环境中经济生产活动的中心。

（4）关中平原

关中平原，又称渭河平原，在渭河干支流冲积作用下形成，是介于黄土高原与秦岭之间的断堑平原。它北起北山，南止秦岭，西自宝鸡峡—渭河出山口，东抵潼关，东西绵延约360千米，有"八百里秦川"之称，是陕西省自然条件最为优越的地区之一。平原海拔300～600米。渭河自西向东从中部穿过，两岸平畴沃野，为河流阶地与原隰相间的黄土台原。这些台原阶地顶部宽平，既有利于农耕，又可免遭洪水的淹没，是生产和生活的理想之地。

（5）豫东平原

河南省东部是豫东大平原，包括北部的黄河冲积平原和南部的淮河冲积湖积平原，在与西北、西、南山地交界处还分布着山前冲积平原。平原地势低平，辽阔坦荡，属于华北平原的西南部。豫东大平原西起豫西山地东麓和太行山边缘，大致沿200米等高线与山地接连；东部和北部一直抵达省界；南至大别山北麓，大致以120米等高线与丘陵分界。南北长达500多千米，东西宽100~260千米，总面积约占河南省总面积的45%。在流域的划分上，自北而南分别为海河流域、黄河流域和淮河流域。豫东平原一般海拔40~100米，又位于季风区，有利的地形、降水因素使这里发育了众多的河流。

（6）河谷平原

秦岭—大巴山等山地中，存在多个山间河谷平原。

① 汉水谷地。

汉水谷地，位于陕西省秦岭以南，是有"中国莱茵河"美誉的汉江冲积而成的平原和残丘。汉水谷地西起陕西勉县的西界，东至陕西与湖北交界的白河县东界，南边和北边在西段的汉中部分是以海拔在700米以下的低丘和平原为界，在东段的安康部分则是以海拔500米以下的低丘和平原为界。包括汉中等河谷地区，以及旬阳、白河等狭窄谷地。整个陕南汉水谷地的总面积在9000平方千米左右。对于汉水谷地，秦岭就是一座天然的屏障，挡住了来自西伯利亚的寒流和黄土高原的风沙，使谷地内气候温和湿润，是理想的农业文明发展的地区。区域内农作物为稻麦，一年两熟，农田灌溉历史十分悠久。

② 南阳盆地。

南阳盆地，是以河南省西南部南阳市周围为主体的盆地，总面积3万余平方千米。南阳盆地地处群山之中，位于中国腹心地带，西依秦岭，东为桐柏山，北为伏牛山，南部则是大巴山余脉，东南部为大别山，在盆地的东南方通过随州走廊与江汉盆地相连。盆地边缘分布有波状起伏岗地，岗地海拔

140~200米，岗顶平缓宽阔，岗地间隔以浅而平缓的河谷凹地，呈和缓波状起伏。盆地中部为海拔80~120米的冲积洪积平原和冲积湖积平原。盆地内有长江最大支流汉江以及湍河、唐河、白河等主要河流。区域内气候温和，雨量充沛，适宜发展农业。

5. 气候

中国科学院主要根据热量和水分两级指标，将全国分为8个Ⅰ级区（东北、内蒙古、甘新、华北、华中、华南、康滇、青藏）、32个Ⅱ级区（气候省）、68个Ⅲ级区（气候州）。丝绸之路国内段区域涉及的Ⅰ级气候省区分属于以下大区域。

（1）华北暖温带半湿润季风地区（南温带湿润、亚湿润、亚干旱气候大区）

该地区包括四个气候省区，河南、陕西秦岭以北属于其中的晋陕甘区，年降水量在800毫米以下。冬季在蒙古高压控制下，常有极地大陆气团过境，出现低温与大风，间有沙暴或降微雪。夏季在大陆低气压范围内、亚热带太平洋气团直达本区，为降水主要来源。冬寒夏热，年温差与降水变率均较大。

（2）华中亚热带湿润季风地区（北亚热带与中亚热带湿润气候大区）

陕西的秦巴山区及以南区域属于其中的秦巴区。活动积温4500~6000摄氏度，冬温夏热、雨量多，生长季长，为全国南北气流交绥频繁、锋面气旋出现最多的地区，故天气变化复杂，冬春两季更为显著。夏季常有酷热天气。霜冻及暴雨为作物生长期的两种灾害性天气。

（3）内蒙古温带半干旱季风地区（中温带亚干旱、干旱气候大区）

甘肃省乌鞘岭以东属于其中的内蒙古西部（内蒙古、甘肃区）气候省区。本区位于北纬35°~50°及东经105°~123°，东南及南界为活动积温3400摄氏度等值线，西南为2000摄氏度等值线，西界约为干燥度4.0的等值线。区内冬长（150~250天）而干冷，春秋短促，仅两个月左右。夏季从6月中至8月底，不到3个月（呼伦贝尔全年无夏季），多雷暴雨，此段时间降水量超过全年一半。

（4）甘新温带暖温带干旱地区（中温带亚干旱、南温带气候大区）

研究区域分属其中内蒙古河西（甘肃河西区）、北疆（北疆区、富蕴区、伊宁区）、南疆（南疆区）三个气候省区。全区位于西风带内，冬夏气温变化十分剧烈，环流的季节变化明显，有丰富的热量资源。年降水量除北疆西北部在 180~320 毫米以外，其他各地均小于 100 毫米，属于荒漠气候。

6. 农业区

《中国综合农业区划》将全国划分为 10 个一级农业区和 38 个二级农业区。研究区国内段区域自西向东主要分属于甘新、黄土高原区、黄淮海地区三个区域，边缘地带少部分属于青藏、西南区和长江中下游区。

（1）甘新区

本区包括农业区划的 3 个二级区：①甘肃西部农牧区；②北疆农牧林区；③南疆农牧区。本区国境线漫长、气候相对干旱、地广人稀，以依靠灌溉的绿洲农业和荒漠放牧业为主，有众多的少数民族聚居区。

本区大部分地区的热量条件较好，光能资源丰富，晴天多，作物生长期气温日较差大（大部分为 12~16 摄氏度）。尽管光能资源丰富，但这一地区最为突出的问题是光、热、水、土资源不协调，难以为农业生产提供充分的自然条件。本区年降水量少，普遍小于 250 毫米，其中一半以上地区的年降水量小于 100 毫米，不能满足农作物最低限度水分需要。但这一地区有一系列的高山和盆地相间分布，其中祁连山、昆仑山、阿尔泰山、天山等高山地区降水量相对较为丰富，在海拔 3500 米以上的高山地区，广泛分布着永久性的积雪和现代冰川，是高山区的固体水库，夏季则部分消融补给河流，为山麓地带的农田灌溉提供主要水源补给。正是因为主要依赖于山麓地带的农业，使得整体上农业普遍呈分散小块分布，区块的大小全靠"以水定地"。另外还有少数海拔较高的山前有少量旱地，但产量比灌溉地低很多。河西走廊、伊犁地区是本区的粮食（以小麦为主）基地，南疆地区是重要的长绒棉基地。

这一地区的牧业的特点是：整体上是平原（盆地）牧场和山地牧场结合

的季节游牧，利用山体（主要包括阿尔泰山、天山、祁连山、昆仑山等）明显存在的垂直地带作为不同季节的牧场养殖羊、牛、马等家畜。夏季放牧于高山亚高山草甸，冬季放牧于背风向阳的山麓谷地荒漠草原，春秋放牧于其间的疏林地、山前平原和荒漠，但季节牧场不平衡。该区畜牧业基本停留在"靠天养畜"状态。

（2）黄土高原区

本区包括4个二级区，分别是：豫西丘陵山地农林牧区；关中平原所在的汾渭谷地农业区；陕、甘黄土丘陵沟谷牧林农区；陇中青东丘陵农牧区。

这一地区是一个水土流失较为严重、以旱杂粮生产为主，但是农业产量相对较低并且不稳定的地区。本区年降水量大部分为400~600毫米，但季节分布不均衡，往往春季干旱，夏季则雨水集中。区域内近70%的土地覆盖着深厚的黄土层，由于土质松软，黄土颗粒细，同时地面缺乏丰茂的植被保护，使得在暴雨的侵蚀下，地面被分割得支离破碎，形成了塬、梁、峁和沟壑交错的地形。黄土高原上大部分坡耕地种抗旱耐瘠的谷子、糜子，长城以南、南盘山以东大部分地区农作物可以复种。

（3）黄淮海地区

河南省西部属于本区的黄淮平原农业区。

这一地区土地3/4为平原，全年无霜期达175~220天，年降水量达500~800毫米，年平均气温不低于10摄氏度，活动积温4000~5000摄氏度。这一地区是全国主要的小麦、棉花、花生、芝麻、烤烟生产基地。全区春旱、夏涝常常在年内交替出现。

（4）青藏区

甘肃祁连山及以南的甘南藏族自治州和天祝县、肃南裕固族自治县属于这一类区域。这一区域是由若干高大山岭和许多台地、湖盆和谷地相间组成的巨大山区。高寒（地势高、气温低）是本区的主要自然特点，大部分地区能够提供的适宜农作物生长的热量不足，只适合放牧。气温日较差大，是全国太阳辐射量最多的地区，适宜于大穗、大粒、大块茎作物生长，农作物以耐寒性较强的青稞、豌豆、小麦、马铃薯、油菜等为主。本区有广阔的天然草场，牲畜以耐高寒的牦牛、藏绵羊和藏山羊为主。

（5）西南区

陕西、甘肃南部秦岭山脉地区属于本区。本区水热条件较好而光照条件较差，地形复杂，农业生产地域类型复杂多样。本区也是众多少数民族聚居的地区。区域内的河谷平原、山间盆地是种植业集中的地区。这一地区是我国粮食、油料、甘蔗、柑橘、蚕丝等的重要产区，也是经济林、用材林和畜产品基地。

（6）长江中下游区

河南省淮河－伏牛山以南区域属于本区中的豫、鄂、皖低山平原农林区。本区处于北亚热带和中亚热带，无霜期210～300天，年降水量800～2000毫米。区域内湖泊众多，水系发达。本区内水热资源丰富，是农林渔比较发达、相关产业水平较高的地区，农作物可以一年二熟或三熟，但人多地少。本区的稻谷、油菜籽、桑蚕茧、茶叶、油茶籽、淡水水产品，以及柑橘、油桐、杉木、毛竹等在全国占有重要地位。

2.3 研究分区

文化景观受到自然地理环境的深刻影响，也与历史逐渐形成的行政区划息息相关。本书依据行政区划，参考自然地理特征进行研究分区。

1. 南疆地区

南疆是指位于新疆天山以南部分的地区，包括巴音郭楞蒙古自治州、阿克苏地区、喀什（莎车、叶城）地区、和田地区、克孜勒苏柯尔克孜自治州等。南疆自古以来就是一个多民族聚居和多元文化融合的地区，汉族、维吾尔族、塔吉克族、柯尔克孜族、乌孜别克族、回族、蒙古族等众多民族在这里共同繁衍生息。

2. 北疆地区

北疆即新疆天山以北部分的地区，包括乌鲁木齐、克拉玛依、阿勒泰地区、塔城地区、昌吉回族自治州、石河子、北屯、可克达拉、伊犁哈萨克自治州、博尔塔拉蒙古自治州等。这一地区的主要民族有蒙古族、回族、哈萨克族、维吾尔族、柯尔克孜族、乌孜别克族、塔塔尔族、锡伯族、俄罗斯族、达斡尔族、满族、汉族等。

3. 河西走廊地区

河西走廊因居于黄河以西，为两山夹峙，形似走廊，故名河西走廊，简称河西、雍凉。它位于甘肃西北部祁连山以北，合黎山以南，乌鞘岭以西，甘肃新疆边界以东，长约1000千米，宽数十千米至近200千米不等，是西北东南走向的长条堆积平原。河西走廊地区的少数民族分布中，藏族主要聚居在甘南藏族自治州和河西走廊祁连山的东、中段地区；裕固族（甘肃省的独有民族）、蒙古族、哈萨克族主要分布在河西走廊祁连山的中、西段地区。

4. 陇南山地

陇南山地地处秦巴山区、黄土高原、青藏高原的交汇区域，形成了高山峻岭与峡谷盆地相间的复杂地形。气候属北亚热带向暖温带的过渡带，垂直分布明显，是甘肃省仅有的长江流域和亚热带季风气候地区。陇南地貌俊秀，气候宜人，自然资源丰富，素有"陇上江南"之称。这一地区主要民族有藏族、蒙古族、汉族等。

5. 陕南山地

陕南山地是指陕西南部地区的北靠秦岭、南倚巴山，汉江自西向东穿流而过的山地地区。这一地区主要为汉族聚居区。

6. 豫西山地

豫西山地地处黄河以南、渭河平原及秦巴山地以东、淮河平原（属于黄淮海平原）以西、汉江流域以北。南临南阳盆地，跨越丹江流域、洛河流域，囊括伏牛山脉、熊耳山脉、外方山脉等。洛河等流域形成山间谷地，且穿插迂回于山地中，使本山地呈不规则延伸状。这一地区主要为汉族聚居地。

7. 陇东黄土高原

陇东黄土高原也称渭北陇东旱原，位于泾、洛河中下游，陇山（六盘山）以东，黄河以西，甘泉—华池—环县一线以南，关中平原灌区以北。地区内地形主要包括丘陵沟壑、高塬沟壑和土石山地三大类型。庆阳马岭以北的黄土丘陵沟壑区，沟壑纵横，水土流失严重；马岭以南、泾河以北的黄土高塬沟壑区，塬面平坦，如董志塬面积达910多平方千米，是我国最大的、比较完整的一片黄土塬地。这一地区约主要民族有汉族、土族、回族、保安族、东乡族、藏族等。

8. 陕北黄土高原

陕北黄土高原是我国黄土高原的中心部分，地势西北高，东南低，总面积9万余平方千米。基本地貌类型是黄土塬、梁、峁、沟、壕。这一地区主要为汉族聚居地。

9. 关中平原

关中平原位于陕西省，包括秦岭北麓渭河平原和渭河谷地及渭河丘陵，平均海拔在500米左右。平原以南是陕南盆地（安康盆地）、秦巴山脉（秦岭—大巴山脉），向北则是陕北黄土高原。这一地区主要为汉族聚居地。

10. 豫东黄河平原

黄河冲积平原的形成发育与黄河历代变迁和决口泛滥有密切关系。豫东黄河平原西起孟津县以东、南到沙颍河、北至卫河，向北、向东延伸出河南省界。这一地区的主要民族为汉族，也有回族等少数民族分布。

11. 豫东淮河平原

豫东淮河平原是淮河泛滥冲积和古湖淤积共同作用而形成的低缓平原，地势低而平坦，一般海拔30～50米，稍向东南倾斜。在豫东淮河平原上广泛分布着大小不等的浅平洼地和湖洼地。这一地区是我国重要的粮棉油产区之一。该地区主要民族为汉族，也有回族等少数民族分布。

第 3 章
丝绸之路国内段非物质文化景观的概况与分布

3.1 数量与类型

本书将"丝绸之路：长安—天山廊道的路网"国内段包含的河南、陕西、甘肃、新疆四省（区）的世界级、国家级和省级"非遗"作为对象开展研究。研究区域总面积约 247 万平方千米，约占全国陆地总面积的 26%。本书对"非遗"的空间属地采用自下而上的地域归属标注：有明确村镇乡归属地的，标注于该村镇乡；没有村镇乡但有县域归属的，标注于县城；没有县域归属的，标注于市级中心城区。同一项"非遗"在项目目录中分布于不同地域的，依照实际多地域分布情况标注，由此将产生一项"非遗"多处标注的情况，由于是进行空间分布研究，因此依据实际的标注地进行统计与分析。

截至 2019 年 3 月，根据丝绸之路国内段统计四省（区）省级以上"非遗"数共 1372 项，共标注 1854 处，其中国家级 316 处（含世界级 12 处），占总数的 17.04%，省级 1538 处。参照《中华人民共和国非物质文化遗产法》以及国家非物质文化遗产名录分类，本书将"非遗"分为十类进行研究，其中民间文学共有 164 处，民间美术有 206 处，民间音乐有 217 处，民间舞蹈有

222 处，传统戏剧有 157 处，民间曲艺有 91 处，传统手工技艺有 411 处，传统医药有 62 处，民俗有 221 处，传统体育、游艺与杂技有 103 处。就"非遗"类型而言，总体上，传统手工技艺、民间舞蹈、民间音乐、民俗占比比较大。

3.2 地区分布

1. 省域分布

各省（区）"非遗"类型状况如图 3-1 所示。

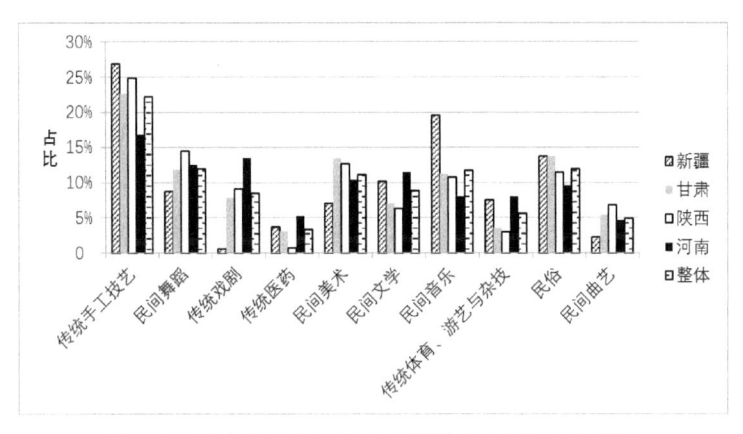

图 3-1 国内段各省（区）各类型"非遗"占比状况

甘肃 404 项，共标注 510 处，其中国家级 68 处，省级 442 处。民间文学共有 36 处，民间美术有 69 处，民间音乐有 57 处，民间舞蹈有 60 处，传统戏剧有 40 处，民间曲艺有 28 处，传统手工技艺有 117 处，传统医药有 16 处，民俗有 69 处，传统体育、游艺与杂技有 18 处。

新疆 239 项（含生产建设兵团），共标注 357 处，其中国家级 91 处，省级 266 处。民间文学共有 36 处，民间美术有 25 处，民间音乐有 70 处，民间舞蹈有 31 处，传统戏剧有 2 处，民间曲艺有 8 处，传统手工技艺有 95 处，传统医药有 13 处，民俗有 50 处，传统体育、游艺与杂技有 27 处。

陕西 344 项，共标注 410 处，其中国家级 50 处，省级 360 处。民间文学共有 26 处，民间美术有 37 处，民间音乐有 44 处，民间舞蹈有 59 处，传统戏剧有 37 处，民间曲艺有 28 处，传统手工技艺有 117 处，传统医药有 3 处，民俗有 47 处，传统体育、游艺与杂技有 12 处。

河南 385 项，共标注 577 处，其中国家级 107 处，省级 470 处。民间文学共有 66 处，民间美术有 60 处，民间音乐有 46 处，民间舞蹈有 72 处，传统戏剧有 78 处，民间曲艺有 27 处，传统手工技艺有 97 处，传统医药有 30 处，民俗有 54 处，传统体育、游艺与杂技有 47 处。

"非遗"点的空间分布整体上呈现东密西疏，平原密集而山地、荒漠地区疏少的状况。

相较而言，甘肃的民间舞蹈、民俗类占比相对较高；新疆的传统手工技艺、民间音乐占比相对较高，而传统戏剧、民间曲艺占比明显较低；陕西的民间舞蹈、民间美术占比相对较高；河南的传统戏剧、民间文学的占比相对较高。

由表 3-1 可见，四省（区）的各类型"非遗"占比与总体值的相关性都显著。甘肃、陕西、河南三省的占比状况相似性高；而陕西与新疆的相似性也较高。

表 3-1 各省（区）各类型"非遗"占比状况进行两两相关性分析

		甘肃	新疆	陕西	河南	总体
甘肃	C	1	0.628	0.916**	0.701*	0.904**
	P	—	0.052	0	0.024	0
新疆	C	0.628	1	0.722*	0.487	0.827**
	P	0.052	—	0.018	0.153	0.003
陕西	C	0.916**	0.722*	1	0.775**	0.961**
	P	0	0.018	—	0.009	0
河南	C	0.701*	0.487	0.775**	1	0.826**
	P	0.024	0.153	0.009	—	0.003
总体	C	0.904**	0.827**	0.961**	0.826**	1
	P	0	0.003	0	0.003	—

** 当置信度（双测）为 0.01 时，相关性是显著的。
* 当置信度（双测）为 0.05 时，相关性是显著的。
C：皮尔逊（Pearson）相关性；P：显著性（双尾）。

2. 分区分布

各研究区拥有的"非遗"数量与分布密度如图 3-2 所示。

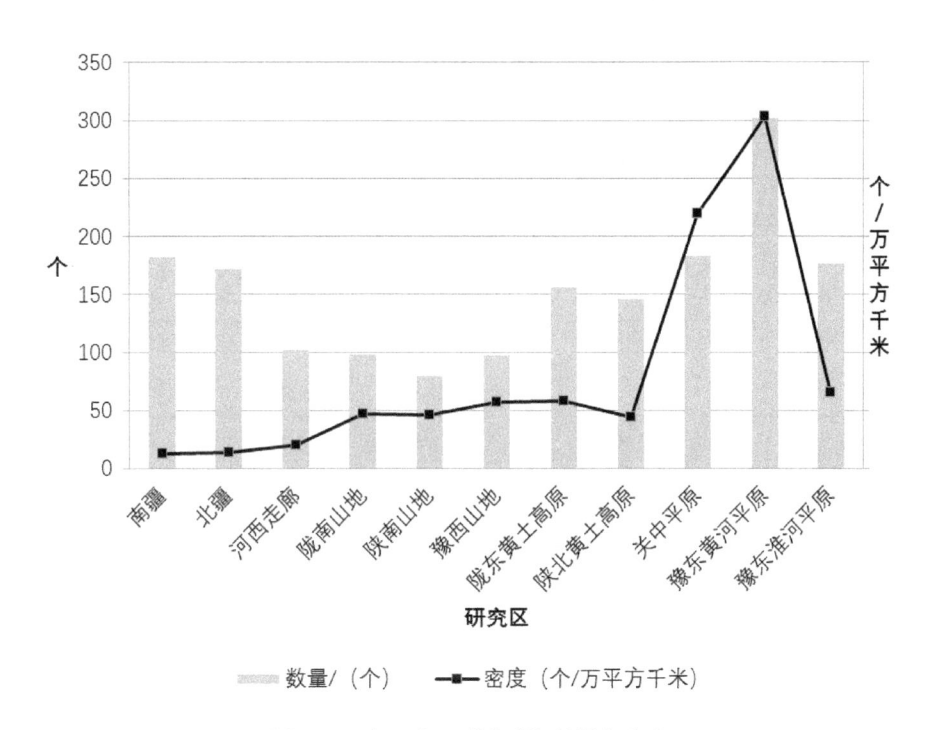

图 3-2 各研究区"非遗"数量与密度

各研究地区所拥有的"非遗"数量由多至少依次是豫东黄河平原、关中平原、南疆、豫东淮河平原、北疆、陇东黄土高原、陕北黄土高原、河西走廊、陇南山地、豫西山地、陕南山地。密度分布由高至低依次是豫东黄河平原、关中平原、豫东淮河平原、陇东黄土高原、豫西山地、陇南山地、陕南山地、陕北黄土高原、河西走廊、北疆、南疆。整体上东密西疏，平原密度高、山区密度低。

各研究区的"非遗"类型占比如图 3-3 所示，其相关性分析如表 3-2 所示。

表3-2 各研究区"非遗"类型相关性分析

		南疆	北疆	河西走廊	陇南山地	陕南山地	豫西山地	陇东黄土高原	陕北黄土高原	关中平原	豫东黄河平原	豫东淮河平原
南疆	C	1	0.579	0.215	0.603	0.63	0.161	0.618	0.628	0.837**	0.456	0.644*
	P	—	0.08	0.551	0.065	0.051	0.657	0.057	0.052	0.003	0.185	0.044
北疆	C	0.579	1	0.604	0.562	0.201	0.243	0.357	0.626	0.317	0.138	0.258
	P	0.08	—	0.064	0.091	0.577	0.499	0.311	0.053	0.372	0.704	0.472
河西走廊	C	0.215	0.604	1	0.801**	0.293	0.328	0.429	0.611	0.341	0.322	0.321
	P	0.551	0.064	—	0.005	0.412	0.356	0.216	0.06	0.335	0.364	0.366
陇南山地	C	0.603	0.562	0.801**	1	0.588	0.423	0.774**	0.853**	0.746*	0.451	0.561
	P	0.065	0.091	0.005	—	0.074	0.224	0.009	0.002	0.013	0.191	0.092
陕南山地	C	0.63	0.201	0.293	0.588	1	0.565	0.853**	0.426	0.829**	0.579	0.868**
	P	0.051	0.577	0.412	0.074	—	0.089	0.002	0.220	0.003	0.079	0.001
豫西山地	C	0.161	0.243	0.328	0.423	0.565	1	0.791**	0.521	0.423	0.488	0.499
	P	0.657	0.499	0.356	0.224	0.089	—	0.006	0.123	0.223	0.152	0.142
陇东黄土高原	C	0.618	0.357	0.429	0.774**	0.853**	0.791**	1	0.762*	0.823**	0.601	0.758*
	P	0.057	0.311	0.216	0.009	0.002	0.006	—	0.01	0.003	0.066	0.011
陕北黄土高原	C	0.628	0.626	0.611	0.853**	0.426	0.521	0.762*	1	0.627	0.372	0.466
	P	0.052	0.053	0.06	0.002	0.220	0.123	0.01	—	0.053	0.29	0.175
关中平原	C	0.837**	0.317	0.341	0.746*	0.829**	0.423	0.823**	0.627	1	0.614	0.835**
	P	0.003	0.372	0.335	0.013	0.003	0.223	0.003	0.053	—	0.059	0.003
豫东黄河平原	C	0.456	0.138	0.322	0.451	0.579	0.488	0.601	0.372	0.614	1	0.673*
	P	0.185	0.704	0.364	0.191	0.079	0.152	0.066	0.29	0.059	—	0.033
豫东淮河平原	C	0.644*	0.258	0.321	0.561	0.868**	0.499	0.758*	0.466	0.835**	0.673*	1
	P	0.044	0.472	0.366	0.092	0.001	0.142	0.011	0.175	0.003	0.033	—

** 当置信度(双测)为 0.01 时,相关性是显著的。
* 当置信度(双测)为 0.05 时,相关性是显著的。
C:皮尔逊(Pearson)相关性;P:显著性(双尾)。

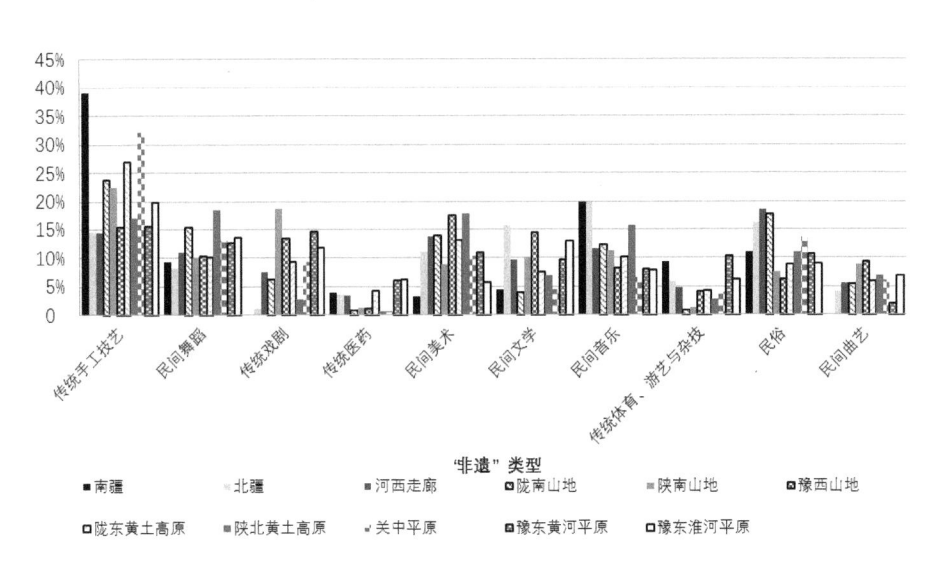

第 3 章 丝绸之路国内段非物质文化景观的概况与分布

图 3–3 各研究区"非遗"类型占比状况

各地区类型数量的相关性显示：陇南山地与河西走廊、陇东黄土高原、陕北黄土高原、关中平原的相关性较高；陇东黄土高原与陇南山地、陕南山地、豫西山地、陕北黄土高原、关中平原以及豫东淮河平原相关性较高；关中平原与陇南山地、陕南山地、豫东淮河平原相关性较高。整体上，显示出了较为显著的邻近相关性。

以研究区分类为自变量，对"非遗"类型进行名义变量的相关性分析显示，Cramer's V = 0.233（近似值 Sig. < 0.01）。各研究区的"非遗"类型有显著的弱差异性。相对而言，南疆、关中平原、陕南山地的传统手工技艺占比较高；陇南山地、陕北黄土高原、河西走廊的民间舞蹈占比较高；陕南山地、豫东黄河平原传统戏剧占比较高；豫东和新疆的传统医药占比较高；豫西山地、陕北黄土高原的民间美术占比较高；北疆和豫西山地的民间文学较多；南、北疆的民间音乐较多；南疆和豫东黄河平原的传统体育、游艺与杂技较多；河西、陇南山地、北疆的民俗较多。

47

3.3 民族归属

丝绸之路"长安—天山廊道"国内段"非遗"景观分属汉族、藏族、蒙古族、裕固族、东乡族、保安族、回族、哈萨克族、土族、维吾尔族、柯尔克孜族、乌孜别克族、塔塔尔族、塔吉克族、锡伯族、俄罗斯族、达斡尔族、满族、撒拉族等共20个民族。在所有统计的"非遗"景观中,各民族的"非遗"数量状况是:汉族1396处,维吾尔族154处,哈萨克族70处,藏族54处,蒙古族52处,回族21处,柯尔克孜族21处,锡伯族15处,塔吉克族、裕固族、乌孜别克族9处,东乡族6处,俄罗斯族5处,土族4处,塔塔尔族、满族、达斡尔族、保安族、羌族各2处,撒拉族1处。此外,属于多民族的有:汉族、回族4处;汉族、藏族3处;汉族、回族、藏族4处;维吾尔族、乌孜别克族3处;汉族、回族、哈萨克族1处;回族、撒拉族、东乡族1处;藏族、土族1处,藏族、蒙古族1处;哈萨克族、锡伯族1处。

以民族分类为自变量,对"非遗"类型进行名义变量的相关性分析显示,Cramer's $V=0.152$(近似值 Sig.<0.01),显示出各民族间"非遗"类型的显著的弱差异性特征。

各民族的"非遗"各类型占比情况如图3-4所示,各民族拥有的"非遗"各类型占比与整体类型占比的比较状况(各民族拥有的"非遗"各类型占比/整体各类型占比)如图3-5所示。各民族拥有的"非遗"各类型占比的 CV 值状况如图3-6所示。各民族分类型占比(分类型"非遗"数/该民族拥有"非遗"总数)的相关性情况如表3-3所示。

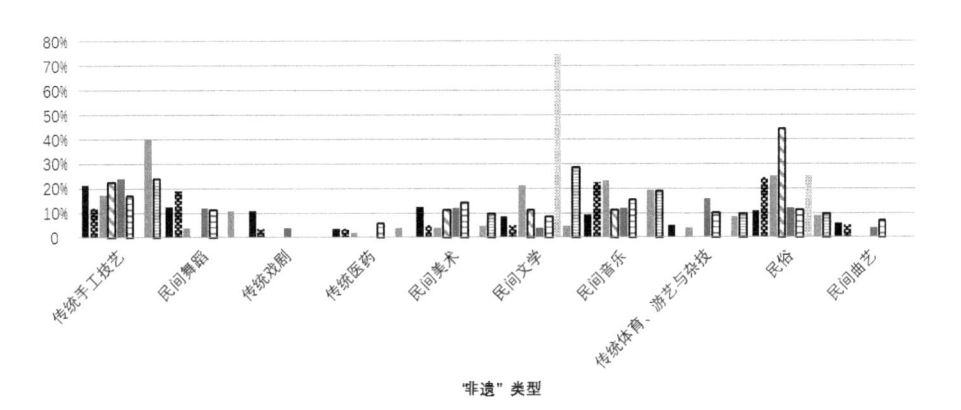

第 3 章 丝绸之路国内段非物质文化景观的概况与分布

图 3-4 各民族的"非遗"各类型占比情况（部分）

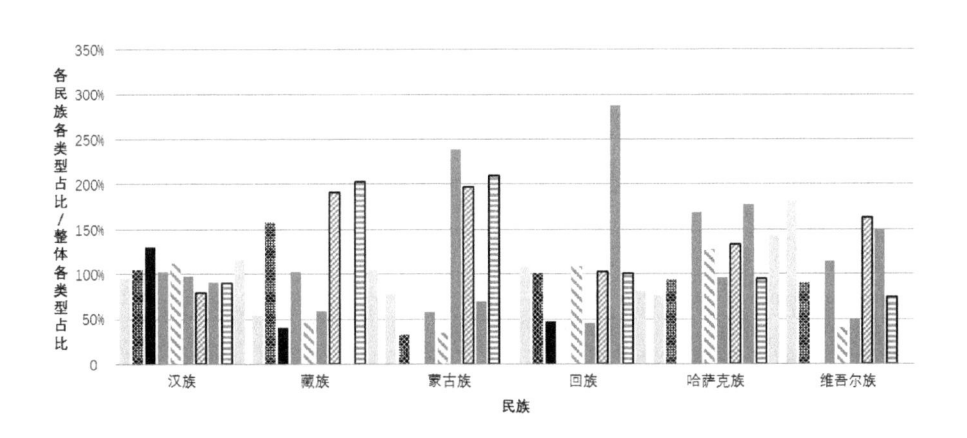

图 3-5 各民族拥有的"非遗"各类型占比与整体类型占比的比较状况（部分）

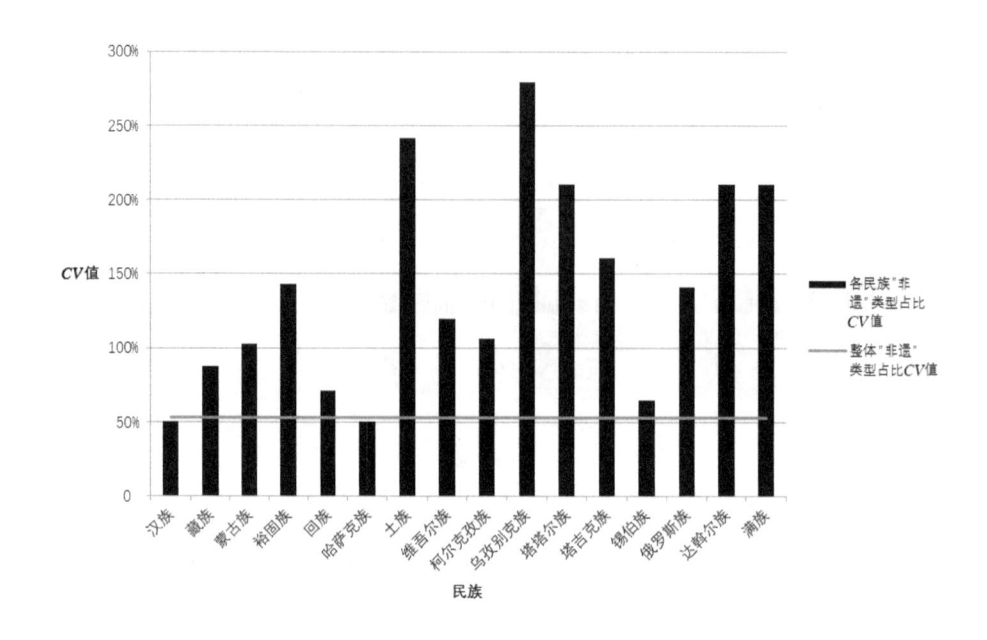

图 3-6 各民族拥有的"非遗"各类型占比的 CV 值分析（部分）

从各民族各类型"非遗"占比情况来看，比较突出的是维吾尔族的传统手工技艺，藏族的民间舞蹈，回族的传统体育、游艺与杂技，哈萨克族的民间美术，土族、柯尔克孜族的民间文学，藏族、蒙古族的民间音乐，藏族、蒙古族、裕固族的民俗占比均较高。

整体上汉族各类型景观与整体状况相似，在传统戏剧、民间曲艺、民间美术等方面相对较多；藏族的民俗、民间舞蹈、民间音乐占比相对较高；蒙古族的民间文学、民间音乐、民俗占比相对较高；维吾尔族的传统手工技艺、传统体育、游艺与杂技以及民间音乐占比相对较高；回族的传统手工技艺、民间美术以及传统体育、游艺与杂技非常突出地高于整体水平；哈萨克族的传统体育、游艺与杂技以及传统医药占比相对较高。

汉族、哈萨克族、回族、藏族、锡伯族等民族各类型占比 CV 值相对较低，各类型占比相对均衡；而土族、乌孜别克族、塔塔尔族、达斡尔族、满族等民族的类型占比 CV 值高，显示了各类型的不均衡性。

第3章 丝绸之路国内段非物质文化景观的概况与分布

表3-3 各民族分类型占比的相关性情况（部分）

		汉族	藏族	蒙古族	裕固族	东乡族	保安族	回族	哈萨克族	土族	维吾尔族	柯尔克孜族	乌孜别克族	塔塔尔族	塔吉克族	锡伯族	俄罗斯族	达斡尔族	满族
汉族	C	1	0.39	0.37	0.43	0.46	0.46	0.54	0.47	−0.00	0.68*	0.38	0.02	0.57	−0.1	−0.00	0.75*	0.23	0.17
	P	—	0.27	0.29	0.21	0.18	0.18	0.11	0.17	0.92	0.03	0.28	0.97	0.08	0.71	0.94	0.01	0.52	0.64
藏族	C	0.39	1	0.38	0.58	−0.20	−0.20	0.30	0.27	0.08	0.25	−0.10	0.33	0.46	0.43	0.77**	0.60	0.87**	0.40
	P	0.27	—	0.28	0.08	0.64	0.64	0.39	0.46	0.82	0.49	0.89	0.35	0.18	0.22	0.01	0.07	0.00	0.25
蒙古族	C	0.37	0.38	1	0.70*	0.58	0.58	0.33	0.54	0.60	0.54	0.85**	0.53	0.52	0.25	0.50	0.56	0.13	0.13
	P	0.29	0.28	—	0.02	0.08	0.08	0.36	0.11	0.06	0.11	0.00	0.11	0.12	0.48	0.14	0.09	0.72	0.72
裕固族	C	0.43	0.58	0.70*	1	0.25	0.25	0.41	0.36	0.42	0.39	0.44	0.20	0.86**	0.53	0.51	0.55	0.45	0.66*
	P	0.21	0.08	0.02	—	0.49	0.49	0.25	0.31	0.23	0.27	0.21	0.58	0.00	0.12	0.14	0.10	0.19	0.04
东乡族	C	0.46	−0.20	0.58	0.25	1	1.00**	0.18	0.35	0.55	0.53	0.80**	−0.20	0.38	−0.30	−0.3	0.37	−0.30	−0.30
	P	0.18	0.64	0.08	0.49	—	0	0.63	0.32	0.10	0.11	0.01	0.58	0.29	0.36	0.47	0.29	0.49	0.49
保安族	C	0.46	−0.20	0.58	0.25	1.00**	1	0.18	0.35	0.55	0.53	0.80**	−0.20	0.38	−0.30	−0.30	0.37	−0.30	−0.30
	P	0.18	0.64	0.08	0.49	0.00	—	0.63	0.32	0.10	0.11	0.01	0.58	0.29	0.36	0.47	0.29	0.49	0.49
回族	C	0.54	0.30	0.33	0.41	0.18	0.18	1	0.56	−0.10	0.65*	0.34	0.05	0.53	0.57	0.16	0.63*	0.35	0.18
	P	0.11	0.39	0.36	0.25	0.63	0.63	—	0.09	0.76	0.04	0.34	0.89	0.12	0.09	0.65	0.05	0.32	0.63
哈萨克族	C	0.47	0.27	0.54	0.36	0.35	0.35	0.56	1	−0.10	0.74*	0.62	0.39	0.35	0.03	0.39	0.62	−0.10	0.20
	P	0.17	0.46	0.11	0.31	0.32	0.32	0.09	—	0.8	0.01	0.06	0.27	0.32	0.94	0.27	0.05	0.89	0.58
土族	C	−0.00	0.08	0.60	0.42	0.55	0.55	−0.10	−0.1	1	−0.20	0.58	−0.10	0.15	0.14	0.09	−0.1	0.15	0.15
	P	0.92	0.82	0.06	0.23	0.10	0.10	0.76	0.80	—	0.63	0.08	0.82	0.68	0.69	0.80	0.75	0.68	0.68

51

续表

		汉族	藏族	蒙古族	裕固族	东乡族	保安族	回族	哈萨克族	土族	维吾尔族	柯尔克孜族	乌孜别克族	塔塔尔族	塔吉克族	锡伯族	俄罗斯族	达斡尔族	满族
维吾尔族	C	0.68*	0.25	0.54	0.39	0.53	0.53	0.65*	0.74*	-0.20	1	0.55	0.26	0.64*	0.01	0.18	0.91**	0.00	-0.10
	P	0.03	0.49	0.11	0.27	0.11	0.11	0.04	0.01	0.63	—	0.10	0.47	0.05	0.99	0.62	0.00	0.99	0.68
柯尔克孜族	C	0.38	-0.10	0.85**	0.44	0.80**	0.80**	0.34	0.62	0.58	0.55	1	0.29	0.33	-0.00	0.10	0.38	-0.30	-0.00
	P	0.28	0.89	0.00	0.21	0.01	0.01	0.34	0.06	0.08	0.10	—	0.42	0.35	0.96	0.79	0.28	0.48	0.98
乌孜别克族	C	0.02	0.33	0.53	0.20	-0.20	-0.20	0.05	0.39	-0.1	0.26	0.29	1	-0.00	0.18	0.66*	0.30	-0.00	-0.00
	P	0.97	0.35	0.11	0.58	0.58	0.58	0.89	0.27	0.82	0.47	—	—	0.93	0.62	0.04	0.4	0.93	0.93
塔塔尔族	C	0.57	0.46	0.52	0.86**	0.38	0.38	0.53	0.35	0.15	.642*	0.33	-0.00	1	0.4	0.28	0.75*	0.38	0.38
	P	0.08	0.18	0.12	0.00	0.29	0.29	0.12	0.32	0.68	0.05	0.35	0.93	—	0.25	0.43	0.01	0.29	0.29
塔吉克族	C	-0.10	0.43	0.25	0.53	-0.30	-0.30	0.57	0.03	0.14	0.01	-0.00	0.18	0.40	1	0.52	0.16	0.58	0.40
	P	0.71	0.22	0.48	0.12	0.36	0.36	0.09	0.94	0.69	0.99	0.96	0.62	0.25	—	0.12	0.65	0.08	0.25
锡伯族	C	-0.00	0.77**	0.50	0.51	-0.3	-0.30	0.16	0.39	0.09	0.18	0.10	0.66*	0.28	0.52	1	0.41	0.53	0.28
	P	0.94	0.01	0.14	0.14	0.47	0.47	0.65	0.27	0.80	0.62	0.79	0.04	0.43	0.12	—	0.24	0.11	0.43
俄罗斯族	C	0.75*	0.60	0.56	0.55	0.37	0.37	0.63*	0.62	-0.10	0.91**	0.38	0.30	0.75*	0.16	0.41	1	0.37	0.00
	P	0.01	0.07	0.09	0.10	0.29	0.29	0.05	0.05	0.75	0.00	0.28	0.40	0.01	0.65	0.24	—	0.29	1.00
达斡尔族	C	0.23	0.87**	0.13	0.45	-0.3	-0.30	0.35	-0.10	0.15	0.00	-0.30	-0.00	0.38	0.58	0.53	0.37	1	0.38
	P	0.52	0.00	0.72	0.19	0.49	0.49	0.32	0.89	0.68	0.99	0.48	0.93	0.29	0.08	0.11	0.29	—	0.38
满族	C	0.17	0.40	0.13	0.66*	-0.3	-0.30	0.18	0.20	0.15	-0.10	-0.00	-0.00	0.38	0.40	0.28	0.00	0.38	1
	P	0.64	0.25	0.72	0.04	0.49	0.49	0.63	0.58	0.68	0.68	0.98	0.93	0.29	0.25	0.43	1.00	0.29	—

** 在置信度（双测）为 0.01 时，相关性是显著的。* 在置信度（双测）为 0.05 时，相关性是显著的。

C：皮尔逊（Pearson）相关性；P：显著性（双尾）。

就"非遗"类型占比而言，汉族与维吾尔族、俄罗斯族相似。藏族与锡伯族、达斡尔族相似。蒙古族与裕固族、柯尔克孜族相似；裕固族与蒙古族、塔塔尔族、满族相似；东乡族与保安族完全一致，并与柯尔克孜族相似；回族与维吾尔族相似；哈萨克族与维吾尔族相似；维吾尔族与汉族、回族、哈萨克族、塔吉克族、俄罗斯族相似。

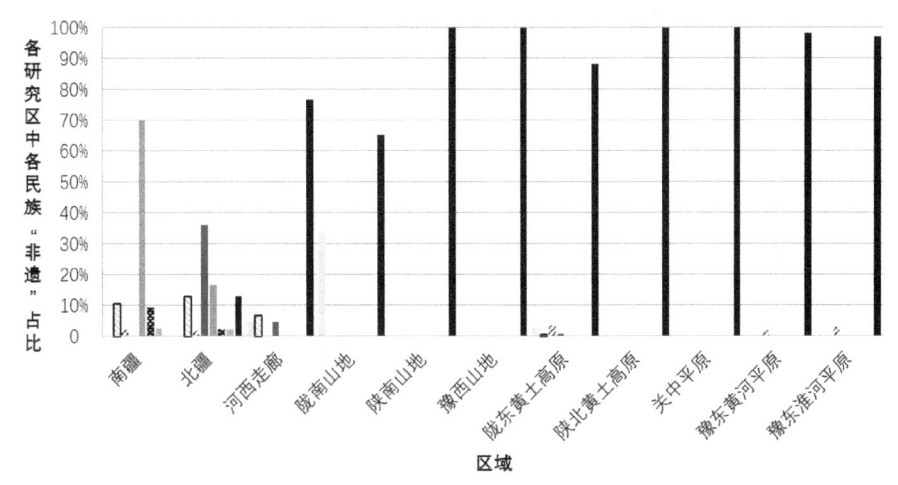

部分民族"非遗"在各研究分区的占比状况如图 3-7 所示。

图 3-7 各区域"非遗"的民族归属状况（部分）

由图 3-7 可见，新疆特别是北疆，是多民族"非遗"的呈现区。河西走廊与陇东黄土高原也有部分少数民族"非遗"分布。其余地区除豫东平原的郑州有个别回族的"非遗"景观外，均主要是汉族"非遗"。南疆塔里木盆地边缘绿洲主要是维吾尔族"非遗"；天山南麓主要是回族、蒙古族"非遗"。南疆天山北麓由东向西，则呈现以维吾尔族、汉族、回族、哈萨克族等多民族杂居，到以蒙古族为主体的"非遗"分布；准噶尔盆地西、北缘则是哈萨克族"非遗"主要分布，间有蒙古族"非遗"。在河西走廊东南部呈现汉、藏融合"非遗"分布到以藏族"非遗"为主，间有土族"非遗"，中段则有裕固族"非遗"，西段有蒙古族"非遗"。陇东地区分布有相当比例的回族"非遗"。

3.4 产生年代

1. 产生年代与类型

以产生年代分类为自变量,对"非遗"类型进行名义变量的相关性分析显示,Cramer's $V=0.184$(近似值 Sig.<0.01),各年代的"非遗"类型有显著的弱差异性。按产生年代分类的各"非遗"类型占比如图 3-8 所示。整体而言,秦汉、唐、宋、明、清等时期,可能一方面因为延续时间长,另一方面因为政治、社会相对稳定,是"非遗"景观产生的主要时期。

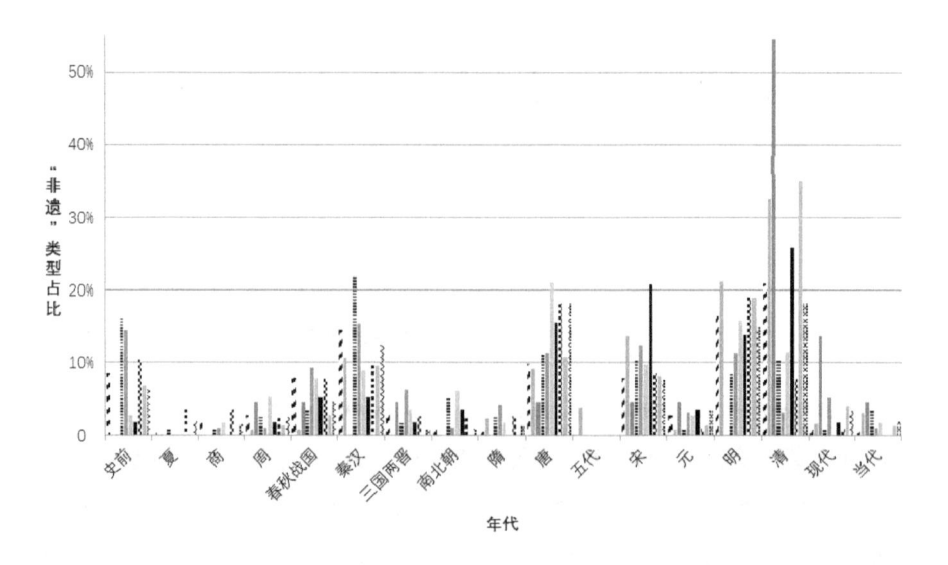

图 3-8 按产生年代分类的"非遗"类型占比状况

相对而言,清代是多数类型"非遗"产生的主要时期,但民间文学占比较低。保留下来的民间文学产生在史前、秦汉、唐、宋时期的比例较高。史前时期民间美术、民间舞蹈产生的比例较高。秦汉是民间美术、民间舞蹈产生的重要时期。唐代以及明代是民间音乐产生的主要时期。宋代是传统体育、游艺与杂技产生的重要时期。明代是传统戏剧、民俗和民间曲艺产生的重要时期。

总体上，各类型"非遗"的产生大致遵循了先易后难、层进式发展的脉络。民间舞蹈、民间美术、民间文学作为文化景观的基础形态，产生的时代相对较早，占比整体上呈现由远及近逐渐递减的趋势。而传统戏剧、民间曲艺、传统医药以及传统体育、游艺与杂技则是相对复合型和不断融合发展的文化形式，占比则整体上呈现由远及近逐渐递增的趋势。民间音乐则以唐代为极盛时期，呈现波动性变化。

2. 产生年代与地区

以地区分类为自变量，对"非遗"产生年代进行名义变量的相关性分析显示，Cramer's $V = 0.179$（近似值 Sig.<0.01），各地区的"非遗"产生年代有显著的弱差异性。分地区的"非遗"产生年代占比如图3-9所示。

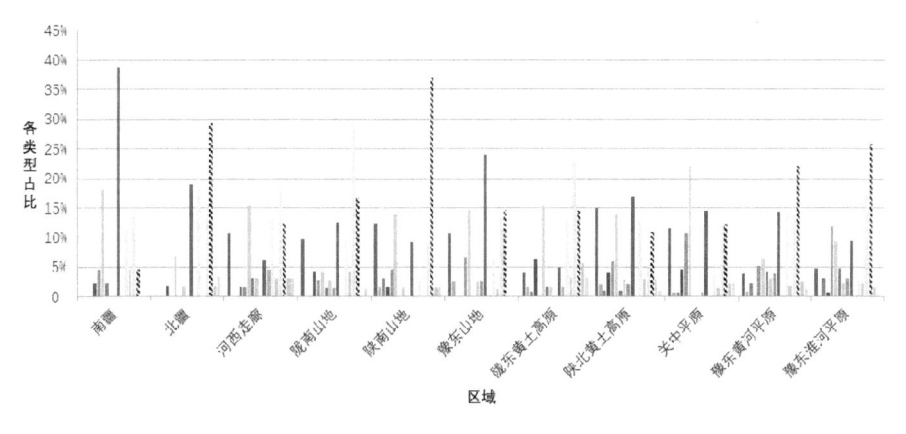

图 3-9 分地区的"非遗"产生年代占比状况

就各地区产生年代的项数进行 CV 值计算，均大于1，说明各地区产生年代的差异性明显，存在比较显著的年代分化。就产生年代分地区的项数进行 CV 值计算，均大于0.6，说明产生年代在各地区的差异性明显，相对而言，史前（$CV=0.63$）、唐（$CV=0.57$）、明（$CV=0.59$）是各地区相对均衡产生的时期。

可见，陕北、关中沿黄地区是史前"非遗"产生的主要地区。陇东黄土高原以及河南沿黄地区是夏、商、周特别是周时期"非遗"产生的主要地区。陕西至河南沿黄地区是春秋战国时期"非遗"的产生地区。秦汉时期是"非遗"产生空间巨大扩散的时期，南至豫西、陕南山地，西至塔里木盆地，南北至阿尔泰山都产生了多样的"非遗"景观。三国至晋，产生的"非遗"主要在豫东平原。唐代、宋代是"非遗"产生的繁盛时期，特别是天山南北，表现了明显的集中产生现象。相比其他地区，河西地区在五代时期也产生了相对多的"非遗"，可能与该地区当时相对安定的社会政治环境有关。明代是陇东地区产生的最重要时期。清代则是陕南山地、豫东平原，以及天山北麓以及阿尔泰山南麓多项"非遗"产生的年代。

3. 产生年代与民族

以民族分类为自变量，对"非遗"产生年代进行名义变量的相关性分析显示，Cramer's $V=0.158$（近似值 Sig.<0.01），各民族的"非遗"产生年代有显著的弱差异性，但不及于地区的影响（Cramer's $V=0.179$）。分民族的"非遗"产生年代占比如图 3-10 所示。

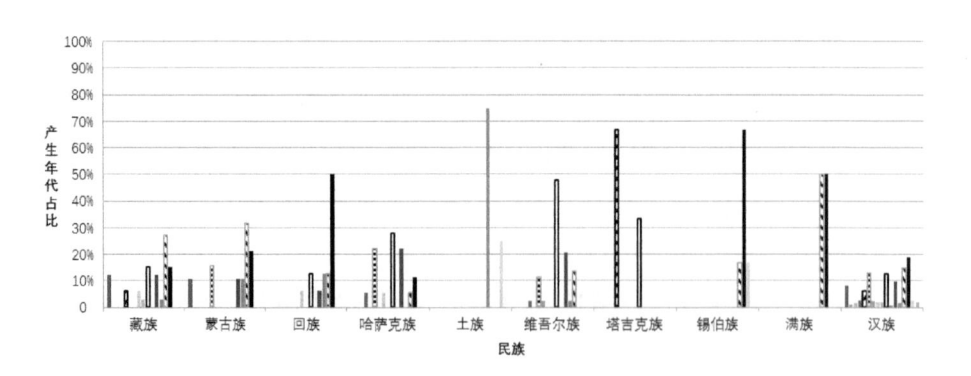

图 3-10　分民族的"非遗"产生年代占比状况

除藏族、蒙古族、哈萨克族、维吾尔族以及汉族外，其他民族"非遗"产生的年代都比较集中。就各民族"非遗"产生的主要年代而言，藏族是明代、清代、唐代以及史前时期等；蒙古族是明代、清代、秦汉时期；哈萨克族是唐代、秦汉时期和明代；维吾尔族是唐代、宋代、明代；汉族是清代、明代、唐代以及秦汉时期。清代是回族"非遗"产生的最重要时期。元代是土族"非遗"产生的最主要时期。满族的"非遗"产生于明、清两代。

4. 产生年代与自然环境

对不同年代"非遗"所处点的自然条件进行分析，分年代的河流密度组间差异明显（$F=3.722$，$p=0.002$），其他要素间的组间差异不显著（$p>0.05$），如表3-4所示。

表3-4 分年代"非遗"景观河流密度均值及事后多重比较的显著性（LSD）

	年代	史前	先秦	秦汉南北朝	隋唐宋	元明清	现当代
事后多重比较的显著性（LSD）	史前		0.118	0.652	0.124	0.284	0.776
	先秦	0.118		0.172	0	0.001	0.115
	秦汉南北朝	0.652	0.172		0.009	0.037	0.501
	隋唐宋	0.124	0	0.009		0.414	0.388
	元明清	0.284	0.001	0.037	0.414		0.414
	现当代	0.776	0.115	0.501	0.388	0.414	
河流密度		0.035	0.038	0.036	0.033	0.034	0.035

产生于史前与现当代的"非遗"景观分布的河流密度与其他年代的均值差异不显著，两者的均值均为0.035。先秦与秦汉南北朝、隋唐宋与元明清之间的差异性不显著；但两类大组之间的差异显著，前者的密度显著高于后者，显示了文化发展由河流密度大的区域向河流密度小的区域深入。

3.5 空间分布特征

1. 分析方法

（1）点要素空间分布分析

根据地理实体或事件的空间位置研究其分布模式的方法称为空间点模式。在研究区域中，虽然点在空间上的分布千变万化，但是不会超出从均匀到集中的模式。因此一般将空间点模式区分为3种基本类型：聚集分布、随机分布、均匀分布。对于区域内分布的点集对象或事件，分布模式的基本问题是：这些对象或事件的分布是随机的、均匀的，还是聚集的。

空间点模式分析的方法有多种。其中最常用的、最邻近指数方法的分布类型界定标准还存在一定的争论[1]，基于Voronoi图的测度点状目标空间分布特征被较为广泛地应用[2]，Voronoi图又称泰森多边形（Thiessen Polygon），由一组由连接两邻点直线的垂直平分线组成的连续多边形组成，在任意一个多边形中，任意一个内点到该多边形的发生点 p_i 的距离都小于该点到其他任何发生点 p_j 的距离。不同分布的点集可以形成泰森多边形面积的不同变化，通过计算点状目标的泰森多边形面积的变异系数（Coefficient of Variation，简称 *CV* 值），可分析出点状目标的空间分布特征。

CV 变异系数是标准偏差与平均值之比，用百分数表示，计算公式为：

$$CV = (SD/MN) \times 100\% \tag{3-1}$$

式中，*CV* 为泰森多边形面积的变异系数；*SD* 为泰森多边形面积的标准差（Standard Deviation）；*MN* 为泰森多边形面积的均值（Mean）。*CV* 值可以

---

[1] 张红，王新生，余瑞林. 基于Voronoi图的测度点状目标空间分布特征的方法[J]. 华中师范大学学报（自然科学版），2005, 39（3）: 422−426.

[2] 王录仓，杨志鹏，武荣伟，等. 甘肃黄河三峡景区旅游资源空间结构研究[J]. 干旱区研究，2016, 33（1）: 215−222.

第 3 章 丝绸之路国内段非物质文化景观的概况与分布

衡量现象在空间上的相对变化程度。当某个点集的空间分布为均匀分布时，其泰森多边形面积的可变性小，*CV* 值低；当空间分布为集群分布时，在集群内（"类"内）的泰森多边形面积较小，而在集群间（"类"间）的泰森多边形面积较大，*CV* 值高。但是，规则的周期结构和周期性重复出现的集群分布也会形成较高的 *CV* 值（OKABE A，2000）。Duyckaerts 提出了 3 个建议值：当 *CV* 值小于 33%时，点集为均匀分布；当 *CV* 值介于 33%和 64%之间时，点集为随机分布；当 *CV* 值大于 64%时，点集为集群分布[1]。

（2）Ripley's *K* 分析

Ripley's *K* 方法是一种利用 Ripley's *K* 函数对点数据集进行不同距离的聚类程度分析的点数据模式的分析方法。Ripley's *K* 函数就是用来表明要素的质心的空间聚集或空间扩散的程度，以及在邻域大小发生变化时是如何变化的。其原理是：设定一个起算距离，还可以指定最终距离或者增量步长。当计算的距离增加时，包含的相邻要素自然就会越来越多，那么就可以针对不同的距离，计算包含的数据的密度。当全部算完之后，把每个距离的密度进行算数平均，并且将这个平均密度，作为用于比较的标准密度值。然后用每个距离里包含的数据量的密度，与标准密度值进行比较。大于标准密度值的，那么就认为这个距离上，数据处于聚类分布；而小于标准密度值的，就认为数据处于离散分布。为了避免平均数带来的一些简单粗暴的计算，在研究空间分布的时候，多利用零假设的方式来设定随机数进行分布，作为预期值。特定距离的 *K* 观测值大于 *K* 预期值，则与该距离（分析尺度）的随机分布相比，该分布的聚类程度更高。如果 *K* 观测值小于 *K* 预期值，则与该距离的随机分布相比，该分布的离散程度更高。

$$K = L(d) = \sqrt{\frac{A\sum_{i=1}^{N}\sum_{j=1,j\neq i}^{N}k(i,j)}{\pi N(N-1)}} \quad (3-2)$$

---

[1] DUYCKAERTS C, GODEFROY G. Voronoi Tessellation to Study the Numerical Density and the Spatial Distribution of Neurons[J]. Journal of Chemical Neuroanatomy, 2000, 20 (2): 83-92.

式中，A 为区域；N 为点数；d 为距离；$k(i,j)$ 为权重。

（3）空间热点探测

热点（Hot Spot）地区是"非遗"点在空间上大量聚集的表现，即密度较大的区域。在研究居民点空间分布状况时，可采用空间聚类方法来描述居民点的热点。一般采用最近距离层次聚类（Nearest Neighbor Hierarchical Clustering，NNHC）的方法，即根据每个居民点 i 的最邻近距离，定义一个聚集单元（Cluster）、极限距离或阈值和每一聚集单元的最小数目，然后比较聚集单元与每一点的最邻近距离，当某一点的最邻近距离小于该极限距离时，该点被计入聚集单元，据此将原始点数据聚类为若干区域，称为一阶热点区；同理，对一阶热点区利用同样方法，聚类得到二阶热点区❶。本研究在 Crimestat 3.3 软件支持下设置随机最近距离为初始距离，各阶聚类的最少点数设定为 10 个，在零假设下，调用 Monte-Carlo 法随机进行 100 次统计学全局集聚性检验，最终获取各阶热点聚集区，并可视化显示。

（4）空间分形研究

区域中要素点的空间分布具有无标度性，显示出统计分形（Fractal）特征。分形是大自然的优化结构❷，分形体能够最有效地占据空间。城市体系的自相似性（Self-similarity）意味着人文地理系统的自组织演化受到某种隐含规则的支配，具有优化趋势，因此，揭示城镇体系的分形几何特征及其支配法则有着重大的理论意义和实践价值。分形不能用一般的测度进行度量，描绘分形的有效参数是分形维数（Fractal Dimension），而维数是反映空间现象的重要参量❸。

聚集维数，借助回转半径测算。假定景区景点系统各景点按照某种自相似规则围绕中心景点（一般是等级系统中的最高级别景点）呈凝聚态分布，

---

❶ 胡美娟，李在军，侯国林，等. 江苏省乡村旅游景点空间格局及其多尺度特征[J]. 经济地理，2015，35（6）：202-208.

❷ 林鸿溢，李映雪. 分形——奇异性探索[M]. 北京：北京理工大学出版社，1992：45-46.

❸ 刘继生，陈彦光. 城镇体系空间结构的分形维数及其测算方法[J]. 地理研究，1999，（2）：60-67.

且分形体是各向均匀变化的,则可借助几何测度关系确定半径为 r 的圆周内的景区景点("粒子")数目 $N(r)$ 与相应半径的关系,即有 $N(r) \propto r^{D_f}$,类比于 Hausdorff 维数公式可知,式中 D_f 为分维。这表明,可以利用回转半径法测算景区景点系统空间聚集的分维数。考虑到半径 r 的单位取值影响分维的数值,可将其转化为平均半径,定义平均半径为:

$$R_s = \left\langle \left(\frac{1}{s}\sum_{i=1}^{S} r_i^2\right)^{\frac{1}{2}} \right\rangle \tag{3-3}$$

式中,R_s 为平均半径;r_i 为第 i 个点到中心点的欧氏距离(称为重心距);S 为景点个数;$\langle \cdots \rangle$ 表示平均。则一般有分维关系:$R(S) \propto S^{\frac{1}{D}}$。对于聚集维数的计算,首先是在以景点系统的中心景点为投影中心的景点分布图上,求出其他各景点到中心景点的重心距 r_i,再转化为平均半径 R_s。故改变 r_i,对应得到 R_s 值,这样就得到一系列 S 值,把 (R_s, S) 绘成双对数坐标图,通过最小二乘法可求出分维值 D。由于这里的 D 反映的是景点围绕中心研究点随机聚集的特征,研究点分布从中心景点向周围腹地的密度衰减特征,从研究点系统的空间结构上讲反映结构的紧致性特征[1]。"非遗"空间分布体系的半径维数反映其分布从研究中心点向周围腹地的密度衰减特征。从式(3-3)可以引出关系:

$$d(r) \propto r^{D_f - d} \tag{3-4}$$

式中,$d(r)$ 为"非遗"空间分布体系的空间分布密度,欧氏维数取 $d=2$,所以,当 $D_f < d$ 时,$D_f - d < 0$,此时"非遗"空间分布从中心向四周呈密度衰减;当 $D_f = d$ 时,$D_f - d = 0$,$d(r)$ 为常数,此时"非遗"空间分布在半径方向上是均匀变化的;当 $D_f > d$ 时,$D_f - d > 0$,此时"非遗"空间分布系分布从中心向四周呈密度递增。

---

[1] 许志晖, 戴学军, 庄大昌, 等. 南京市旅游景区景点系统空间结构分形研究[J]. 地理研究, 2007, (1): 132-140.

2. 分布分析

（1）空间密度

全部非物质文化遗产分布地，以及基于点的泰森多边形的面积进行的空间密度（1/每点占据的泰森多边形的面积）的插值分析。计算得出全部"非遗"及分类型遗产的泰森多边形的面积的 CV 值如表3-5所示。

表3-5 全部及分类型"非遗"的泰森多边形面积的 CV 值统计

	整体	传统手工技艺	民间舞蹈	传统戏剧	传统医药	民间美术	民间文学	民间音乐	传统体育、游艺与杂技	民俗	民间曲艺
CV 值	419%	264%	257%	515%	180%	267%	249%	167%	165%	202%	260%
遗产数量/处	1688	355	213	153	54	178	158	204	95	201	91

由表3-5可见，无论从整体角度，还是不同类型的"非遗"角度，都显示出了较高的 CV 值，不仅远高于64%的集群分布的界限值，所有值都超过了150%，整体更达到419%，显示出了研究区域中非物质文化空间分布的高聚集性特征。就类型区分进一步观察，相对而言，传统体育、游艺与杂技、民间音乐、传统医药等的 CV 值相对较低，显示出"高技能型"数量少，集聚分布相对弱的特征。

（2）Ripley's K 值

采用 Arcgis 10.3 中的 Multi-Distance Spatial Cluster Analysis（Ripley's K Function）（Spatial Statistics）功能模块计算整体分布的 Ripley's K 值。计算中距离区间数采用样本量20，置信水平99%的置信区间。由于研究针对的是丝绸之路"长安—天山廊道"国内段区域，研究区外还存在其他有"非遗"分布的区域，因此对研究区边界点的校正采用 SIMULATE_OUTER_BOUNDARY_VALUES，在研究区域边界外，创建边界内所发现点的镜像点，以便校正边附近的低估现象。研究区域（USER_PROVIDED_STUDY_AREA_FEATURE_

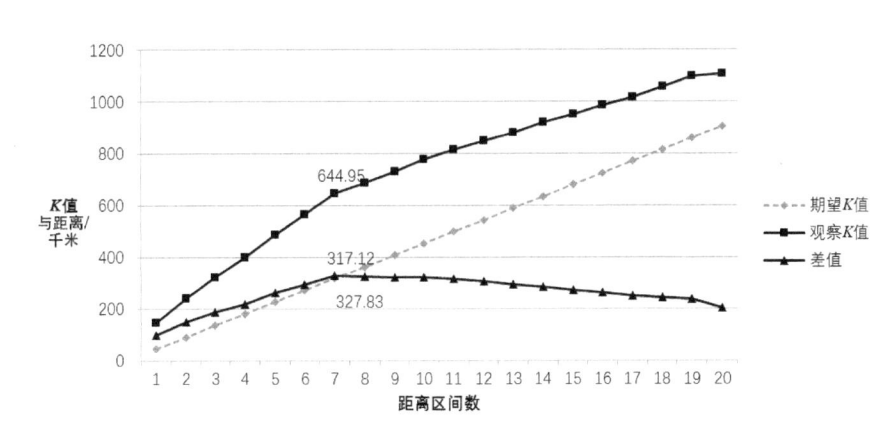

CLASS)选定丝绸之路国内段的面状区域。其结果如图 3-11 所示。

图 3-11　丝绸之路国内段"非遗"空间分布的 Ripley's K 分析图

整体而言,在探测尺度(0~900 千米)空间内的不同尺度内,"非遗"点都呈现明显的聚集特征。其聚集最大值在第 7 个标度点 317.12 千米处,即在这一尺度下,"非遗"点的空间聚集程度最高,然后下降。

(3)空间热点地区

采用 Crimestat3.3 软件进行热点地区探查,结果显示共有 44 个一阶热点地区,3 个二阶热点地区,分布在河南省北部地区、陕西省关中地区以及甘肃省"兰州—临夏"陇东南地区,没有出现三阶热点地区。3 个二阶热点地区中,第一个二阶区包含 14 个一阶区,第二个二阶区包含 11 个一阶区,第三个二阶区包含 5 个一阶区。所有一阶热点地区中最大面积接近 1300 平方千米,最小面积不足 1 平方千米,CV 值为 94%,显示出较大的差异性。从中可见,"一阶热点"的分布具有空间随机性,反映出其空间分布在微观尺度上的集聚性特点。

(4)空间分形特征

景区景点系统的自相似性(Self-similarity)意味着人文地理系统的自组织演化受到某种隐含规则的支配,具有优化趋势。因此,揭示景区景点系统空间结构的分形几何特征及其支配法则有着一定的理论意义和实践价值。

如图 3-12 所示,以一阶热点地区为核心,参考二阶热点地区的中心位置,在 317 千米的范围内进行空间分形特征研究，由于在甘肃河西地区（乌鞘岭以西地区）以及新疆整个区域中都没有出现二阶热点地区，以整个区域中具有相对中心热点分布特征的城市——乌鲁木齐市为中心点进行分形研究，以出现的拐点或较大差值点为阶段的分界点。

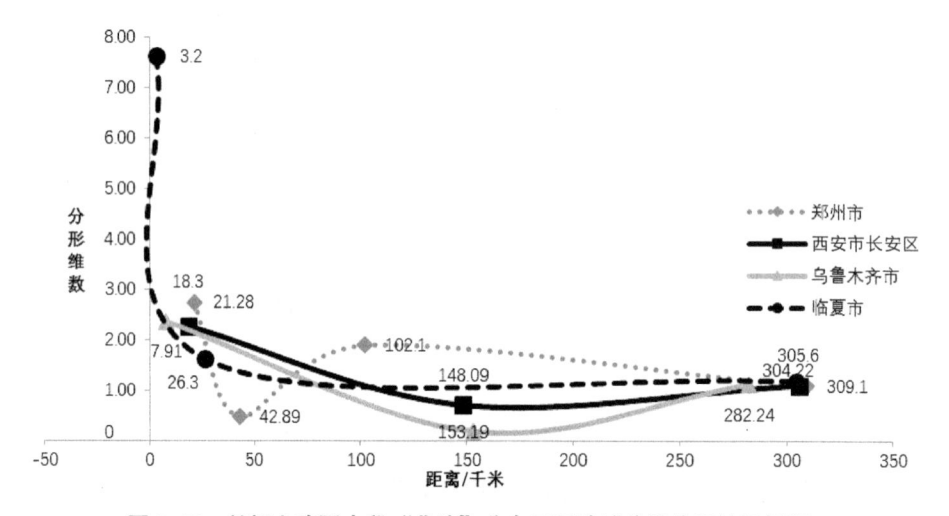

图 3-12　丝绸之路国内段"非遗"分布不同地域分维分析结果标识

不同地区的分形维数显示出整体一致而局部不一致的特点。整体上，四个地区的分形维数都体现了由近至远距离分形维数先减后增，最后趋近于 1 的变化状况，显示出整体而言呈现分散分布—点状聚集分布—面状聚集分布三个阶段的分布特征。局部不一致表现为三个阶段的空间的范围：第一阶段显示出在中心邻近区域出现的"非遗"点的散点分布状况，是大尺度分布的核心区域范围，即大尺度分布的核心区域内分散分布，最小的是临夏，其次是乌鲁木齐，均在 10 千米范围内，显示出主要在城市内部分布；郑州与长安的空间范围在 20 千米左右，显示出较大的核心区域范围。第二与第三阶段区域，长安与乌鲁木齐比较相似，出现在 150 千米的尺度范围，乌鲁木齐的分形维数为 0.18，显示出非常明显的点状聚集状态，但"非遗"点仅有 54 处；此时长安的分形维数为 0.7，显示出点状近似面状的聚集分布；"非遗"点达到 241 处。可见在这一尺度内，两地都是围绕中心地点状聚集分布，乌鲁木齐呈现出零散的点状聚集分布，长安周边呈现出区域近似面状的聚集分布，在此之后两地分形维数渐趋于1。临夏第二阶段出现在26.3千米处，分形维数为1.62，显示出面状聚集分布的特点，在此之后继续下降至1，显示出在核心区域外呈现出面状聚集的特点，分散的河谷聚集特征明显。郑州第二阶段出现在42.89千米范围，分形维数为0.47，显现出明显的点状聚集；并且有与其他区域不同的第三阶段，在102.1千米范围处，出现了分形维数接近2（1.89）的情形，显示出出现了离散分布（即新的核心区域）的特征；在此之后再逐渐趋近于1。

在相当大尺度范围，都呈现面状聚集分布的特点，而在足够小尺度内，都呈现离散分布，构成核心区域的情形。在20~300千米尺度范围内，乌鲁木齐为零散点状聚集，临夏为版块面状聚集，长安为发散性点-面趋势性聚集，郑州为点状-多中心面状聚集特点。

（5）邻近点分析

对所有的"非遗"点进行与河流以及城市（县城及以上）邻近点距离分析，并与区域内通过对10千米×10千米网格分割后的中心点（国内段区域获得22905个点）进行相应的邻近点的距离进行比较，情况如图3-13所示。

图3-13中显示，"非遗"与河流的邻近距离显著地近于区域内的整体均值点。所有"非遗"点距河流最邻近距离均值为6.10千米。15.4%的"非遗"点分布于距离河流1千米范围内，有15.7%的"非遗"点分布于距离河流1~2千米范围内，有10.8%的"非遗"点分布于距离河流2~3千米范围内，有10.4%的"非遗"点分布于距离河流3~4千米范围内，有8.2%的"非遗"点分布于距离河流4~5千米范围内，总计有60.5%的"非遗"点分布于邻河5千米范围内。"非遗"与城市（县级市及以上城市）的邻近距离显著地也近于区域内的整体均值点，总计有89.2%的"非遗"点分布于邻城5千米范围内。整体上邻河、邻城分布特征显著。

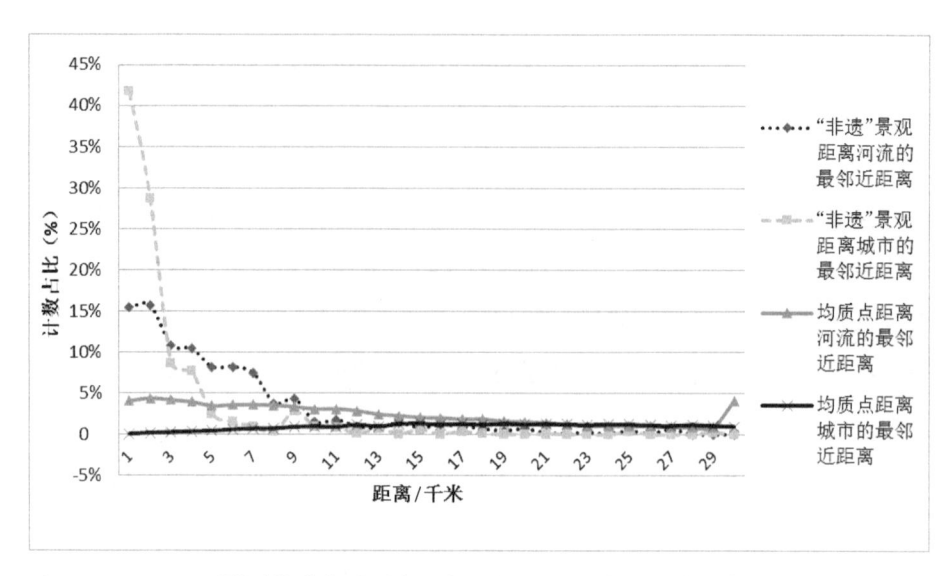

图 3-13 "非遗"点与均质点距离河流、城镇最邻近距离分布占比情况

3. 分布格局

由以上分析可见，整体 *CV* 值达到 419%，显示出在研究区域中的"非遗"空间分布呈现出非常突出的聚集特征。Ripley's *K* 值分析的结构也显示在 99% 的置信水平下，在所有尺度空间范围内，这些点都呈现出聚集分布的特征，最大聚集的尺度出现在 317 千米左右，可以将此范围空间视为"非遗"文化簇集的最显著尺度空间，也可以将这一距离尺度视为非物质文化空间聚集影响整体尺度。进一步进行热点地区探测，出现了两阶聚集热点区域，3 个二阶热点地区出现在河南省北部、关中平原地区与渭河、洮河上游地区。以这 3 个热点地区的相对中心地以及乌鲁木齐为中心进行点分布的聚集分形维数研究，在不同尺度空间的分形维数的差异显示出了各自的特征。综合以上研究结论，研究区域内"非遗"点空间分布的格局形态可以分为以下几种类型。

（1）河南北部多中心分布型

该区域是研究区中最大的二阶热点地区，包含了 14 个一阶热点地区。"非遗"数量达到 462 处，占总数的 24.9%；其中国家级 85 项，占该区域总数的 18.40%，略高于整体水平。包含的一阶热点地区达到 14 个，呈现"减–增–

减"的空间聚集分维特征,显现出了该地区的"非遗"点呈多中心的特征。

这一区域从自然特征来说是河南黄淮海平原地区,从文化地理上属于河南省河北文化区与豫东黄河文化区❶,区域内河流众多,土地肥沃,是重要的华夏文明的起源地和发展地,是传统意义上的中原之地,富集了数量众多、种类多样的非物质文化遗产。该区域包括了郑州市、洛阳市、浚县(鹤壁市辖县)、濮阳市、开封市五座国家级历史文化名城,也正是这些历史文化名城成为多中心"非遗"分布的中心。

(2)关中中心扩散分布型

该区域包括了11个一阶热点地区,共有321处"非遗"分布,占总数的17.30%,其中国家级37项,占该地区的11.53%,略低于整体水平。一阶热点地区的分布,以及以西安市区为中心的分形维数相对平缓的"减-增"并大体维持在1左右的变化趋势,显示了该地区是以西安为中心向周围发散型聚集分布的关中中心扩散分布型。

该域包括以西安市为中心,西至宝鸡市,东至华阴市,北至黄陵县、合阳县,南至秦岭的区域。从自然特征来说属于关中平原地区,沿渭河、泾河、洛河地区,平衍的土地、温带半湿润气候孕育了发达的旱作农业。从文化地理来说属于关中文化区❷。关中地区是中华民族人文始祖轩辕黄帝和神农炎帝的起源地。自西周起,先后有13个王朝在此建都,历时1100多年。此外,中华文明的摇篮在黄河流域,而黄河文明的摇篮则在渭河流域,关中地区是历史上最早被称为"天府之国"的地方,聚集了丰富的"非遗"资源。

(3)陇东河谷分割分布型

该区域包括5个一阶热点地区,共有"非遗"点135处,占总数的7.28%,其中国家级21项,占该地区"非遗"总量的15.56%,略低于整体水平。一阶热点地区的分布,以及以临夏市为中心的"非遗"分布分维计算呈现出"大幅度递减"到持续维持在1周边的平缓状态,显示出该板块呈现板块面状聚集。

---

❶ 赵天改. 明代以来河南历史文化地理研究(1368—1949)[D]. 上海:复旦大学, 2011.

❷ 张晓虹. 陕西文化区划及其机制分析[J]. 人文地理, 2000, (03):17-21, 72.

该地区包括临夏市周边、兰州市—白银市周边、合作市周边、岷县周边、秦安县—天水市区等沿夏河、黄河、洮河、葫芦河—渭河的河谷地区。从自然地理条件看，该地区主要由陇东黄土高原、西秦岭山地，间以夏河、黄河、洮河、葫芦河—渭河等河谷地形构成。域内塬地、河谷、丘陵、盆地、高山交错，气候地域差异明显。从文化地理看，属于陇东南文化区域，是华夏文明的重要起源地，在适宜的河谷地带富集了众多的"非遗"资源，同时由于河谷的分割，形成了分割分布的形态。

（4）绿洲散点分布型

该地区总面积约为178万平方千米，占研究区域总面积的71.59%，没有二阶热点地区，包括10个一阶热点地区，共有"非遗"点139处，占总数的7.5%，其中国家级44处，占该地区"非遗"总量的31.65%，远高于整体水平。热点地区中"非遗"数量最多的地区位于伊宁市及其周边，有35处，最少的仅有10处。一阶热点地区的面积都比较小，最大的364平方千米，最小的不足1平方千米。

该地区主要包括乌鲁木齐市，喀什市、伊宁市、和田市、吐鲁番市、嘉峪关市–酒泉市周边地区。从自然地理看，该地区属于戈壁绿洲型，孕育了独特的绿洲文化。

第4章
丝绸之路国内段非物质文化遗产的表现形式与文化功能

"非遗"的表现形式指每个"非遗"以何种形式表现,给人以最直观的展示,具体包括:图形、说唱、乐曲曲目、舞蹈、表演技艺、制作技艺、仪式等。

4.1 说　　唱

1. 概况

说唱,是一种以叙述为特征,包括单独的唱、单独的说以及说唱结合(说唱)、弹唱结合(弹唱)等的艺术。在所有统计的1854处"非遗"中,具有说唱表现形式的"非遗"项目共有385项,具体包括:民间音乐160项;传统戏剧124项;民间曲艺71项;民间舞蹈中伴有说唱的30项。

在具有唱的形式(包括说唱)中,以唱的具体表现形式分类,包括单个表演者进行的独唱,二人或多人交互进行的对唱,以及群体性进行的群唱等形式。基于研究区内主要的、具体的曲乐,唱的形式中包括了道情、秦腔、梆子戏、民歌以及分布于各地的地方小戏。

对说唱的各种表演形式的名义变量的相关性检验结果如表 4-1 所示。

表 4-1 说唱表演形式的名义变量相关性检验结果

说唱表演	自变量			
	分区域		分民族	
	Cramer's V	近似值 Sig.	Cramer's V	近似值 Sig.
说	0.237	0.007	0.193	0.306
唱	0.278	0	0.231	0.057
说唱	0.405	0	0.267	0.006
弹唱	0.360	0	0.358	0
独唱	0.287	0	0.313	0
对唱	0.348	0	0.370	0
群唱	0.242	0.005	0.263	0.008
道情	0.343	0	—	—
秦腔	0.339	0	—	—
梆子戏	0.697	0	—	—
民歌	0.609	0	0.625	0
地方小戏	0.285	0	0.307	0

数据显示，单独的说与唱显示了较弱的地区相关性，民族影响不显著。其他内容在地区与民族上都有差异。其中对于说唱的形式，地区的影响比较明显地高于民族的影响。民歌受地区与民族差异的影响达到了强相关性的水平（Cramer's $V>0.6$）。道情、秦腔、梆子戏由于只有汉族拥有，因此无法进行民族间的相关性分析。

2. 地区分布与自然条件

（1）说、唱、说唱、弹唱

说、唱、说唱、弹唱形式的空间分布的自然条件的均值状况如表 4-2 所示，各研究分区的点比状况如图 4-1 所示。

第 4 章　丝绸之路国内段非物质文化遗产的表现形式与文化功能

表 4-2　说唱的各类形式分布的自然条件均值状况

	说	唱	说唱	弹唱	独唱	对唱	群唱	道情	秦腔	梆子戏	民歌	地方小戏	有说唱整体
河流密度/（千米/平方千米）	0.028	0.031	0.028	0.032	0.032	0.023	0.029	0.041	0.032	0.038	0.023	0.031	0.03
海拔/米	807.25	718.95	1058.2	595.88	730.47	1210.3	876.01	589.11	1064.8	192.58	1133	863.83	835.33
降水量/（毫米/年）	354.59	456.02	487.2	521.58	516.32	209.71	480.53	703.77	533.16	672.79	334.04	451.89	471.76

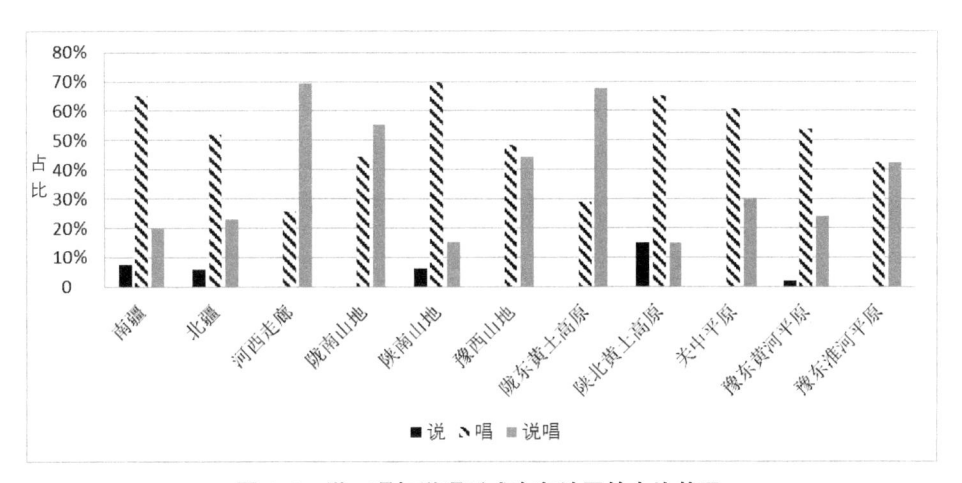

图 4-1　说、唱与说唱形式在各地区的占比状况

由表 4-2 可知说与说唱两种形式在河流密度与海拔上无显著差异，但均显著区别于唱与弹唱的形式，前两者的河流密度显著低于后两者，海拔显著高于后两者；但在降水量上，说与其他三者有显著差异，而其他三者间差异不显著。这显示出说的形式更受到河流密度低、海拔相对较高地区人民的喜爱。

以具体地域来看，以唱为主的地区包括新疆的两个地区（南疆与北疆，主要是天山南北），陕西的三个地区（陕南、陕北和关中）以及河南豫西山地和豫东黄河平原。说唱在河西走廊、陇南山地、陇东黄土高原以及豫东淮河平原分布占比较高。豫东淮河平原地区唱与说唱结合两种方式占比基本相同。

完全的说的形式并不在某一地区占优势比例，说主要分布于天山南北和陕北高原与陕南山地相对高海拔、低河流密度地区，几乎不见于甘肃。而弹唱相对分布零散，散见于昆仑山、阿尔金山、祁连山北麓和天山北部、陇东黄土高原、陕南山地、陕北黄土高原、豫西山地中。

（2）独唱、对唱与群唱

对唱与独唱、群唱所处区域在河流密度、海拔、降水量上均呈现出显著差别（$p<0.05$），对唱受到低河流密度、高海拔、低降水量地区群众的偏爱。而独唱与群唱所处区域在三个维度的自然条件中都没有显著的差异。

独唱、对唱、群唱形式在各地区的占比状况如图4-2所示。独唱大致呈现东多、中少、西较多的情形，河南、陕西多，甘肃少，新疆较多。对唱则呈现东少、中多、西较多的特点，即甘肃的河西、陇南、陇东以及陕北相对其他地区多，而陕西、河南其他地区少，新疆有部分分布。

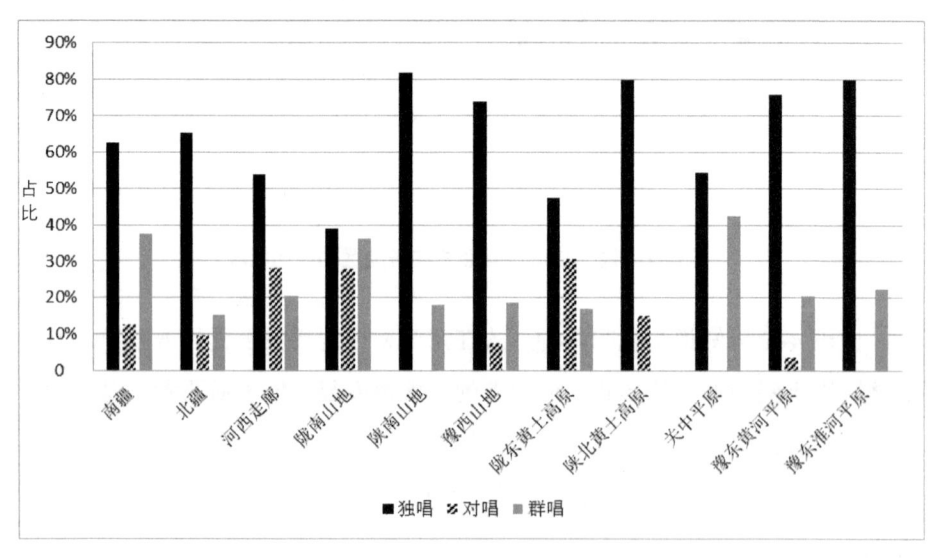

图4-2 独唱、对唱、群唱形式在各地区的占比状况

（3）民歌与戏曲

民歌与戏曲在各地区的分布情况如图4-3所示。民歌分布广，遍布各区域。地方小戏也具有分布广泛的特征，但是不见于南疆地区，陕北黄土高原也鲜见。道情呈现出了以关中平原为中心向四周延伸的特点，但西不出陇南山地。秦腔广泛分布在甘肃、陕西、河南各地，但在陕北黄土高原数量少，在豫西山地和豫东淮河平原也相对较少。梆子戏分布体现出依附河流的特征，大量集中于豫东黄淮流域处，以及大量聚集在水资源丰富的陇南山地和渭河流域的豫西山地。

民歌的占比整体上呈现自西向东逐渐减少，即沿新疆（南疆、北疆）—甘肃（陇南、河西、陇东）—陕西（陕南、陕北、关中）—河南的空间逐渐减少。而戏曲的占比则自东向西逐渐减少，主要分布在河南，陕西、甘肃有较少比例分布。中部的豫西山地、陕西（陕南、陕北、关中）以及甘肃的（河西、陇南、陇东）则相对地拥有较高比例的地方小戏。

道情、梆子戏所处地域在河流密度、海拔以及降水量上与秦腔、民歌差异显著，显示出高河流密度、低海拔、高降水量的特征。民歌相对于其他形式的说唱景观，显示了非常显著的低河流密度、高海拔、低降水量地区的分布特征。地方小戏则显示了分布广泛的特征，与所有的说唱形式的景观相比，在三个自然环境的要素中，均没有显著的差异。

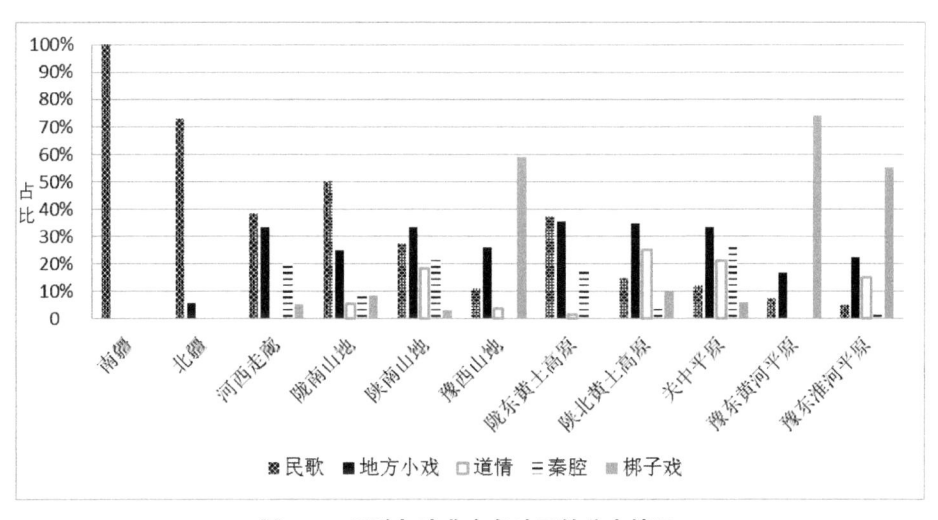

图4-3 民歌与戏曲在各地区的分布情况

3. 民族归属

各种形式的说唱在各民族中所占的比例状况如图 4-4 所示。仅汉族与维吾尔族有单独说的表演形式。藏族、蒙古族、裕固族、回族、哈萨克族、维吾尔族、柯尔克孜族、乌孜别克族和锡伯族的说唱主要是民歌的形式。汉族、藏族和土族有部分地方小戏。汉族还有秦腔、梆子戏等戏曲形式。民歌对唱的形式占比高。藏族以唱的形式表演的民歌占比较高，并且既有独唱也有对唱和群唱。维吾尔族的民歌则主要为群唱和独唱，对唱的占比较小。

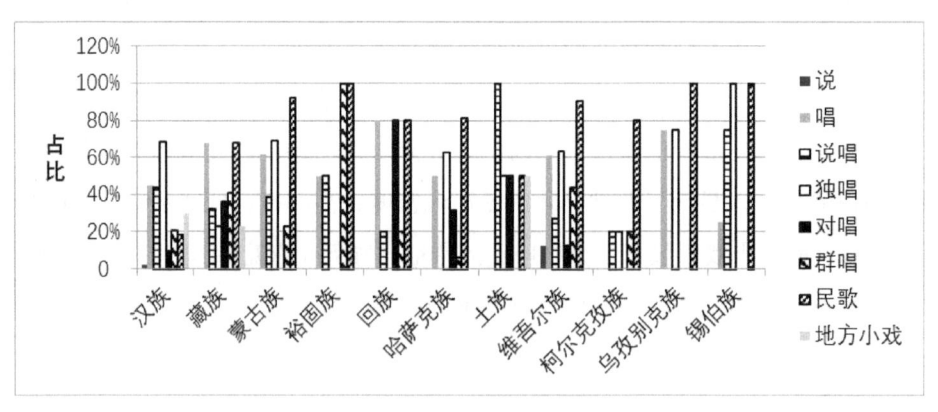

图 4-4 分民族的各类形式说唱的占比状况

4.2 舞 蹈

1. 概况

数据显示，在 1854 处"非遗"中，以舞蹈为表现形式的项目有 328 项。以研究分区与民族为自变量，对舞蹈的各种表演形式的名义变量的相关性检验结果如表 4-3 所示。

第 4 章　丝绸之路国内段非物质文化遗产的表现形式与文化功能

表 4-3　舞蹈表演形式的名义变量相关性检验结果

舞蹈表演形式	分区域 Cramer's V	分区域 近似值 Sig.	分民族 Cramer's V	分民族 近似值 Sig.
自娱性舞蹈	0.633	0	0.718	0
个舞	0.222	0.066	0.310	0.002
群舞	0.460	0	0.258	0.052
组舞	0.397	0	0.250	0.078
舞剧	0.290	0.001	0.221	0.245
动物模仿舞	0.303	0	0.395	0
劳动生活模仿舞	0.344	0	0.335	0
战争模仿舞	0.324	0	0.227	0.193
宗教祭祀祈福舞	0.293	0.001	0.293	0.007
道具舞	0.733	0	0.543	0

舞蹈的各类表演形式在研究分区为自变量的分析中，都显示了显著差异。但群舞、组舞、舞剧以及战争模仿舞的表演在民族的分类分析中没有显示出整体的显著差异。自娱性舞蹈在各地区以及民族间显示了强差异性。道具舞也显示了在地区间的强差异性。

自娱性舞蹈几乎存在于除了关中平原、陕南山地、豫西山地和豫东淮河平原外的所有舞蹈分布地，而群舞则仅仅少见于河西走廊和陇东黄土高原，且在新疆地区两者高度重合，但在河南与陕南山地两者又几乎没有重合。个舞分布极广且各地平均，组舞主要集中于甘肃境内和关中平原，且两者重合度较高。舞剧主要聚集在甘肃境内、关中平原和陕南山地。

整体上自娱性舞蹈自西向东减少，新疆分布占比高，陇东和陕北黄土高原地区也有部分分布。个舞也呈现西高东低的特点。群舞表演则表现为两端（河南、新疆以及关中、陕北）高、中间（甘肃以及陕南）低的分布。动物模仿舞也呈现两端高（豫东地区主要是神兽模仿）、中间低的特点。劳动生活模仿舞呈现南疆以及陇南、陕南、豫西山地高的分布。战争模仿舞占比较高的地区是陕北、豫西、豫东黄河地区。河南、陕西各地区的道具舞占比明显高于其他地区。各地区舞蹈类型占比的相关性分析如表 4-4 所示。

表 4-4 各地区舞蹈类型占比的相关性分析

		南疆	北疆	河西走廊	陇南山地	陕南山地	豫西山地	陇东黄土高原	陕北黄土高原	关中平原	豫东黄河平原	豫东淮河平原
南疆	C	1	0.944**	0.376	0.278	0.127	0.169	0.152	0.157	0.127	0.027	0.167
	P	—	0	0.284	0.437	0.727	0.64	0.675	0.664	0.726	0.941	0.646
北疆	C	0.944**	1	0.177	0.113	0.155	0.29	−0.023	0.276	0.25	0.201	0.306
	P	0	—	0.624	0.756	0.669	0.417	0.949	0.441	0.486	0.577	0.39
河西走廊	C	0.376	0.177	1	0.789**	0.145	0.127	0.890**	0.133	0.136	0.006	0.12
	P	0.284	0.624	—	0.007	0.689	0.727	0.001	0.713	0.707	0.988	0.741
陇南山地	C	0.278	0.113	0.789**	1	0.2	0.221	0.794**	0.243	0.263	0.156	0.195
	P	0.437	0.756	0.007	—	0.58	0.54	0.006	0.499	0.463	0.668	0.589
陕南山地	C	0.127	0.155	0.145	0.2	1	0.760*	0.261	0.629	0.743*	0.719*	0.793**
	P	0.727	0.669	0.689	0.58	—	0.011	0.466	0.051	0.014	0.019	0.006
豫西山地	C	0.169	0.29	0.127	0.221	0.760*	1	0.235	0.948**	0.992**	0.933**	0.917**
	P	0.640	0.417	0.727	0.54	0.011	—	0.513	0	0	0	0
陇东黄土高原	C	0.152	−0.023	0.890**	0.794**	0.261	0.235	1	0.229	0.268	0.183	0.295
	P	0.675	0.949	0.001	0.006	0.466	0.513	—	0.525	0.454	0.612	0.407
陕北黄土高原	C	0.157	0.276	0.133	0.243	0.629	0.948**	0.229	1	0.968**	0.923**	0.825**
	P	0.664	0.441	0.713	0.499	0.051	0	0.525	—	0	0	0.003
关中平原	C	0.127	0.25	0.136	0.263	0.743*	0.992**	0.268	0.968**	1	0.948**	0.905**
	P	0.726	0.486	0.707	0.463	0.014	0	0.454	0	—	0	0
豫东黄河平原	C	0.027	0.201	0.006	0.156	0.719*	0.933**	0.183	0.923**	0.948**	1	0.945**
	P	0.941	0.577	0.988	0.668	0.019	0	0.612	0	0	—	0
豫东淮河平原	C	0.167	0.306	0.12	0.195	0.793**	0.917**	0.295	0.825**	0.905**	0.945**	1
	P	0.646	0.39	0.741	0.589	0.006	0	0.407	0.003	0	0	—

** 在 0.01 水平（双侧）上显著相关。* 在 0.05 水平（双侧）上显著相关。
C：皮尔逊（Pearson）相关性；P：显著性（双尾）。

相关性显示，就舞蹈的各类型占比状况，新疆的南、北疆地区，甘肃三个地区之间关联性高，陕西与河南各地区的相关性高。整体上呈现各地区的邻近相关性强。

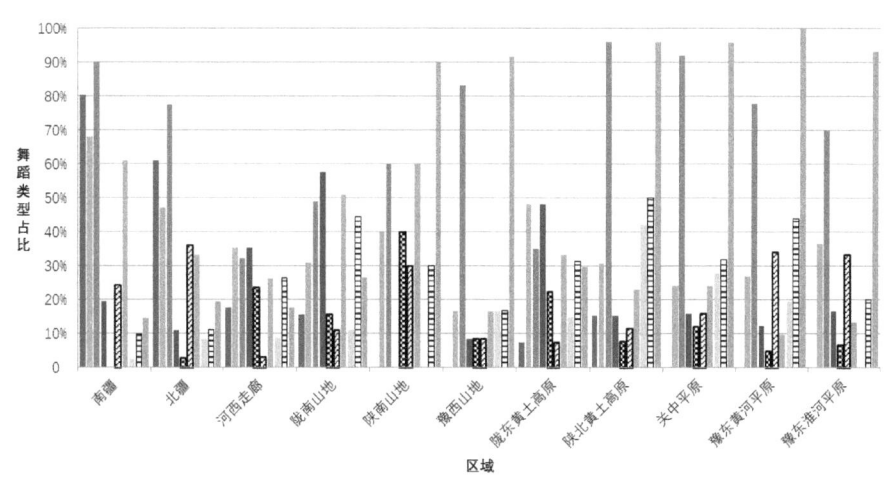

图 4-5　国内段各类舞蹈形式在各地区的占比状况

2. 民族归属

国内段各类舞蹈形式在各民族的占比状况如图 4-6 所示。

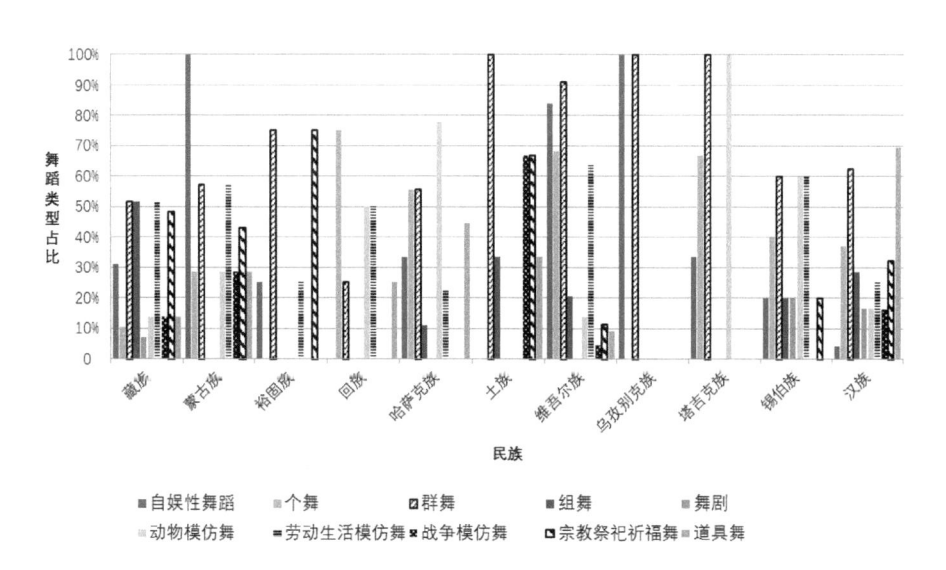

图 4-6　国内段各类舞蹈形式在各民族的占比状况

就民族归属而言，蒙古族、维吾尔族、乌孜别克族的自娱性舞蹈占比高。哈萨克族、塔吉克族、锡伯族的动物模仿舞占比高。汉族的道具舞占比最高，藏族也有部分道具舞。

3. 自然条件

自然条件上，舞蹈的整体上河流密度 $M=0.029$，海拔 $M=1029.72$，降水量 $M=620.95$；说唱的整体上河流密度 $M=0.030$，海拔 $M=835.33$，降水量 $M=471.76$。两者整体上在河流密度上差异不显著（$p>0.05$），在海拔上差异显著（$p<0.05$），高海拔地区群众更加喜爱舞蹈。

进行单因素方差分析，自娱性舞蹈、个舞、舞剧、组舞和群舞的组间分析显示，五种舞蹈组织形式在河流密度（$F=3.516, p<0.05$）、海拔（$F=37.534, p<0.05$）上差异显著；降水量上组间差异不显著（$p>0.05$）。

采用 LSD 进行变量间两两均值检验，结果显示：在河流密度上，自娱性舞蹈（$M=0.029$）与群舞（$M=0.031$）差异不显著（$p>0.05$），个舞（$M=0.025$）与舞剧（$M=0.024$）差异不显著（$p>0.05$），前两者显著（$p<0.05$）高于后两者；在海拔上，个舞（$M=1307.83$）、群舞（$M=1201.76$）、舞剧（$M=1029.72$）三者之间的差异不显著（$p>0.05$），三者显著（$p<0.05$）高于自娱性舞蹈（$M=842.23$），显示出自娱性舞蹈更加倾向分布于河流密度高、海拔低的地区。

4.3 制作技艺

1. 概况

制作技艺，即通过制作的形式表现出来的技巧才艺。在 1854 处文化遗产中，有 475 项非物质文化遗产存在制作技艺的表现形式。制作技艺的研究分区、民族名义变量相关性检验结果如表 4-5 所示。

第 4 章　丝绸之路国内段非物质文化遗产的表现形式与文化功能

表 4-5　制作技艺的研究分区、民族名义变量相关性检验结果

制作技艺	分区域 Cramer's V	分区域 近似值 Sig.	分民族 Cramer's V	分民族 近似值 Sig.
雕	0.187	0.036	0.189	0.096
画	0.263	0	0.195	0.069
剪	0.198	0.016	0.159	0.370
编	0.182	0.047	0.138	0.639
绣	0.199	0.014	0.294	0
织	0.272	0	0.325	0
染	0.153	0.221	0.135	0.684
锻铸	0.145	0.303	0.211	0.025
酿	0.139	0.379	0.185	0.119
扎	0.163	0.139	0.113	0.898
烧	0.192	0.025	0.157	0.396
蒸	0.270	0	0.281	0.014
擀	0.182	0.049	0.434	0
晒	0.160	0.159	0.094	0.977
烤	0.142	0.336	0.058	1.000
煮	0.243	0	0.206	0.035
榨	0.194	0.021	0.047	1.000

具有民族与地区显著差异的包括绣、织、蒸、擀、煮；仅具有地区差异，没有民族差异的有雕、画、剪、编、烧、榨；仅有民族差异，没有地区差异的有锻铸。其他制作技艺既没有民族间的差异，也没有研究分区间的差异。

2. 空间分布

研究显示，晒主要分布在水资源丰富的地区，如陇南山地、关中平原、陕南山地、豫东黄河平原、陕北黄土高原。烧的使用广泛遍布各地。酿主要依附河流，主要分布在天山南北、陇南山地、关中平原、豫东黄淮平原等地。烤、蒸、煮三种食材加工方式中，烤的分布最广泛，各地都能发现烤的使用；蒸主要集中在关中平原及附近；煮则主要集中在豫东黄河平原附近。作为主

要用于植物油制作技术的榨，仅能见于豫东黄淮平原和关中平原。

剪、画、雕三种制作技艺表现形式几乎遍布丝绸之路全域，并且表现出了高度重合的特征。锻铸同样表现出了分布的普遍性，但在数量上不及前三者。而扎则主要分布在关中平原及其附近与豫东黄河平原及其附近。

编与织分布都极为广，且二者重合度较高，特殊之处在于豫东淮河平原不见编的分布。擀的分布较少，在河西走廊分布较多，陕北黄土高原与北疆亦有少许。绣和染都是分布极为广泛，其中差异在于绣在新疆境内分布较多一些，染在从河西走廊到豫东黄淮平原范围内数量更多。

3. 自然条件

制作技艺的景观整体的自然条件均值情况分别是河流密度（$M=0.033$）、海拔（$M=738$）、降水量（$M=426$），与整体"非遗"景观的自然条件状况均无显著差异（$p>0.05$）。

各种制作技艺与制作技艺的景观整体分布的自然条件相比，具有显著差异性（$p<0.05$）的是烧的均值处于高河流密度（$M=0.036$）、低海拔（$M=618$）的地区；编、绣、织处于低河流密度的地区（分别为$M=0.028$，$M=0.028$，$M=0.027$）；锻铸处于高海拔（$M=936$）地区；酿更倾向于处于高河流密度（$M=0.035$）、低海拔（$M=747$）地区；扎同样更倾向于处于高河流密度（$M=0.035$）、低海拔（$M=622$）地区；蒸则更倾向于相对高海拔（$M=1194$）地区。

4.4 文化功能及其分布

1. 概况

从文化功能的角度看，非物质文化遗产可以分为生产工具与技艺功能、生活工具与技艺功能、娱乐功能、审美功能、教育功能、祈福功能、祭祀与纪念功能、竞技功能等方面。生产工具技艺，如金属锤锻工艺，给人们的生产生活提供了很多便利;生活工具与技艺,如陶瓷烧制技艺,方便了人们生活的方方面面;娱乐、审美,满足了人们的视觉享受和精神生活等;教育,在一定程度上从道德方面约束了人们的行为;祈福,是人们的一种精神寄托;祭祀与纪念,则是人们对前人以及为人们做出伟大贡献的英雄们的一种纪念;竞技,是在"非遗"活动中,发挥个人、集体在体格、体能、心理及运动能力等方面潜力的竞赛。这些功能从各个方面总结出了非物质文化遗产对人类生产生活等产生的影响。

就文化功能而言,娱乐、审美最多,其次是祈福,再者是生活工具与技艺、祭祀与纪念,最后是生产工具与技艺、教育。

以研究分区与民族为自变量,对文化功能的名义变量的相关性检验结果如表 4-6 所示。

表 4-6 文化功能的名义变量相关性检验结果

文化功能	分区域		分民族	
	Cramer's V	近似值 Sig.	Cramer's V	近似值 Sig.
生产工具与技艺	0.167	0	0.216	0
生活工具与技艺	0.157	0	0.152	0.002
娱乐	0.110	0.026	0.113	0.197
教育	0.200	0	0.193	0
祈福	0.446	0	0.230	0
祭祀与纪念	0.233	0	0.238	0
竞技	0.178	0	0.270	0
审美	0.176	0	0.162	0

表中显示出了除娱乐外,其他各种功能在亚区域和民族之间都有较弱的差异性。

不同功能在各地区中的占比状况如图 4-7 所示。相对而言,南疆地区生产/生活工具与技艺以及审美三方面相对其他地区占比较高。甘肃的三个地区的祈福占比都相对较高。甘肃各地以及豫东、陕北的祭祀与纪念的占比相对较高。以各功能在不同地区的占比进行相关性分析，具有显著相关性（$p<0.05$）的是：（1）生产工具与技艺，与竞技正相关（$C=0.737$）；（2）生活工具与技艺，与娱乐（$C=-0.867$）、祭祀与纪念（$C=-0.784$）负相关；（3）娱乐，与审美（$C=-0.615$）负相关；（4）教育，与竞技（$C=0.641$）正相关；（5）祈福，与祭祀与纪念（$C=0.665$）正相关；（6）祭祀与纪念，与竞技（$C=-0.690$）负相关。

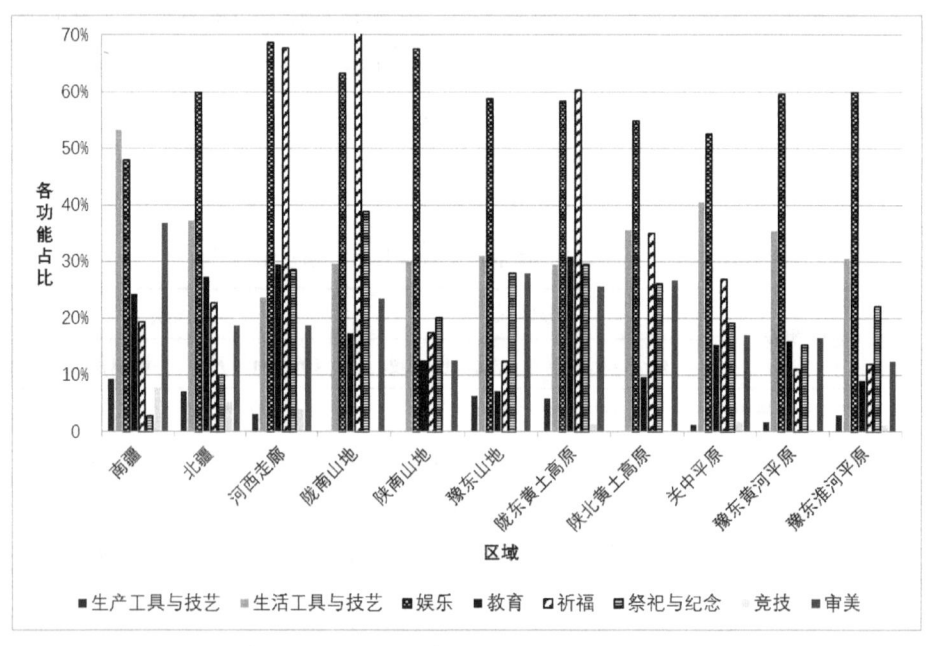

图 4-7　不同功能在各地区中的占比状况

2. 民族归属

整体上，藏族、蒙古族、裕固族、汉族等民族的占比较为突出的功能较少，各项功能相对均衡，如图 4-8 所示。比较突出的有保安族、塔塔尔族的生产工具与技艺；乌孜别克族的娱乐；土族的教育；藏族、土族的祈福；土族、达斡尔族、满族的祭祀与纪念；等等。

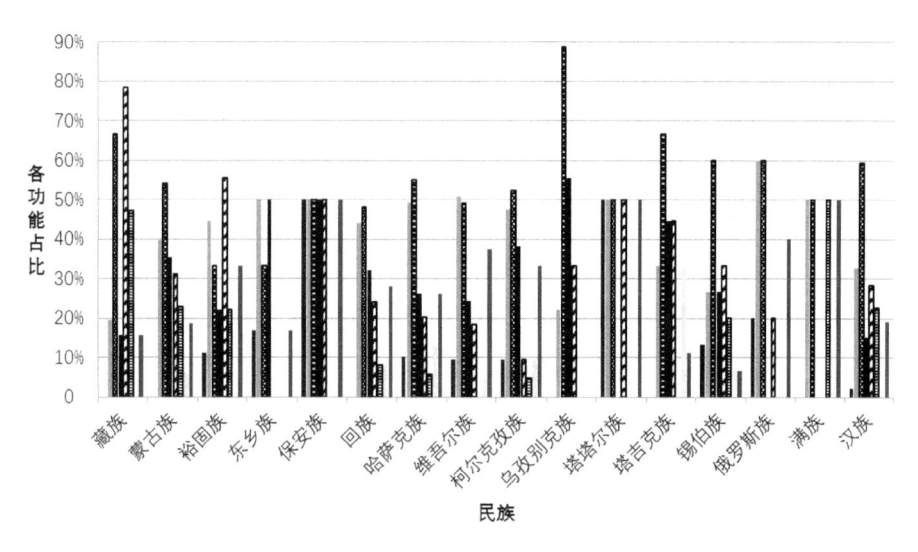

第4章 丝绸之路国内段非物质文化遗产的表现形式与文化功能

图4-8 不同功能在各民族中的占比状况

3. 自然条件

与所有"非遗"景观所处区域的自然条件相比（河流密度 $M=0.032$，海拔 $M=766.44$，降水量 $M=463.65$），生活工具与技艺、娱乐、审美等功能没有显著差异，具有显著差异特征（与整体水平的均值比较，$p<0.05$）的功能是：（1）生产工具与技艺功能分布在相对低河流密度（$M=0.026$）、高海拔（$M=878.31$）、低降水量（$M=347.32$）的地区；（2）教育功能分布在低河流密度（$M=0.029$）、高海拔（$M=943.53$）、低降水量（$M=417.60$）的地区；（3）祭祀与纪念功能分布在高河流密度（$M=0.034$）、高海拔（$M=873.75$）、高降水量（$M=553.59$）的地区；（4）竞技功能分布在低河流密度（$M=0.024$）、高海拔（$M=1193.46$）、低降水量（$M=234.23$）的地区。

4.5 本章小结

1. 空间分异

（1）空间分布

由文化形式的地区分布可知，"说"主要分布于天山南北和陕西与河南的平原地区，"唱"与"说唱"皆分布广泛，几乎遍布甘肃、陕西与河南，其中"唱"相对在天山南北、陕西全境分布更广，而"说唱"在甘肃、河南分布数量更多，"弹唱"零散分布于新疆、陕西、河南。"独唱"遍布各地，"对唱"高度集中于甘肃、陕西的各大山地，"群唱"主要集中于河南、陕西、新疆的各大平原地区。"民歌"几乎遍布所有地区，"地方小戏"唯不见于塔里木盆地南部和黄土高原北部，"道情"主要存在于陕西及其周边，"秦腔"广泛分布在甘肃、陕西，"梆子戏"主要聚集地是河南与甘肃南部。"自娱性舞蹈"主要集中于新疆、甘肃，"群舞""个舞"遍布各地，"组舞"和"舞剧"主要集中于甘肃，"动物模仿舞"与"劳动生活模仿舞"几乎遍布各地，"道具舞"主要集中在甘肃、陕西、河南，"宗教祭祀祈福舞"主要出现在甘肃、陕西、河南，"战争模仿舞"在甘肃、陕西、河南都较常见。

由文化功能的地区分布可知，南疆地区在生产/生活工具与技艺以及审美功能方面相对其他地区占比较高。甘肃的三个地区的祈福功能占比都相对较高。甘肃各地以及豫东、陕北的祭祀与纪念功能的占比相对较高。生产工具与技艺功能主要集中在黄河中下游地区，以陕西和河南居多，新疆部分地区也有分布；生活工具与技艺功能主要集中在黄河中下游地区，以甘肃和河南居多，也分散分布在新疆大部分地区；祭祀与纪念功能主要分布在黄河中下游地区，以河南居多；教育功能则分散分布在四个省份；娱乐、审美功能在四个省份均有分布，但甘肃明显少于其他三个省份；祈福功能也分散分布在四个省份，但新疆地区明显少于其他三个省份。

（2）空间关联

由文化形式的地区分布可知，"说"呈现新疆、陕西多，甘肃、河南少的特征；"唱"广泛分布于四省全域，以绝对数量看则东多西少；"说唱"最集中于陇南山地附近，向东仍然保有大量分布，向西则数量骤减；"弹唱"则明显东西多，中部几乎无。"独唱"广泛分布于四省全域；"对唱"明显集中于甘肃境内尤其是陇东黄土高原，然后呈放射状向东辐散；"群唱"呈东西走向线性均匀分布。"民歌"与"地方小戏"都受地域影响较小，故分布极为广泛；"道情"总体分布上以关中平原为核心向甘肃与河南的东部辐射；"秦腔"自河西走廊起向关中扩散，最远辐射到豫东；"梆子戏"则明显自豫东向陇南数量减少。"自娱性舞蹈"整体上西多东少，于天山南北和陇南大量分布；"舞剧"数量以陕西为中心向东西减少；"个舞"在全域都广泛分布；"组舞"数量以陇南为中心向东西减少；"群舞"数量东西多而中心少，在新疆和陕西与河南大量分布，甘肃相对略少。

由文化功能的地区分布可知，生活工具与技艺、娱乐、教育、审美、祈福五者几乎遍布全域；生产工具与技艺总体西多东少，大量分布于新疆，而处于甘肃、陕西、河南的部分则几乎处于同一纬度横向分布；祭祀与纪念明显东多西少，大量分布于河南、陕西、甘肃，新疆仅北疆有少许；竞技的分布则西多东少。

2. 民族差别

（1）民族差异

由文化形式的民族归属可知，"说"仅见于维吾尔族、汉族；"唱"仅存在于维吾尔族、土族、哈萨克族、回族、藏族、汉族；"说唱"只见于蒙古族、裕固族、汉族、藏族、柯尔克孜族、维吾尔族、土族、回族、锡伯族；"弹唱"只见汉族、俄罗斯族、乌孜别克族、柯尔克孜族、维吾尔族、哈萨克族；"对唱"只见于汉族、藏族、塔吉克族、维吾尔族、土族、哈萨克族、回族、保安族、东乡族；"群唱"只见汉族、藏族、柯尔克孜族、维吾尔族、哈萨克族、回族、裕固族、蒙古族。舞蹈文化形式中，乌孜别克族仅有"自娱性舞蹈"

和"群舞",舞蹈文化形式最为单一;蒙古族、裕固族、回族、乌孜别克族、土族、塔吉克族都缺乏"组舞""舞剧";仅土族、裕固族没有"动物模仿舞";除汉族、藏族、蒙古族、土族、维吾尔族以外的民族都没有"战争模仿舞";仅裕固族、乌孜别克族、塔吉克族、锡伯族没有"道具舞"。

由文化功能的民族归属可知,保安族、塔塔尔族与其他民族集中于生活工具与技艺、娱乐、教育3项显著不同,此二者各项平均分布;藏族是唯一祈福数量最多的民族。

(2) 民族关联

由文化形式的民族归属可知,汉族的说唱文化形式数量最多、种类最丰富,并且在"弹唱""对唱""群唱"上比重极大,在"道情""秦腔""梆子戏""地方小戏"的分布上更是几乎独占;"说"仅见于维吾尔族、汉族;汉族、藏族、土族、蒙古族"说唱"数量相对多;汉族、维吾尔族、哈萨克族"弹唱"数量相对多;汉族、藏族、维吾尔族"对唱"数量最多;汉族、藏族、维吾尔族"群唱"数量相对多。舞蹈文化形式中,蒙古族、维吾尔族、乌孜别克族的"自娱性舞蹈"占比高;哈萨克族、塔吉克族、锡伯族的"动物模仿舞"占比高;汉族的"道具舞"占比高,藏族也有部分"道具舞";"群舞"被所有民族共同拥有。

由文化功能的民族归属可知,整体上,藏族、蒙古族、汉族等民族的占比较为突出的功能较少,各项功能相对均衡。比较突出的是保安族、塔塔尔族的生产工具与技艺功能,土族、乌孜别克族的娱乐功能,藏族、土族的祈福功能;土族、达斡尔族、满族的祭祀与纪念功能占比较高。各民族在生产工具与技艺、祭祀与纪念、竞技功能方面的数量都较少,且都集中倾向于生活工具与技艺、娱乐、教育功能方面。

第5章
丝绸之路国内段非物质文化遗产的文化符号

文化符号指的是具有某种特殊内涵或者特殊意义的标示，是某一文化景观的独特文化的抽象体现，是文化内涵的重要载体和形式。可以从非物质文化遗产的表现符号和信仰符号两个点来界定其文化符号。表现符号主要指某一"非遗"景观是以何种形式呈现出来并传承下去的，其主要内容包括表现文义、颜色、特定的时间和地点、器物道具、材质等方面。信仰符号主要指某文化景观是否与一定的信仰类别有关，在这一部分主要呈现了与信仰相关的图腾、神祇、英雄、宗亲等多方面。

5.1 文　　义

1. 概况

文义是指某一文化景观的大致内容或者主要表达的意义，数据显示，以文义为表现的"非遗"文化景观主要分布在关中地区的渭河平原和河南省大部地区，分布密度较高，并散见于塔里木盆地边缘，多存于民间文学、神话传说中。

以研究分区与民族为自变量，对文义的名义变量的相关性检验结果如表 5-1 所示。

表 5-1 文义的名义变量相关性检验结果

文义	分区域 Cramer's V	分区域 近似值 Sig.	分民族 Cramer's V	分民族 近似值 Sig.
有无祈福与祝赞标识	0.346	0.003	0.448	0
有无宗教标识	0.276	0.077	0.220	0.385
有无亲孝标识	0.317	0.014	0.208	0.477
有无爱情标识	0.263	0.123	0.411	0
有无历史标识	0.296	0.035	0.309	0.02
有无传说与神话标识	0.449	0	0.319	0.013
有无寓言与哲理标识	0.291	0.044	0.165	0.815
有无民情民俗标识	0.466	0	0.339	0.005
有无笑话标识	0.246	0.202	0.202	0.528
有无革命精神标识	0.282	0.063	0.254	0.163
有无生产劳动标识	0.291	0.044	0.339	0.005

2. 空间分布

各类文义内容在不同地区间的占比状况如图 5-1 所示。

关于文义的地区分布显示：①整体上祈福与祝赞文义的比例自西向东减少。②关于宗教的文义整体上同样西多东少，但到了豫东淮河平原由于道教内容的增加而增加。③陕西三个区域的亲孝文义占比较高。④关于爱情的文义，大致呈现西多东少、南多北少的分布，新疆地区多，陕南以及河南南部、豫东淮河平原多。⑤历史文义整体上西多东少，但陇东黄土高原占比最高，显示了这些地区应当是重大的、有流传的历史事件的多发地。⑥关于传说与神话的文义则显示了东多西少且山地多的特点，豫东平原以及陕南、豫西山地和北疆占比较多。⑦关于寓言与哲理的文义，西少东多。⑧关于民情民俗的文义，则是新疆、陕西多，甘肃、河南少。对于各类型文义在各地区的占比数值进行双变量间的相关性分析，结果显示，生产劳动、祈福与祝赞以及爱情的相关性高（$p<0.05$，相关系数 $C>0.6$）；而传说与神话、历史呈显著的负相关性（$p<0.05$，$C=-0.653$），宗教、亲孝呈显著的负相关性（$p<0.05$，$C=-0.661$）。

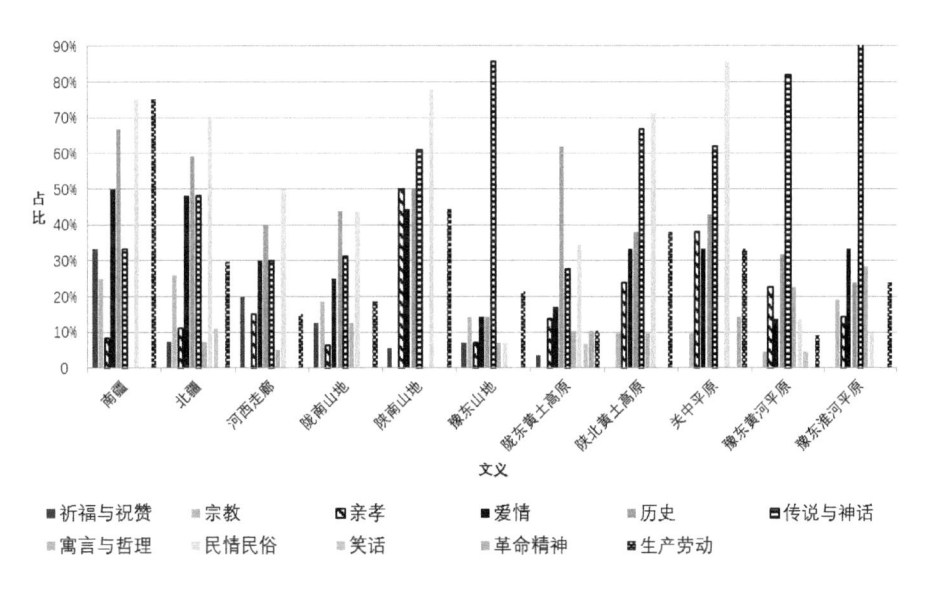

图 5-1 各类"文义"内容在不同地区间的占比状况

3. 民族归属

不同文义内容在各民族中的占比状况如图 5-2 所示。

东乡族、保安族、裕固族、土族、锡伯族等民族，关于历史的文义内容占比较高。土族、汉族、蒙古族、藏族关于传说与神话的文义内容占比较高。汉族、锡伯族、回族、哈萨克族关于民情民俗的文义内容占比较高。东乡族、哈萨克族、维吾尔族、锡伯族关于爱情的文义内容相对占比较高。

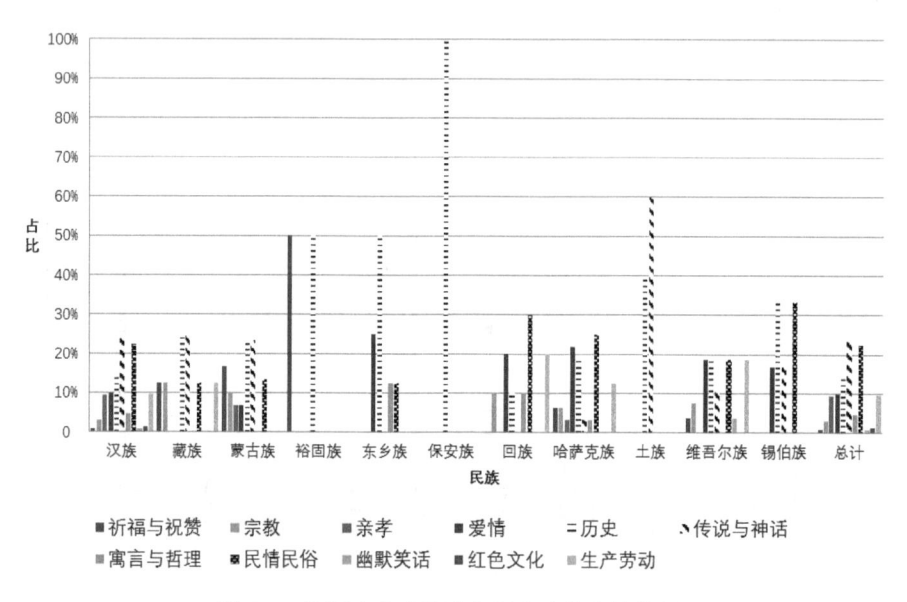

图 5-2　不同文义内容在各民族中的占比状况

4. 自然条件

以在文义中是否有相应的内容为分组变量，进行河流密度、海拔与降水量的分组 F 值检验，有统计意义的内容如表 5-2、表 5-3 所示。

表 5-2 文义中是否有相应的内容的自然条件 F 值检验

因变量		祈福与祝愿（是与否）		历史（是与否）				传说与神话（是与否）				笑话（是与否）				
		方差方程的 Levene 检验		均值方程的 t 检验		方差方程的 Levene 检验		均值方程的 t 检验			方差方程的 Levene 检验		均值方程的 t 检验			
		F	Sig.	t	Sig.（双侧）	F	Sig.	t	Sig.（双侧）	F	Sig.	t	Sig.（双侧）	F	Sig.	t	df	Sig.（双侧）
河流密度	假设方差相等	1.682	0.196	-3.213	0.002	0.571	0.451	-2.079	0.039	0.141	0.707	5.036	0	0.121	0.729	-1.97	249	0.05
	假设方差不相等	—	—	-3.832	0.001	—	—	-2.11	0.036	—	—	5.082	0	—	—	-1.969	248.882	0.05
海拔	假设方差相等	0.056	0.813	2.389	0.018	6.233	0.013	0.93	0.354	2.685	0.103	-6.521	0	23.951	0	0.514	249	0.608
	假设方差不相等	—	—	2.159	0.047	—	—	0.957	0.34	—	—	-6.438	0	—	—	0.514	218.081	0.608
降水量	假设方差相等	1.429	0.233	-2.816	0.005	0.042	0.838	-3.255	0.001	0.589	0.444	4.19	0	1.793	0.182	-2.579	249	0.01
	假设方差不相等	—	—	-2.295	0.036	—	—	-3.317	0.001	—	—	4.19	0	—	—	-2.58	248.317	0.01

表5-3 文义中是否有相应的内容的自然条件均值统计

组统计量		祈福与祝赞（是与否）均值	历史（是与否）均值	传说与神话（是与否）均值	笑话（是与否）均值
河流密度	有	0.023	0.030	0.035	0.026
	无	0.032	0.033	0.028	0.032
海拔	有	1267.533	912.406	614.918	891.667
	无	834.029	825.856	1169.727	862.665
降水量	有	331.548	452.121	584.276	332.911
	无	531.745	568.873	436.677	523.327

可见，关于祈福与祝赞的文义内容倾向于分布在河流密度相对低、海拔相对高、降水量相对低的地域。关于历史的文义内容倾向于分布在河流密度相对小、降水量相对低的地域。关于传说与神话的文义内容倾向于分布在河流密度相对高、海拔相对低、降水量相对高的地域。关于笑话分布的地域河流密度相对低、降水量相对低。

5.2 时　令

1. 概况

时令，是指"非遗"景观在特定的月份时令中表现出来。以1—12月为顺序变量，分别以地区与民族对时令进行单因素方差分析，显示，无论是民族（$F=7.032$，$p<0.01$）还是地区（$F=7.600$，$p<0.01$），其"非遗"景观在时令上均有明显的差异。

2. 地区与时令

以1月为对象的"非遗"景观图谱主要内容如图5-3所示，在各地区的分布情况如图 5-4 所示。

1 月是各地区"非遗"的主要时令期。关中与豫东平原地区在 2 月、3 月也有相对多的分布。北疆在 6 月与 8 月、南疆在 8 月有相对多的时令"非遗"。11 月各地区都没有时令"非遗"。

数据显示，时令"非遗"1 月大量聚集于甘肃、陕西和河南境内；2 月主要集中在关中平原和豫东黄河平原；3 月主要集中在关中平原附近和豫西山地附近；4 月数量较少，个别见于伊犁、河西走廊、陇南山地、关中平原、豫西山地和豫东黄河平原；5 月仅个别见于陇南山地、陕南山地和豫西山地；6 月集中于陇南山地，然后见于天山北侧和豫东黄河平原；7 月集中在陇南山地，个别见于北疆、关中平原和陕北黄土高原；8 月主要分布于天山南北，个别在豫东黄河平原；9 月仅见于陕南山地和豫东淮河平原；10 月仅个别见于天山南北；11 月无；12 月个别分布于陇南山地、陇东黄土高原、豫西山地和豫东黄河平原。

图 5-3 显示出 1 月有丰富的"非遗"景观，主要是民俗以及民间曲艺、民间舞蹈等多种类型，主要分布在陕西、河南以及甘肃，主要归属于汉族，藏族、回族等也有相对较少数量的景观。

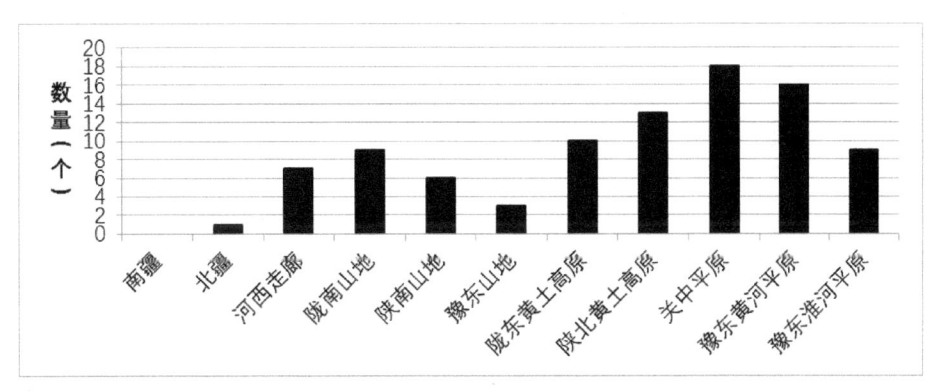

图 5-3 1 月"非遗"景观图谱

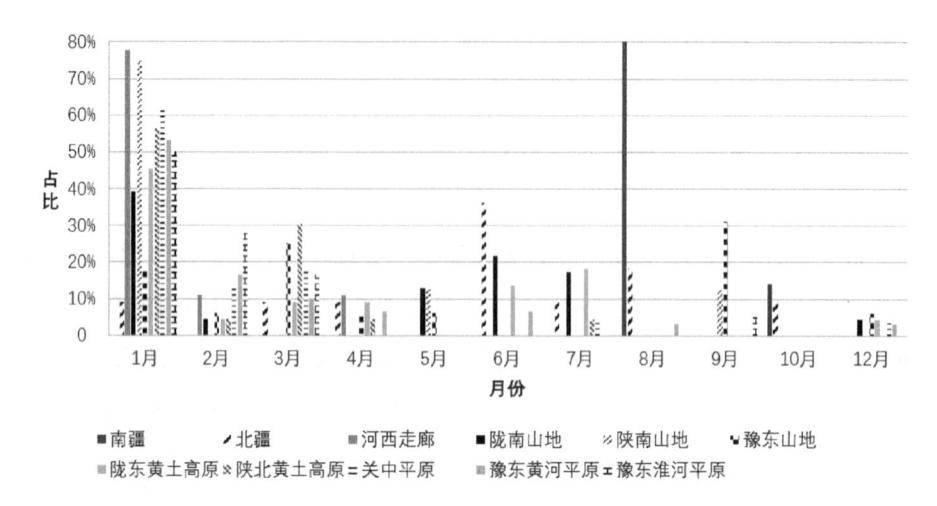

图 5-4 各地区具有时令特征的"非遗"的占比情况

3. 民族与时令

各民族具有时令特征的"非遗"的特征情况如图 5-5 所示。汉族的时令"非遗"主要在 1—3 月，藏族除在 1 月外还有 5—7 月，维吾尔族主要在 8 月，蒙古族则主要在 7 月、10 月，回族集中在 1 月。

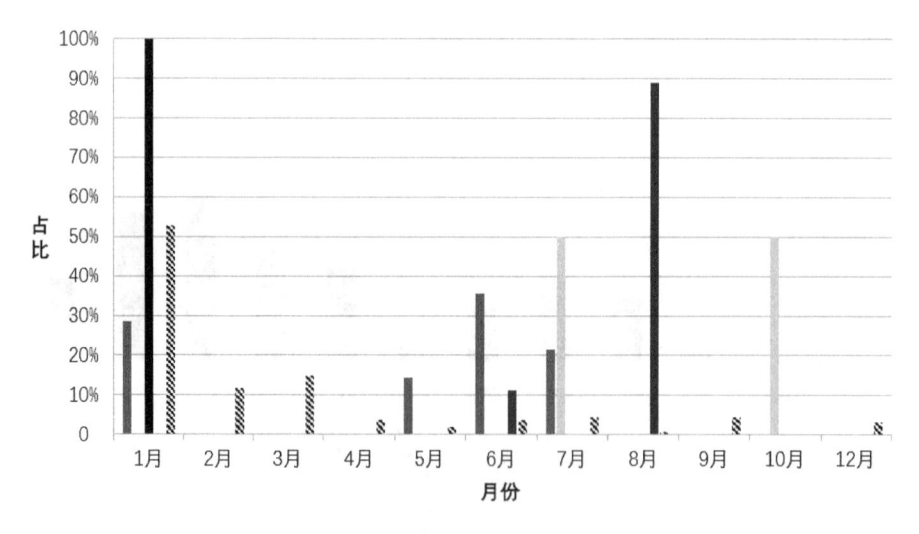

图 5-5 各民族具有时令特征的"非遗"的特征情况

4. 自然条件

分月份"非遗"的分布海拔与河流密度均值如图 5-6 所示。时令性"非遗"在月份分布上与河流密度（$F=9.000$，$p<0.01$）、海拔（$F=5.805$，$p<0.01$）相关，与降水量（$p>0.05$）无关。

整体上，1—8 月呈现海拔升高、河流密度降低的情形，9—12 月则呈现相对应变化的趋势，显示了季节、气温对于时令特征的影响。

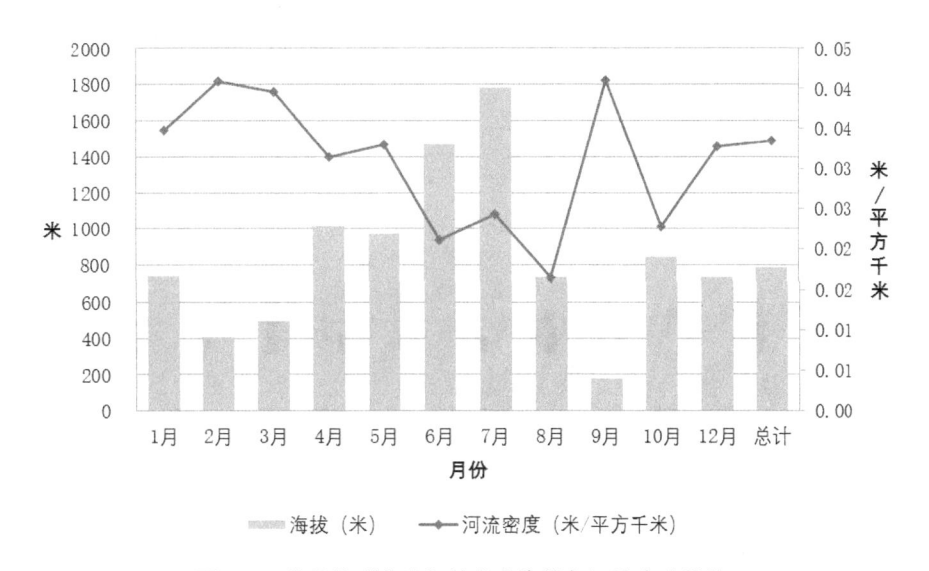

图 5-6 分月份"非遗"的分布海拔与河流密度均值

5.3 器 具

器具即器物道具，是指某一"非遗"文化景观在实现过程中所需的工具。《"非遗"景观基因图谱地图表》的数据显示，对器物道具有特殊要求的"非遗"文化景观主要分布于关中地区，并散见于陕南山区和河南南部山区，多存在于民俗活动和民间歌舞、戏剧中，如甘肃省甘南州插箭节在节日进行中就需用到箭、箭台、"拉卜则"等道具。

1. 乐器

（1）概况

乐器主要包括弦乐器、打击乐器和吹奏乐器。地区的影响 Cramer's $V=0.552$，$p<0.01$，接近于强相关性。民族的影响 Cramer's $V=0.583$，$p<0.01$，接近于强相关性。

（2）空间分布

各类乐器在各地区的占比状况如图 5-7 所示。

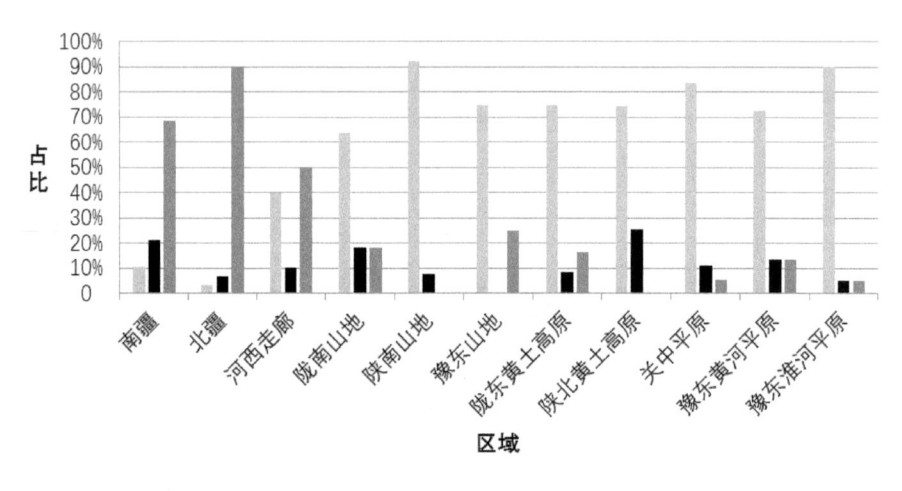

图 5-7　各类乐器在各地区的占比状况

弦乐器是南、北疆地区的主要乐器。以鼓为代表的打击乐器，则是河西走廊以东地区的主要乐器。

乐器的地域性特征明显。弦乐器的分布呈现明显的自西向东减少，主要分布于新疆，经河西走廊向东而逐渐减少分布。打击乐器占据了甘肃、陕西、河南的几乎所有区域，尤其是关中平原附近，非常少见于新疆。吹奏乐器集中于关中平原和陕北黄土高原，豫东黄河平原也有较多分布，其余个别见于陇南山地、河西走廊、天山南北。

（3）民族归属

各类乐器在各民族"非遗"中的占比状况如图5-8所示。

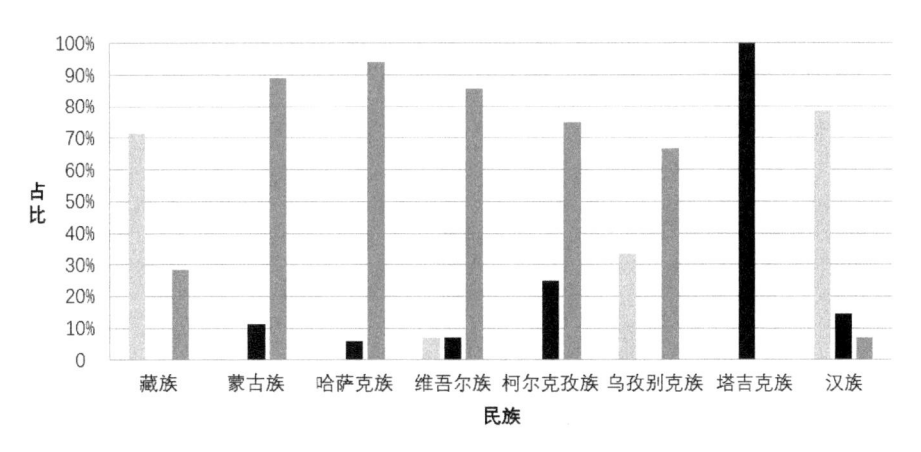

图 5-8　各类乐器在各民族"非遗"中的占比状况

可见，汉族、藏族的"非遗"中打击乐器占较大比例，塔吉克族"非遗"中的吹奏乐器占比较高，其他民族的"非遗"更多使用弦乐器。

（4）自然条件

对河流密度、海拔和降水量的三个自然条件进行分析。整体上，三种乐器在河流密度（$F=48.008$，$p<0.01$）、海拔（$F=4.532$，$p<0.05$）上组间差异显著，在降水量上接近于差异显著（$F=2.759$，$p=0.078$）。进行变量均值的两两比较，在河流密度上，打击乐器与吹奏乐器差异不显著，两者与弦乐器差异显著。在海拔上，吹奏乐器与弦乐器差异不显著，两者与打击乐器差异显著。在降水量上，打击乐器与吹奏乐器差异不显著，两者与弦乐器差异显著。相对而言，打击乐器分布于河流密度高（$M=0.03792$）、海拔低（$M=598.92$）、降水量高（$M=524.93$）的地区；吹奏乐器分布于河流密度较高（$M=0.03519$）、海拔高（$M=1019.24$）、降水量较高（$M=493.88$）的地区；弦乐器分布于河流密度低（$M=0.02322$）、海拔低（$M=493.88$）、降水量低

($M=254.91$) 的地区。

2. 非乐器器具

（1）类型数量

各类非乐器器具的数量如图 5-9 所示。

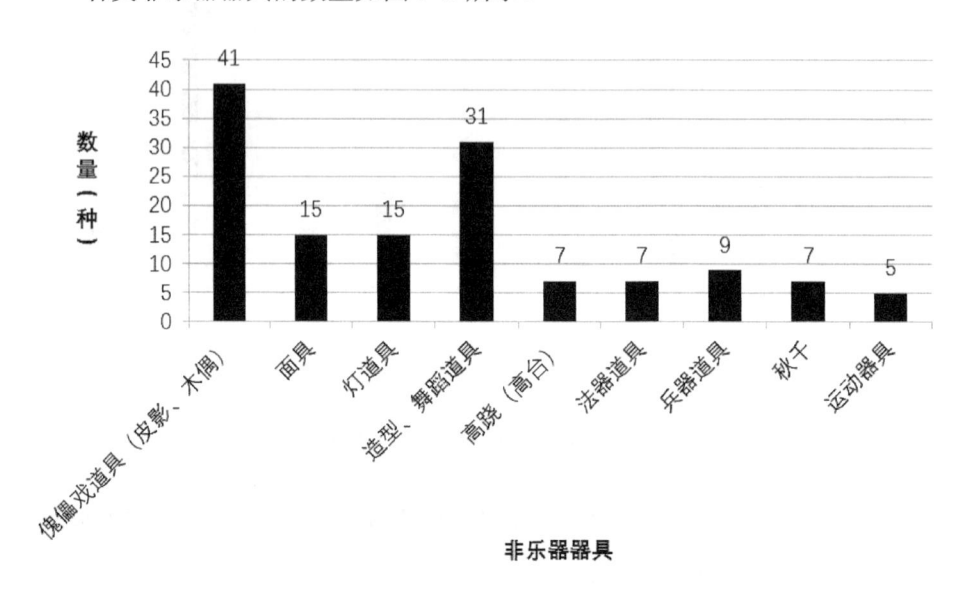

图 5-9　各类非乐器器具的数量状况

（2）空间分布

数据显示：傀儡戏（含木偶戏、皮影戏等，典型包括东路碗碗腔皮影戏、陕西杖头木偶戏、泾阳木偶、商州皮影戏）主要分布于甘肃河西走廊，甘肃省东部黄土地区以及陕西省的陕北，关中平原的渭河、泾河流域，陕南的汉水流域，河南省中部的黄河、颍河流域，河南省南部的淮河流域。

面具主要分布于新疆中部与北部、甘肃河西地区、中部沿黄地区、南部白龙江流域、河南豫东沿黄地区。狮子面具是最主要的形式。

甘肃省河西地区，沿白龙江地区，甘肃、陕西沿泾河，河南沿黄河地区是灯道具的主要使用区域。

河南省沿黄地区以及甘肃省庄浪河、渭河流域是高跷（高抬）分布的主要区域。关中平原以及豫东平原则是以龙、狮子、麒麟为代表的造型道具以及花篮、轿子等其他舞蹈道具的主要分布地。

秋千是天山南麓维吾尔族的运动与娱乐器具，也分布于陕西、河南黄河沿岸。甘肃渭河、洮河流域是兵器道具的主要分布地。塔里木盆地南缘的维吾尔、塔吉克族是球类运动器具的主要使用者。

（3）民族归属

各类器物的在各民族器物中的占比状况如图5-10所示。

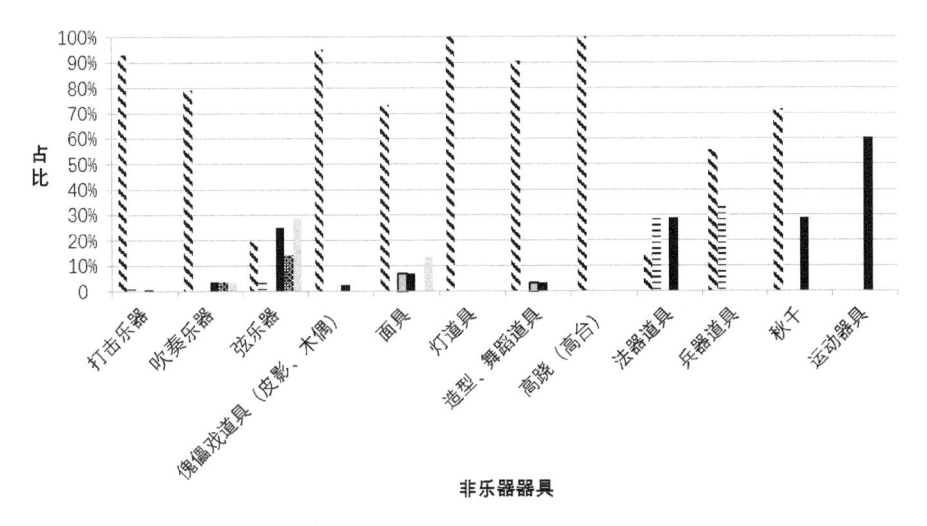

图 5-10 使用器物的"非遗"分民族类型占比

灯道具与高跷（高台）是汉族的专属，皮影、木偶、其他舞蹈道具、面具，以及打击乐器、吹奏乐器等汉族也占据了绝大多数；在弦乐器、运动器具等方面则占比非常小。

哈萨克族、维吾尔族、蒙古族占据了弦乐器。维吾尔族则占据了运动器具以及秋千的相当大部分。藏族、维吾尔族占据了法器器具的相当大部分。汉族与藏族则是使用兵器器具的主要民族。

5.4 材　质

1. 概况

材质是指某一文化景观对材料的特定要求，《"非遗"景观基因图谱地图表》的数据显示，新疆地区的"非遗"文化景观材质以动物皮质为主，河西走廊地区主要以木质、泥质为主，关中地区和河南南部主要以铁器、铜器为主。对材质有特殊要求的"非遗"文化景观主要用来描述民间技艺等，如一些美食是用粮食制成，再如河南洛阳宫灯的主要材质是木材与丝绸。

以研究分区与民族为自变量，对各种材质的名义变量的相关性检验结果如表5-4所示。

表5-4　分类材质的名义变量相关性检验结果

材质	分区域 Cramer's V	分区域 近似值 Sig.	分民族 Cramer's V	分民族 近似值 Sig.
木竹	0.191	0.004	0.172	0.114
皮	0.203	0.001	0.221	0.002
沙土	0.197	0.003	0.129	0.639
毛	0.231	0	0.401	0
棉	0.174	0.02	0.219	0.002
麻	0.112	0.548	0.087	0.981
丝	0.14	0.191	0.166	0.152
纸	0.214	0	0.125	0.691
铜铁等金属	0.196	0.003	0.182	0.06
金银	0.087	0.873	0.127	0.664
玉石	0.193	0.004	0.182	0.058
粮食或秸秆	0.255	0	0.227	0.001
奶蛋	0.184	0.009	0.298	0

第 5 章 丝绸之路国内段非物质文化遗产的文化符号

续表

材质	分区域		分民族	
	Cramer's V	近似值 Sig.	Cramer's V	近似值 Sig.
动物或动物骨肉	0.156	0.073	0.154	0.281
瓜果蔬菜	0.132	0.279	0.059	1
草本植物	0.148	0.121	0.267	0
茶	0.177	0.016	0.056	1
矿物	0.135	0.241	0.079	0.993

麻、丝、金银、瓜果蔬菜、草本植物、矿物不具有民族与地区的差异性。茶、动物或动物骨肉、纸、沙土、木竹等不具有民族的差异性。

2. 空间分布

具有材质特征的"非遗"在各地区的占比情况如图 5-11 所示。

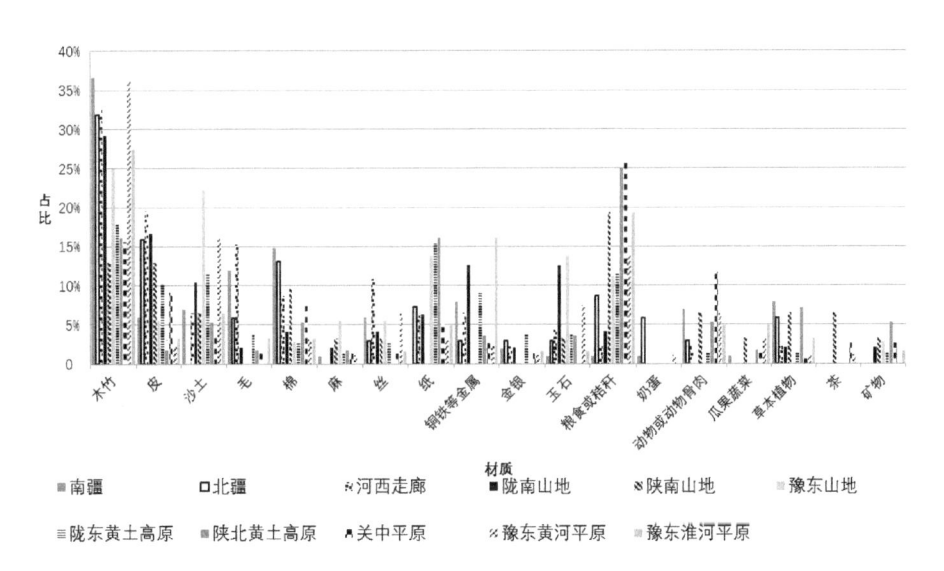

图 5-11 各地区具有材质特征的"非遗"的占比情况

木竹的使用在各地区占比都比较高，整体上研究区中部的黄土高原区和关中平原占比相对少一些。皮在甘肃各地区以及北疆占比相对高一些。沙土的使用在山区以及陇东黄土高原豫东黄河平原区占比较高。毛的使用在新疆以及河西地区占比较高。棉的使用自南疆起，基本呈现自西向东减少的趋势。陇南和豫东山区使用玉石的比例较高。河南、陕西和陇东以及北疆等产粮区使用粮食或秸秆的比例比较高。

木竹与皮的使用几乎无处不在，但是在陕北黄土高原却几乎不见皮的分布。沙土与粮食或秸秆的空间分布大致相同，都集中于河西走廊以东的区域，但是沙土的总量相对较少；而在新疆地区粮食或秸秆的使用主要在天山北部，沙土的使用主要在天山南部。

南、北疆地区对于植物使用的数量多于其他地区，而动物或动物骨肉的使用则主要集中于关中平原附近和豫东黄河平原。铜铁等金属的分布也较广泛，其中以北疆和陇南山地以及豫东黄淮平原附近居多。

毛、棉分布都较广泛，其中毛在陕西和河南分布较少，棉在各地都广泛分布。丝的分布也较广，但总量相对较少，其中在陕西境内数量最少，尤其是陕北黄土高原几乎没有分布。茶仅分布在关中平原、陕南山地和豫东黄河平原。麻主要分布于陇南山地、关中平原、陕南山地和豫西山地。

矿物主要集中在陕北黄土高原、关中平原和陇南豫西山地。金银在各大地形区都有分布但总量极少。奶蛋主要集中在北疆。瓜果蔬菜主要集中于豫东黄河平原。玉石基本分布在各大山地附近，但陇东黄土高原和豫东黄河平原也有较多分布。纸广泛分布于甘肃、陕西和河南境内，北疆亦有少许。

3. 民族归属

各民族具有材质特征的"非遗"的占比情况（部分）如图5-12所示。

在统计的具有特征的材质中，哈萨克族、锡伯族、柯尔克孜族、藏族的使用木竹的比例相对较高；裕固族、哈萨克族、塔吉克族使用皮的比例相对较高；裕固族、东乡族、柯尔克孜族使用毛的比例较高；裕固族、东乡族使用棉的比例较高；裕固族、塔吉克族使用丝的比例较高；裕固族、锡伯族使用铜铁等金属的比例较高；回族使用玉石以及金银的比例较高；汉族使用粮食与秸秆的比例较高；蒙古族使用奶和草本植物的比例较高；回族、塔吉克族使用动物或动物骨肉比例较高。

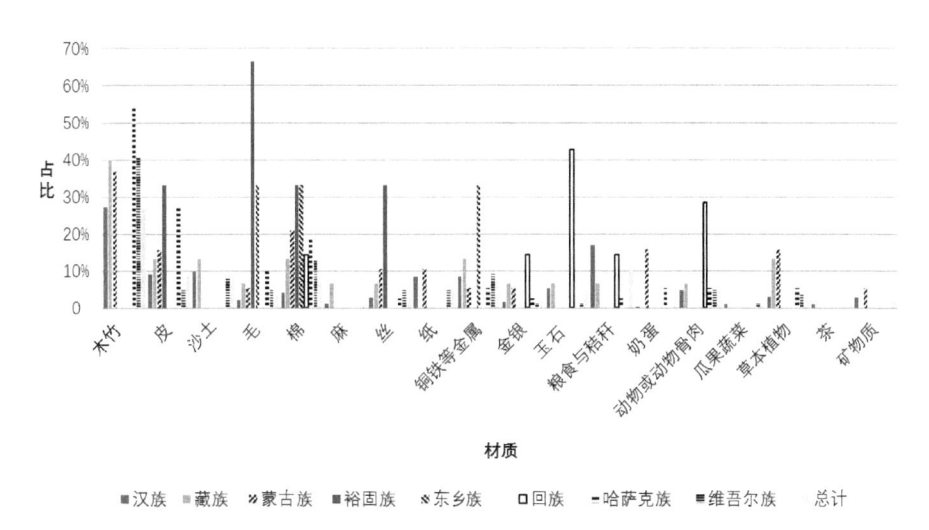

图 5-12　各民族具有材质特征的"非遗"的占比情况（部分）

5.5　图　　腾

1. 概况

图腾的象征性极其强大，对于文化景观来说具有非常重大的意义，是记载"非遗"文化景观灵魂的载体，多存在于民俗活动、传统美术和民间传统技艺中。研究区的图腾主要分为动物、神兽以及山川、天地、日月等自然现象。分别以地区与民族对分类型的图腾进行单因素方差分析，结果显示，民族（Cramer's $V=0.532$，$p<0.01$）和地区（Cramer's $V=0.488$，$p<0.01$）在图腾类型上均有显著的接近于强的差异。民族的差异高于地区的差异。

2. 空间分布

各类图腾占各地区具有图腾特征"非遗"的比例情况如图 5-13 所示。

图 5-13　各类图腾占各地区具有图腾特征"非遗"的比例情况

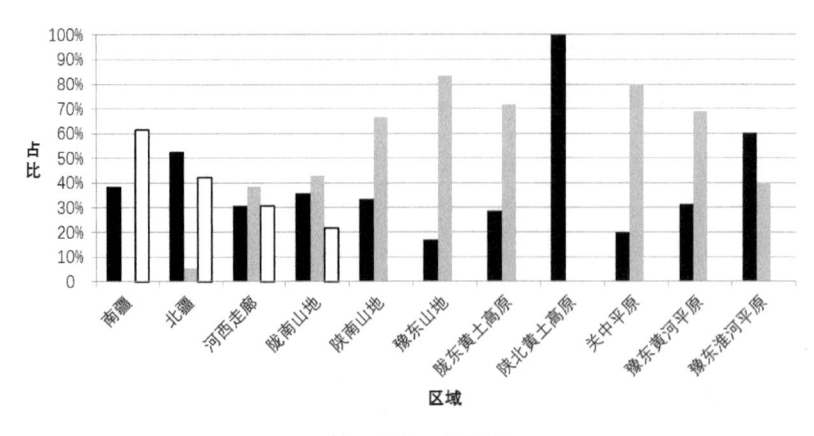

自然现象图腾存在于新疆以及甘肃的河西走廊、陇南山地。神兽图腾除在北疆有一处外，均分布在河西走廊及其以东地区。动物图腾在各地都有，以陕北黄土高原比例最高。

3. 民族归属

各民族各类图腾占具有该特征"非遗"的比例情况如图 5-14 所示。

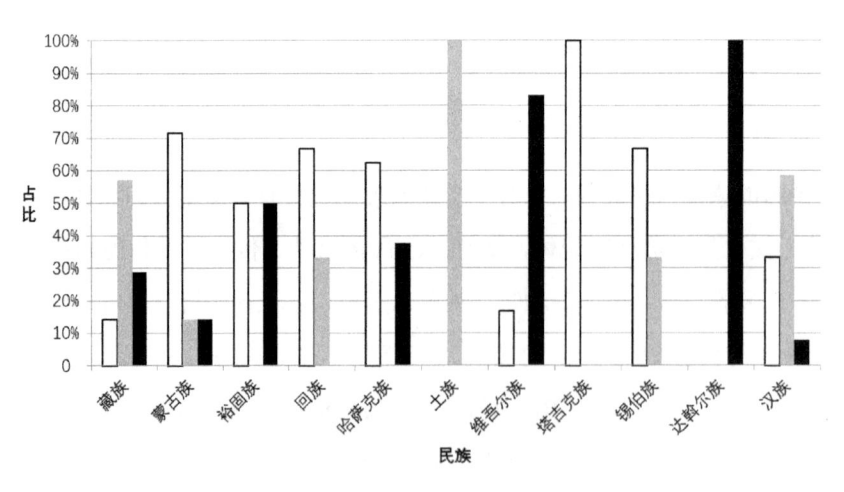

图 5-14　各类图腾占各民族具有该特征"非遗"的比例情况

104

各民族"非遗"中,汉族、藏族各种图腾都有,以神兽占比为最高;维吾尔族以自然现象图腾为主;回族、锡伯族有动物与神兽图腾,以动物图腾为主。

4. 自然条件

对河流密度、海拔和降水量三个自然条件进行分析,整体上,三类图腾在河流密度($F=12.787$,$p<0.01$)、降水量($F=22.897$,$p<0.01$)上组间差异显著,在海拔差异不显著。进行变量均值的两两比较,在河流密度上,动物图腾与神兽图腾差异不显著,两者与自然现象图腾差异显著。在海拔上,三者之间差异不显著。在降水量上,三者之间的差异均显著。整体而言,图腾景观显著性的特征(与景观整体状况比较,$p<0.05$)处于河流密度低($M=0.2676$)、海拔高($M=1050$)的地区。其中动物图腾处于相对海拔更高($M=1121.43$)、降水量低($M=393.99$)的地区;神兽图腾处于河流密度相对高($M=0.0309$)、海拔相对低($M=913.22$)、降水量高($M=578.89$)的地区;自然现象图腾处于河流密度显著低($M=0.01751$)、海拔高($M=1199.35$)、降水量低($M=196.03$)的地区。

5.6　本章小结

1. 空间分布

由文化符号的空间分布可知,陕西三个区域关于亲孝、民情民俗等文义的"非遗"占比较高;河南三地的传说与神话占比最大;新疆以及陕南关于爱情的比例较多;陕西与新疆关于民情民俗的较多;陇东、北疆关于历史的比重大;陕南、北疆关于爱情的占比多。

时令上,除南疆8月突出,北疆6月突出,豫东山地9月突出外,各地时令基本集中于1—3月。

乐器上,河西走廊以及新疆地区以弦乐器为主;河西走廊以东皆以打击乐器为主。

材质上，南疆、豫东黄河平原的木竹使用比例最多；河西走廊对于皮、丝、木竹的使用比例最大；豫西山地在沙土、纸、玉石上的使用比例最大；关中的粮食或秸秆、动物或动物骨肉使用比例最大；南疆的棉、草本植物使用最多；豫东淮河平原的金、银使用比例最大。

就图腾而言，自然现象图腾存在于新疆以及甘肃的河西以及陇南山区；神兽图腾除在北疆有一处外，均在河西走廊及其以东地区；动物图腾在各地都有，以陕北比例最高。

2. 线路关联

由文化符号的空间分布可知，亲孝、历史、宗教、寓言与哲理、传说与神话几类文义都是自东向西递减；祈福与祝赞文义的比例自西向东减少。时令上除了8月、10月西多东少外，基本都是由东向西递减。打击乐器、吹奏乐器都是东多西少，弦乐器反之。粮食或秸秆、沙土、茶、麻明显由东向西递减，其余没有明显线路关系。图腾基本以河西走廊为界，呈"西自然、东神兽"趋势分布，动物图腾不受地域影响。

3. 民族差异与关联

（1）民族差异

由文化符号的民族归属可知，文义上历史、祈福与祝赞、传说与神话的比例在民族间差异显著。时令上，汉族的时令"非遗"主要在1—3月，藏族除在1月外还有5—7月，维吾尔族和蒙古族则主要在7—10月，回族集中在1月。乐器上，汉族、藏族的乐器中打击乐器占较大比例，塔吉克族的吹奏乐器占比较高，其他民族更多使用弦乐器。材质上，哈萨克族、锡伯族、柯尔克孜族、藏族具有特征的材质的使用比例相对较高；裕固族、哈萨克族、塔吉克族使用皮的比例相对较高；裕固族、东乡族、柯尔克孜族使用毛的比例较高；裕固族、东乡族使用棉的比例较高；裕固族、塔吉克族使用丝的比例较高；裕固族、锡伯族使用铜铁的比例较高；回族使用玉石以及金、银的比例较高；汉族使用粮食制原料的比例较高；蒙古族使用奶和草本植物的比例较高；回族、塔吉克族使用动物或动物骨肉比例较高。图腾上，汉族、藏族各种图腾都有，其中神兽占比高；维吾尔族以自然现象崇拜为主；回族、锡伯族有动物与神兽图腾，以动物图腾为主。

（2）民族关联

由文化符号的民族归属可知，东乡族、保安族、裕固族、土族、锡伯族等关于民族历史的内容占比较高。土族、汉族、蒙古族、藏族关于传说与神话的占比较高。汉族、锡伯族、回族、哈萨克族关于民情民俗的内容占比较高。东乡族、哈萨克族、维吾尔族、锡伯族关于爱情的内容占比较高。

时令上，各民族"非遗"都主要分布在 1—3 月。

乐器上，汉族、藏族的乐器使用相似；其他民族基本上主要使用弦乐器。

材质上，竹木、毛、棉、皮的民族间差异最小。

图腾上，各民族几乎都有相当比例的动物图腾。

4. 自然环境影响

由文化符号的自然环境分布可知，祈福与祝赞的内容倾向于分布在河流密度相对低、海拔相对高、降水量相对低的地域。关于历史的内容倾向于分布在河流密度相对小、降水量相对低的地区。传说与神话的内容倾向于分布在河流密度相对高、海拔相对低、降水量相对高的地域。笑话分布在河流密度相对低、降水量相对少的地域。

在时令与地区、民族的关系上，1 月是各地区"非遗"的主要时令期；关中平原与豫东平原地区在 2 月、3 月也有相对多的分布；北疆在 6 月与 8 月、南疆在 8 月有相对多的时令"非遗"；11 月各地区都没有时令"非遗"。汉族的时令"非遗"主要在 1—3 月，藏族除在 1 月外还有 5—7 月，维吾尔族和蒙古族则主要在 7—10 月，回族集中在 1 月。整体上 1—8 月呈现海拔升高、河流密度降低的情形。

第6章
丝绸之路国内段主要民族的非物质文化遗产基因特征

6.1 汉 族

汉族拥有的各类型"非遗"景观相对于该类型整体的占比情况如图 6–1 所示。

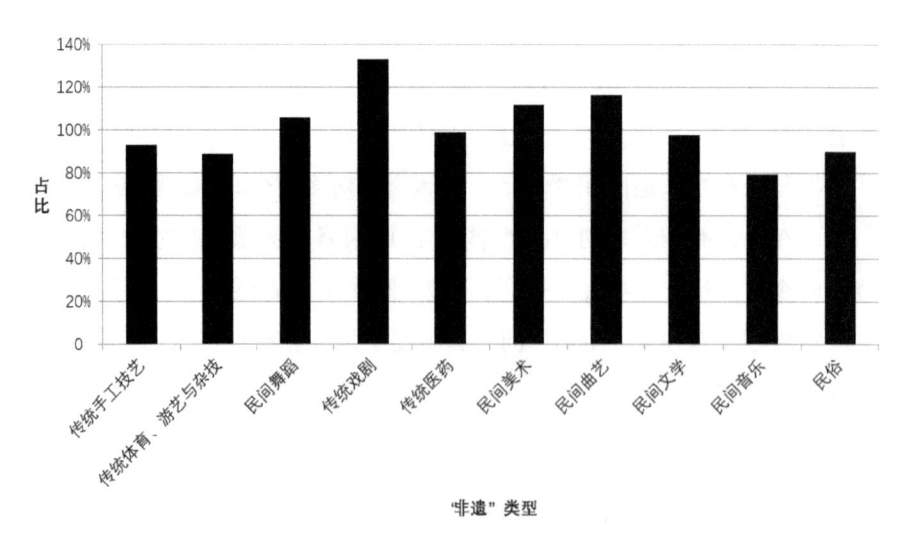

图 6–1 汉族拥有的各类型"非遗"景观相对于该类型整体的占比情况

第 6 章　丝绸之路国内段主要民族的非物质文化遗产基因特征

汉族的"非遗"类型丰富，拥有全部 10 种"非遗"景观类型，各类型的数量相对均衡，CV 指数为 42.31%。图 6-1 显示，与整体状况比较，汉族在传统戏剧、民间曲艺、民间美术等方面"非遗"类型相对较多，而在传统体育、游艺与杂技以及民间音乐方面"非遗"类型相对少。

1. 空间分布

汉族各类型"非遗"的地区分布状况如图 6-2 所示。

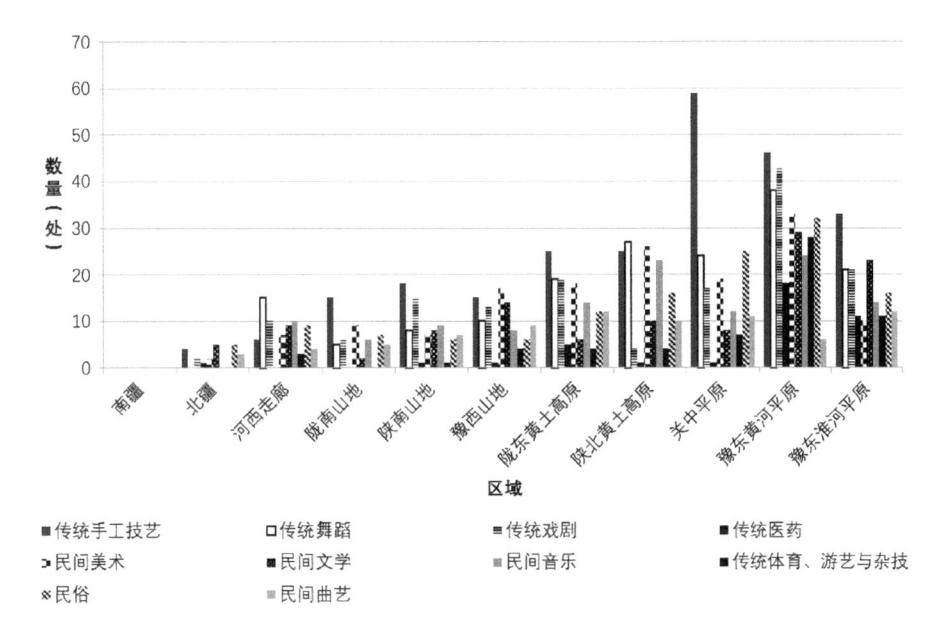

图 6-2　汉族各类型"非遗"的地区分布状况

汉族的"非遗"空间分布在豫东黄河平原最为集中，种类最全、数量最多。数量稍少一些的分布在关中平原与豫东淮河平原，其中关中平原的传统手工技艺数量极多。陇东黄土高原、陕北黄土高原也是汉族"非遗"的主要分布区。豫西山地、陕南山地与河西走廊的汉族"非遗"总量较少，北疆有少量汉族"非遗"分布，南疆则无。

109

2. 产生年代

汉族"非遗"的产生年代及其分布地区状况如图 6-3 所示。

汉族"非遗"的数量分布以清代为最多，各时期中普遍以豫东黄河平原贡献最大。其次主要分布在秦汉、唐、明时期，但秦汉时期的汉族"非遗"则主要由关中平原提供。第三批主要集中期是史前、春秋战国和宋三个时期，其余则散见于各时期。

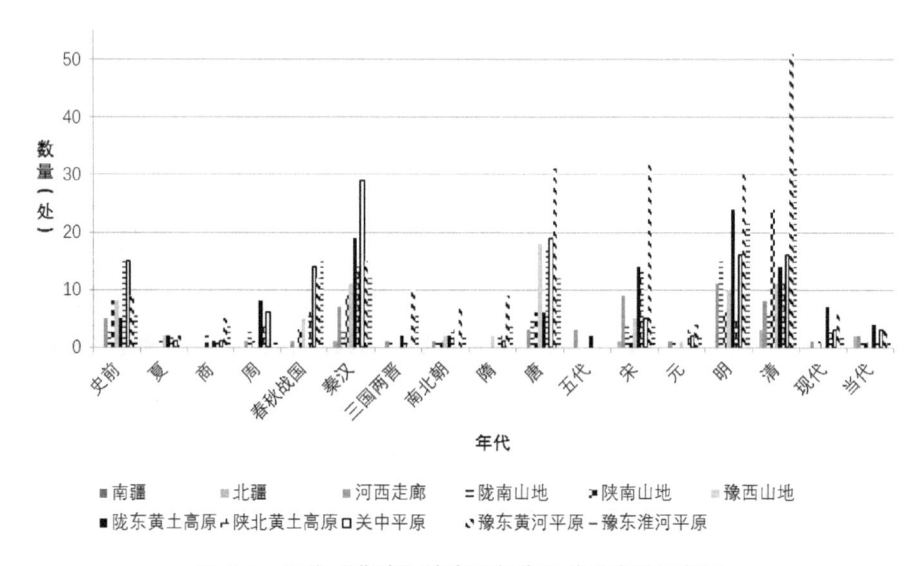

图 6-3 汉族"非遗"的产生年代及其分布地区状况

3. 主要特点

（1）乐器

汉族的乐器"非遗"及其分布地区状况如图 6-4 所示。

汉族的乐器主要是打击乐器；吹奏乐器不多，仅在陕北黄土高原有一定数量；弦乐器更少。分布上，陕北黄土高原和关中平原的乐器种类数量最多，豫东黄河平原和豫东淮河平原次之，陇东黄土高原、陕南山地、豫西山地、陇南山地、河西走廊的乐器种类皆不太丰富。

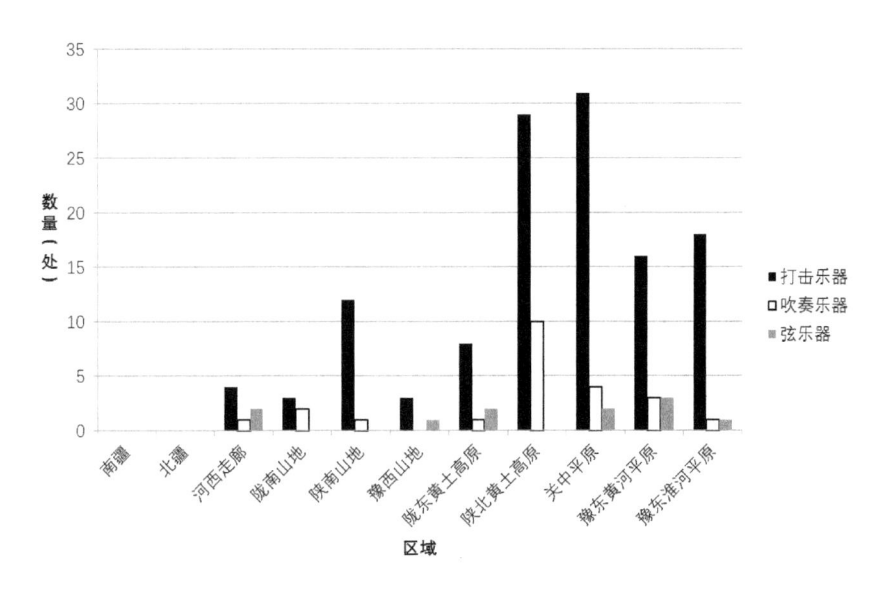

第 6 章 丝绸之路国内段主要民族的非物质文化遗产基因特征

图 6-4 汉族的乐器"非遗"及其分布地区状况

（2）时令

汉族的时令"非遗"及其分布地区状况如图 6-5 所示。

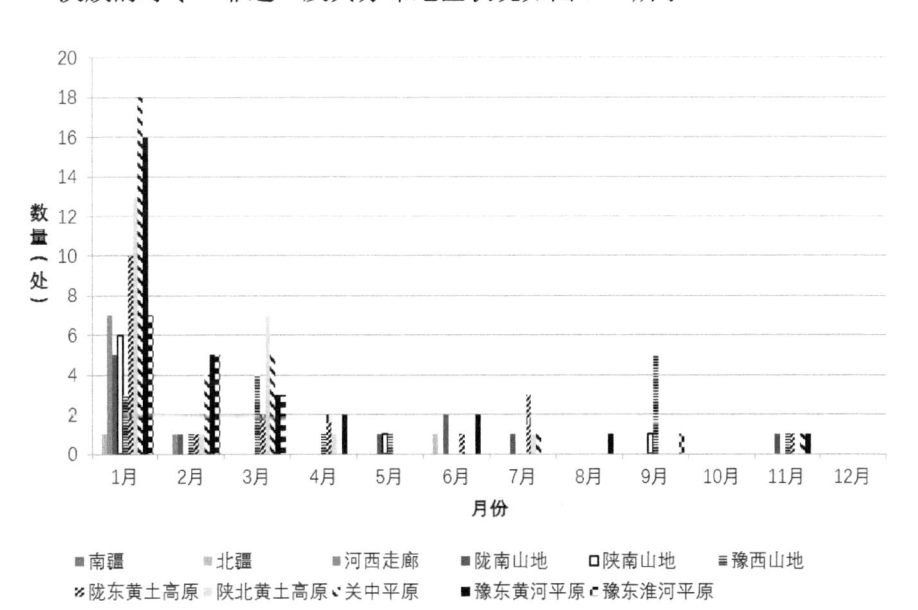

图 6-5 汉族的时令"非遗"及其分布地区状况

汉族时令"非遗"绝大多数在1月,2月、3月也是一个小高峰,其余月份数量较少。

(3)说唱

汉族各类说唱"非遗"及其分布地区状况如图6-6所示。

汉族说唱在方式上以弹唱最多,唱与说唱次之,说的数量最少。说唱形式上以独唱为主,对唱、群唱数量都较少。说唱种类上梆子戏与地方小戏数量最多,民歌于各地都有分布(南疆除外),秦腔与道情的数量较少;其中豫东黄河平原的汉族说唱总量最多,其次是豫东淮河平原和陇东黄土高原。

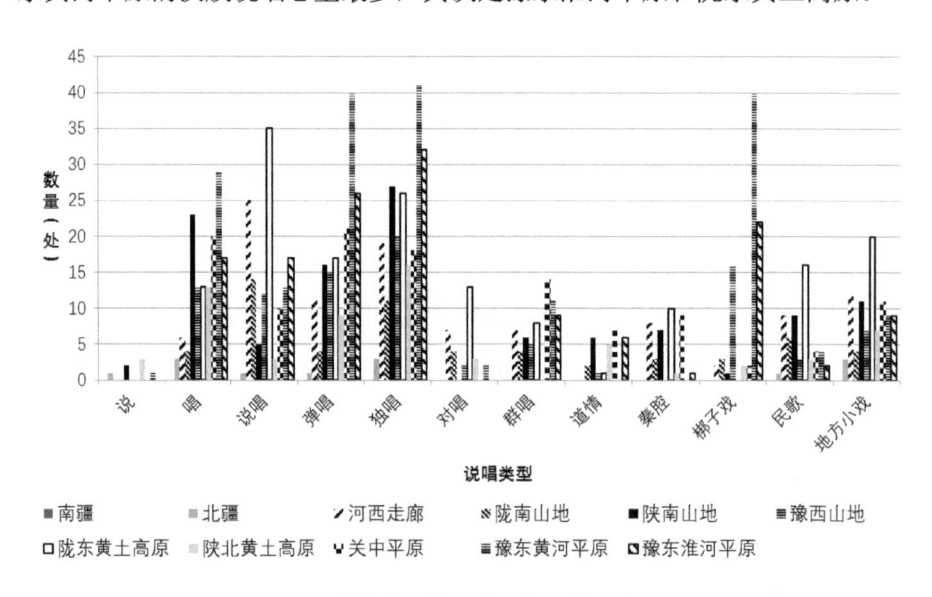

图6-6 汉族的各类说唱"非遗"及其分布地区状况

(4)文义

汉族的文义"非遗"及其分布地区状况如图6-7所示。

汉族的文义"非遗"中传说与神话的数量最多,民情民俗数量较之稍少些,历史数量也较多,数量最少的是祈福与祝赞、笑话等。其中关中平原的民情民俗数量最突出。传说与神话的分布最广泛且平均。

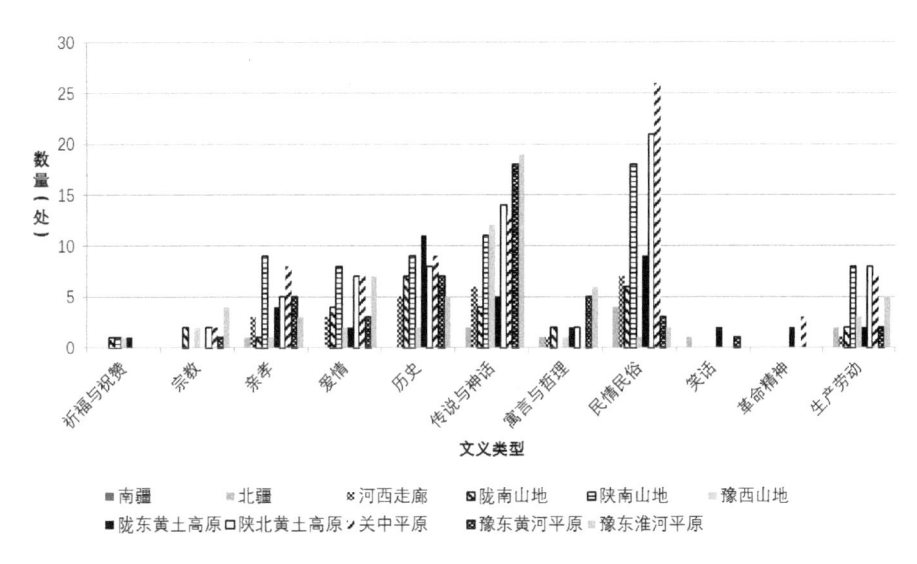

第 6 章　丝绸之路国内段主要民族的非物质文化遗产基因特征

图 6-7　汉族的文义"非遗"及其分布地区状况

（5）舞蹈

汉族的各类舞蹈"非遗"及其分布地区状况如图 6-8 所示。

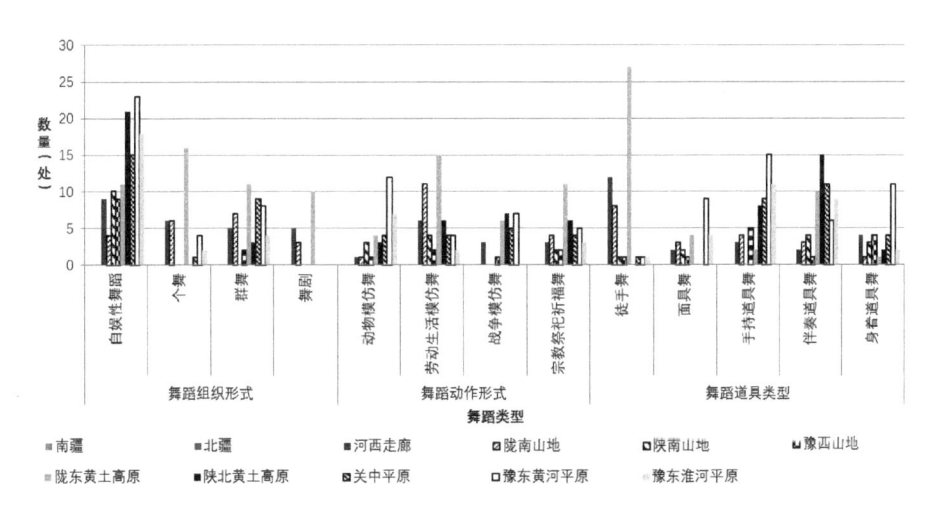

图 6-8　汉族的各类舞蹈"非遗"及其分布地区状况

汉族的舞蹈组织形式以自娱性舞蹈为主，其分布最广且数量最大；群舞总量居次但各地数量皆不多；个舞仅在陇东黄土高原存在大量分布；舞剧仅有陇东黄土高原存在较多分布。舞蹈动作形式上劳动生活模仿舞的总量最大，且陇东黄土高原的数量占主导地位；总量居次的是宗教祭祀祈福舞，也是陇东黄土高原的数量领先；总量第三的动物模仿舞中豫东黄河平原的数量最突出；战争模仿舞数量最少。舞蹈道具类型中伴奏道具舞总量最多，其次是手持道具舞；总量第三的是徒手舞，但是其中陇东黄土高原的单体数量远超余类；面具舞数量最少。

（6）功能

汉族"非遗"的文化功能及其分布地区状况如图6-9所示。

汉族"非遗"在文化功能上数量最大的是娱乐功能，且几乎各地区汉族"非遗"的娱乐功能数量都较其他功能为多，其中以豫东黄河平原最突出；其次便是生活工具与技艺功能，其数量也几乎是各地区汉族"非遗"功能中第二多的，同样是以豫东黄河平原娱乐数量最突出；再次便是祈福功能，其中陇东黄土高原数量最多；之后便是祭祀与纪念、审美、教育功能，三者均没有数量较为突出地区；生产工具与技艺功能的总量及各地数量极少，而竞技功能总量最少，且仅存在于陇东黄土高原、关中平原、豫东黄河平原与豫东淮河平原中。

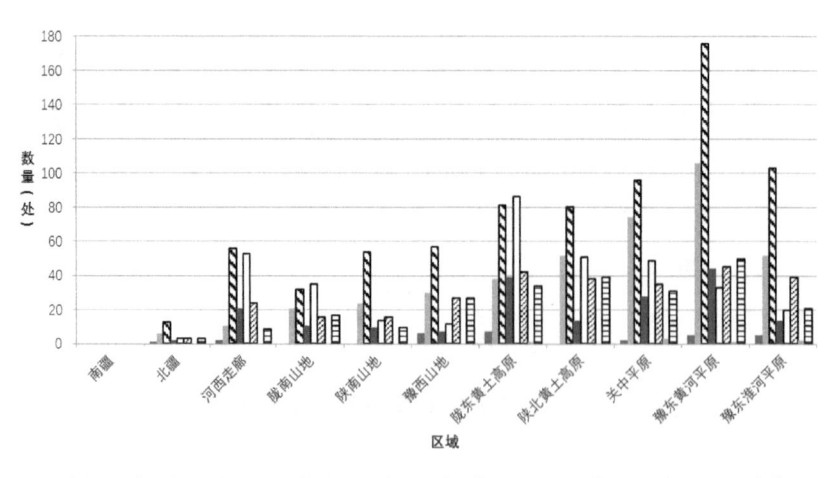

图6-9 汉族"非遗"的文化功能及其分布地区状况

6.2 少数民族

1. 藏族

藏族"非遗"主要集中于陇南山地，其次分布于河西走廊，另少见于陇东黄土高原。其中陇南山地"非遗"种类除传统体育、游艺与杂技外皆有；河西走廊有传统医药、民间美术、民间音乐、民俗、民间曲艺；陇东黄土高原则仅有民间文学、民间音乐、民俗。

除传统体育、游艺与杂技外，藏族拥有其余9项"非遗"类型，种类数量的 CV 值为 75.38%。

藏族"非遗"自史前于陇南山地便已大量产生，却沉寂直至春秋战国的陇南山地才有少许恢复；后沉寂至南北朝于河西走廊与陇南山地有了恢复；历经隋代低谷，于唐代的河西走廊与陇南山地有了一次爆发，再到宋代依旧保持着较高标准；历经元代又一低谷后，在明代迎来史上最大规模且包含河西走廊、陇南山地、陇东黄土高原在内的爆发，且在清代仍保持极高水平，但仅存在于陇南山地。

藏族时令"非遗"以6月居多，1月、7月次之，5月最少。

藏族乐器"非遗"以打击乐器为主、弦乐器为辅，其中陇南山地两者皆存，陇东黄土高原则仅见打击乐器。

藏族"非遗"说唱方式以唱为主，说唱为辅，其中唱分布于河西走廊、陇南山地、陇东黄土高原三地，说唱则不见于河西走廊；说唱形式上群唱为主，但仅见于陇南山地，对唱为辅且分布于陇南山地与陇东黄土高原，独唱数量最少，但三地皆存；说唱种类上以民歌为主且三地皆存，地方小戏为辅，仅见于陇南山地。

藏族"非遗"文义见于祈福与祝赞、宗教、历史、传说与神话、民情民俗、生产劳动。

藏族"非遗"舞蹈组织形式以自娱性舞蹈为主，群舞为辅，且两者皆存于河西走廊、陇南山地、陇东黄土高原三地，舞剧次之，个舞最少，但二者仅见于陇南山地；舞蹈动作模仿以劳动生活模仿舞为主，且其三地皆存，宗教祭祀祈福舞数量稍次之，但不见于河西走廊，动物模仿舞再次之，战争模仿舞数量最少，后两者仅见于陇南山地；舞蹈道具类型以徒手舞为主且三地皆存，伴奏道具舞次之、面具舞最少且二者仅见于陇南山地。

藏族"非遗"文化功能以祈福最多，娱乐稍次，祭祀与纪念再次，其三者皆存于三地；随后是生活工具与技艺，但只存于河西走廊与陇南山地；教育和审美数量最少，但前者三地皆存，后者不见于陇东黄土高原。

2. 蒙古族

蒙古族"非遗"在丝绸之路国内段的分布以北疆为主，南疆次之，河西走廊数量最少。分布种类上南疆最丰富，北疆次之，河西走廊"非遗"种类丰富性最低。

蒙古族"非遗"源于史前的河西走廊，在秦汉的南、北疆得以发展，而后直到宋、元时期"非遗"重新出现，在明代迎来史上最大一次爆发，直至清代仍有余韵。

蒙古族"非遗"时令分布于 7 月、10 月。

蒙古族"非遗"乐器以弦乐器为主，南疆仅见弦乐器，北疆混有个别吹奏乐器。

蒙古族"非遗"说唱方式以唱为主，说唱为辅，其中唱分布于南、北疆，说唱分布于河西走廊；说唱形式上独唱为主，群唱为辅，独唱分布于三地，群唱只分布于南、北疆；说唱种类仅有民歌，且三地皆有。

蒙古族"非遗"文义中历史、传说与神话数量最多，祈福与祝赞次之，民情民俗再次之，宗教更次之，亲孝和爱情数量最少。其中除了祈福与祝赞分布于南、北疆和河西走廊，爱情仅存在于北疆，其余皆只存在于南、北疆。

蒙古族舞蹈组织形式仅见自娱性舞蹈，且三地皆存；舞蹈动作形式以动物模仿舞和劳动生活模仿舞为主，宗教祭祀祈福舞为辅，其中动物模仿舞仅存于南疆，劳动生活模仿舞南、北疆皆有，宗教祭祀祈福舞只见于河西走廊；舞蹈道具类型以徒手舞为主，三地皆存，面具舞次之，仅存于南疆。

蒙古族"非遗"功能以娱乐为主，生活工具与技艺稍次，教育再次，祈福更次，上述皆是三地皆存；祭祀与纪念数量较少，只存于南、北疆；审美数量更少，但三地皆存；竞技数量最少，且只存于南、北疆。

3. 维吾尔族

维吾尔族"非遗"主要集中在南疆，其中数量占据绝对优势的是传统手工技艺共63项，其次是民间音乐30项，再次便是民间舞蹈17项和民俗15项，以及传统体育、游艺与杂技13项，余下见诸民间美术7项、民间文学7项、传统医药6项。

维吾尔族"非遗"中产生自周代、三国两晋、元代的皆只于南疆有1项；秦汉时期发展出了5项；唐代突然迎来一次史上空前绝后的大爆发，南、北疆共产生了21项；宋、明两代分别产生了9项、6项。

维吾尔族"非遗"时令集中于8月，共8项，且南疆数量远超北疆；6月仅北疆有1项。

维吾尔族"非遗"乐器以弦乐器为主，北疆更是只见8项弦乐器；南疆除了4项弦乐器，还有打击乐器和吹奏乐器各1项。

维吾尔族"非遗"说唱数量上皆是南疆多于北疆，其中说唱方式以唱和弹唱为主，分别为22项和21项，说唱次之共11项，说再次之仅4项；说唱形式上，独唱居多有26项，群唱稍少有18项，对唱最少仅5项；说唱种类上只有36项民歌。

维吾尔族"非遗"文义以爱情、历史、生产劳动、民情民俗四者数量居多，各10项；传说与神话次之，有6项；宗教再次之，有4项；祈福与祝赞、笑话的数量最少，各2项，其中前者仅见于南疆，后者只存于北疆。

维吾尔族"非遗"舞蹈数量上南疆多于北疆，其中舞蹈组织形式以自娱性舞蹈为主有41项，个舞仅4项；舞蹈动作形式上，劳动生活模仿舞数量最多有25项，动物模仿舞与宗教祭祀祈福舞数量次之各3项；舞蹈道具类型上，徒手舞40项，手持道具舞2项，面具舞、伴奏道具舞各1项。

维吾尔族"非遗"文化功能数量上南疆多于北疆，其中生活工具与技艺数量最多共80项，其次是娱乐77项，审美紧随其后共59项，教育38项，祈福29项；生产工具与技艺15项与竞技8项仅存于南疆。

4. 哈萨克族

哈萨克族拥有除传统戏剧以外所有的"非遗"种类并分布于北疆，其中传统手工技艺12项，民间舞蹈7项，传统医药4项，民间美术9项，民间文学6项，民间音乐11项，传统体育、游艺与杂技5项，民俗6项，民间曲艺2项；河西走廊仅有民间美术1项，传统体育、游艺与杂技2项，民俗1项，民间曲艺3项。

哈萨克族"非遗"于周代、南北朝、明代各1项；于秦汉、宋代各4项；唐代产生5项为历史最高点；清代仅2项；其中除秦汉河西走廊存在"非遗"产生外，其余时代只见北疆有"非遗"产生。

哈萨克族"非遗"乐器方面，北疆有弦乐器13项、吹奏乐器1项，河西走廊仅弦乐器3项。

哈萨克族"非遗"说唱方式上有弹唱11项、唱8项，两者于北疆与河西走廊都有分布且主要分布于北疆；说唱形式上有独唱10种、对唱5种、群唱1种，除对唱两地皆有分布且主要存在于河西走廊外，余则仅见于北疆；说唱种类只见民歌13项，且北疆分布多于河西走廊。

哈萨克族"非遗"文义数量最多的是民情民俗8项，其次是爱情7项，再次为历史6项，更次为生产劳动4项，上述于两地皆存；祈福与祝赞、宗教各2项，但前者只见于河西走廊，后者仅存于北疆；余下亲孝、传说与神话、寓言与哲理都仅单独存在于北疆。

哈萨克族"非遗"舞蹈只见于北疆，其中舞蹈组织形式以自娱性舞蹈为主，共6项，个舞为辅，仅3项；舞蹈动作形式仅见动物模仿舞7项；舞蹈道具类型中徒手舞与面具舞各4项，手持道具舞仅1项。

哈萨克族"非遗"文化功能方面除7项生产工具与技艺只见于北疆外，余者皆存于两地；其中以娱乐数量最多，共38项，生活工具与技艺数量稍次，共34项，审美、教育各18项，然后是祈福14项，竞技9项，祭祀与纪念仅4项。

5. 回族

回族"非遗"基因在河南最为丰富，新疆次之，甘肃数量最少。清代产生的"非遗"基因最多，囊括了河南、甘肃、新疆三地，其次是唐代、明代时期，个别出现于南北朝、元代。"非遗"基因种类中，传统手工技艺最丰富且主要集中在河南，新疆与甘肃各1项；其次是传统体育、游艺与杂技，也是主要集中在河南，新疆仅有1项；然后是民间舞蹈，全部集中在河南省内；传统戏剧仅出现在河南；民间文学仅存在于甘肃；民俗与民间音乐以及民间美术仅存在于新疆。材质使用上，玉石、金银、动物或动物骨肉都仅存在于河南；粮食或秸秆仅存在于甘肃；棉仅存在于新疆。乐器尚无资料。说唱方式中唱于南疆、北疆、陇东黄土高原各有1项，说唱仅在陇东黄土高原有1项；说唱形式中对唱于南疆、北疆、陇东黄土高原各有1项，群唱仅在陇东黄土高原有1项；说唱种类只见民歌，且亦是三地各1项。文义中民情民俗于南疆、北疆、陇东黄土高原各有1项；生产劳动于南、北疆各1项，爱情于北疆与陇东黄土高原各1项；宗教仅见于南疆1项，历史、寓言与哲理仅见于陇东黄土高原各1项。舞蹈组织形式中自娱性舞蹈和个舞各2项，前者仅见于豫东淮河平原，后者见于豫东淮河平原与陇东黄土高原；舞蹈动作形式中动物模仿舞2项，劳动生活模仿舞1项，且二者皆只见于豫东淮河平原；舞蹈道具类型以面具舞为主有2项，手持道具舞和徒手舞各1项，其中前二者仅见于豫东黄河平原，后者仅见于陇东黄土高原。文化功能方面数量最多的是娱乐共9项，分布于南疆、北疆、陇东黄土高原、豫东黄淮平原；其次是教育8项，仅见于陇东黄土高原与豫东黄淮平原；再次是生活工具与技艺7项，分布与娱乐相同；审美亦是7项，分布于南疆、陇东黄土高原、豫东淮河平原；随后是祈福功能6项，分布于南疆、北疆、陇东黄土高原、豫东淮河平原；数量最少的是祭祀与纪念、竞技各2项，前者分布于陇东黄土高原与豫东黄河平原，后者分布于北疆与陇东黄土高原。

6. 满族

满族"非遗"基因仅出现在新疆（北疆），其中民俗、民间美术各1项：满文、锡伯文书法产生于清代，颁金节产生于明代且在10月举办。"非遗"乐器仅打击乐器有1项。"非遗"说唱、文义类型尚无资料。舞蹈组织形式中仅个舞有1项；舞蹈动作上仅动物模仿舞有1项；舞蹈道具类型上仅徒手舞有1项。文化功能上仅在生产工具与技艺、娱乐、祭祀与纪念、审美中各有1项。

7. 达斡尔族

达斡尔族"非遗"基因集中于新疆（北疆），有民间舞蹈、民俗各1项：民间舞蹈毕力多尔产生于清代，沃其贝节见于6月。达斡尔族乐器、说唱、文义"非遗"尚无资料。舞蹈组织形式上仅自娱性舞蹈有1项；舞蹈动作模仿上仅见动物模仿舞有1项；舞蹈道具类型上仅见徒手舞有1项。文化功能中娱乐最多共2项，另见祈福、祭祀与纪念各1项。

8. 俄罗斯族

俄罗斯族"非遗"基因的共性是都属于新疆地区（北疆），其中俄罗斯族民居营造技艺、民居与建筑艺术同属于产生于清代的传统手工技艺，另有3项民间舞蹈、民间音乐、民俗。时令、文义"非遗"尚无资料。乐器中仅见1项弦乐器。说唱方式上仅唱有1项；说唱形式上弹唱与独唱各有1项；说唱种类上仅民歌有1项。舞蹈组织形式中仅自娱性舞蹈有2项；舞蹈动作形式尚无资料；舞蹈道具类型中仅徒手舞有2项。文化功能上娱乐、生活工具与技艺各3项，审美2项，祈福、生产工具与技艺各1项。

9. 锡伯族

锡伯族"非遗"基因皆属于新疆地区（北疆），其中民间音乐、民俗数量最多，各 3 项；其次是民间舞蹈、民间曲艺，各 2 项；另有传统手工技艺、传统医药、民间美术、民间文学、传统体育、游艺与杂技各 1 项。清代产生的"非遗"数量最多，且种类各异；明代产生 1 项民间舞蹈；现代产生 1 项民间曲艺。时令仅在 3 月、4 月各有 1 项。乐器中仅有 1 项弦乐器。说唱方式中有说唱 3 项，唱 1 项；说唱形式有独唱 4 项；说唱种类有民歌 4 项。文义上以历史、民情民俗居多，各 2 项，爱情、传说与神话各 1 项。舞蹈组织形式以自娱性舞蹈为主，有 3 项，群舞、舞剧各 1 项；舞蹈动作形式上以动物模仿舞居多，有 3 项，劳动生活模仿舞仅 2 项；舞蹈道具类型上仅见徒手舞 5 项。文化功能上以娱乐为主，有 9 项，其次是祈福 5 项，然后是生活工具与技艺、教育各 4 项，祭祀与纪念 3 项，生产工具与技艺 2 项，竞技、审美仅各 1 项。

10. 塔吉克族

塔吉克族"非遗"基因皆属于新疆地区（南疆），种类中民俗数量最多，其次是传统体育、游艺与杂技 3 项，另有民间舞蹈和民间音乐各 1 项。2 项传统体育、游艺与杂技产生于春秋战国时期，唐代产生 1 项民俗。材质上木竹使用较少，主要使用动物或动物骨肉、皮、毛。时令、文义尚无资料。乐器中仅有 1 项吹奏乐器。说唱方式上仅唱有 1 项；说唱形式上仅对唱有 1 项；说唱种类上仅民歌有 1 项。舞蹈组织形式有自娱性舞蹈 3 项；舞蹈动作形式上有动物模仿舞 3 项；舞蹈道具类型上有徒手舞 3 项。文化功能中占比最大的是娱乐功能有 6 项，其次是教育和祈福各 4 项，再次是竞技、生活工具与技艺各 3 项，数量最少的审美仅 1 项。

11. 塔塔尔族

塔塔尔族"非遗"基因仅分布于新疆（北疆）。有传统手工技艺和民俗各 1 项；民俗撒班节产生于唐代，时令在 6 月，传统手工技艺使用材质为粮食或秸秆。乐器、说唱、文义尚无资料。舞蹈组织形式上仅自娱性舞蹈有 1 项；舞蹈动作形式尚无资料；舞蹈道具类型上仅徒手舞有 1 项。文化功能上生产工具与技艺、生活工具与技艺、娱乐、祈福、审美各有 1 项。

12. 乌孜别克族

乌孜别克族"非遗"基因皆分布于新疆（南、北疆皆有分布），其中南疆有民间音乐 5 项，北疆有民俗 1 项。时令、文义尚无资料。乐器全部分布于南疆，有弦乐器 2 项、打击乐器 1 项。说唱数量总体上南疆 14 项，北疆 9 项；说唱方式上有唱 6 项、弹唱 3 项；说唱形式上仅独唱 6 项；说唱种类上仅民歌 8 项。舞蹈数量上南疆 4 项、北疆 6 项；舞蹈组织形式上仅有自娱性舞蹈 5 项；舞蹈动作形式尚无资料；舞蹈道具类型上仅见徒手舞 5 项。文化功能上以娱乐为主共 8 项，教育数量次之有 5 项，祈福数量再次之有 3 项，生活工具与技艺数量最少仅 2 项。

13. 柯尔克孜族

柯尔克孜族"非遗"基因全部属于新疆（17 项处于南疆，4 项位于北疆），其中民间文学平均分布于南、北疆各 3 项，传统手工技艺分布于南疆 4 项、北疆 1 项，民间音乐仅分布于南疆 4 项，民间美术、传统体育、游艺与杂技、民俗三者各 2 项且仅分布于南疆，其中 1 项民间文学产生于宋代。时令尚无资料。乐器上有弦乐器 3 项、吹奏乐器 1 项。说唱方式上以弹唱为主，南北疆各 2 项，说唱北疆有 1 项；说唱形式上仅群唱有 1 项；说唱种类上仅见民歌且南北疆各 2 项。文义上爱情、历史、民情民俗、生产劳动各 1 项且皆处南疆。舞蹈组织形式上仅见个舞 2 项；舞蹈动作形式尚无资料；舞蹈道具类型尚无资料。文化功能上以娱乐功能数量最多共 11 项，其中南疆 8 项、北疆 3 项，生活工具与技艺次之有 10 项，其中南疆 9 项、北疆 1 项，教育再次之共 8 项，其中南疆 5 项、北疆 3 项，至于审美则仅见南疆 7 项，余下生产工具与技艺、竞技、祈福各 2 项，其中祈福于南、北疆各 1 项，祭祀与纪念数量最少仅见南疆 1 项。

14. 土族

土族"非遗"基因皆分布于甘肃，分布于陇东黄土高原民间文学 2 项，河西走廊民俗 1 项，陇南山地民间文学 1 项。土族"非遗"于元代的陇南山地产生 1 项，于陇东黄土高原产生 2 项，现代河西走廊也产生了 1 项。时令、乐器尚无资料。说唱仅存于陇东黄土高原，说唱方式上只见说唱 2 项；说唱形式上独唱与对唱各 1 项；说唱种类上民歌与地方小戏各 1 项。文义上数量最多的是传说与神话，于陇南山地和陇东黄土高原各 1 项，其余历史、革命精神、生产劳动各 1 项且仅见于陇东黄土高原。舞蹈组织形式上仅见群舞 2 项；舞蹈动作形式上仅见战争模仿舞 2 项；舞蹈道具类型上仅见徒手舞 2 项。文化功能上以娱乐为主，分布于陇东黄土高原 2 项，河西走廊、陇南山地各 1 项；其次教育和祈福各 3 项，其中教育只见陇南山地 1 项与陇东黄土高原 2 项，祈福三地各有 1 项；再次是祭祀与纪念，于陇南山地和陇东黄土高原各 1 项；数量最少的生活工具与技艺则只见于河西走廊 1 项。

15. 保安族

保安族"非遗"基因皆集中于甘肃，其中在河西走廊有民间音乐 3 项，陇东黄土高原有传统手工技艺与民间文学各 1 项。1 项传统手工技艺在元代产生。时令、乐器、文义、舞蹈尚无资料。说唱方式上只见说唱，说唱形式上只见对唱，说唱种类上只见地方小戏，三者皆仅各 1 项，存在于河西走廊。文化功能上生产工具与技艺、生活工具与技艺、娱乐、教育、祈福、审美在陇东黄土高原各 1 项。

16. 东乡族

东乡族"非遗"基因全部位于甘肃（陇东黄土高原），有传统手工技艺与民间文学各 3 项。2 项民间文学产生于明代，2 项传统手工技艺分别使用铜铁等金属与棉。时令、乐器、舞蹈尚无资料。说唱方式上只见唱，说唱形式上只见对唱，说唱种类上只见民歌，三者各 1 项。文义上有历史 3 项，爱情 2 项。文化功能中生活工具与技艺、教育各 3 项，娱乐 2 项，审美、生产工具与技艺各 1 项。

6.3 本章小结

1. 空间分异

（1）空间分布

由民族"非遗"的空间分布可知，汉族"非遗"空间分布在除北疆以外的所有地区；藏族"非遗"主要集中于陇南山地、河西走廊、陇东黄土高原；蒙古族"非遗"主要分布于河西走廊以西；维吾尔族"非遗"分布以南疆为主；哈萨克族"非遗"主要聚集在北疆；回族"非遗"在新疆、甘肃、河南都有分布，但总体东多西少；达斡尔族、满族、俄罗斯族、锡伯族、塔塔尔族的"非遗"在空间分布上集中于北疆；塔吉克族"非遗"仅见于南疆；乌孜别克族、柯尔克孜族的"非遗"于南、北疆皆有分布；土族"非遗"分布于陇东黄土高原、河西走廊、陇南山地；保安族"非遗"分布于河西走廊、陇东黄土高原；东乡族"非遗"仅分布于陇东黄土高原。

（2）线路关联

汉族"非遗"分布基本由东向西递减；藏族"非遗"由陇南山地向外扩散；蒙古族"非遗"数量由西向东递减；维吾尔族"非遗"在新疆地区数量由南向北递减；哈萨克族"非遗"由北疆向东扩散，但不出河西走廊；回族分布广泛但总体东多西少；其他民族由于分布较为集中，故线路关系不明显。

2. 民族差别

（1）民族差异

汉族"非遗"在数量与种类上都较其他少数民族丰富，与其他民族较为突出的差异体现在，历史绵延不绝，时令上倾向1—3月，文义上以民情民俗为主，舞蹈上拥有大量道具舞，功能更全面；藏族"非遗"时令集中在6—7月，且祈福的比例较高；蒙古族"非遗"时令仅见7月、10月，文义中历史、传说与神话数量较多；维吾尔族"非遗"在唐代产生的比例极大，时令集中在 8 月，说唱中民歌数量比例极高，文义中生产劳动的比例极高，舞蹈几乎只有徒手舞。

（2）民族关联

各民族"非遗"产生年代相对最集中的时代节点为史前时期、秦汉时期、唐代、明代、清代；乐器上主要分布于河西走廊以西的民族多以弦乐器为主，主要分布于河西走廊以东的民族多以打击乐器为主；各民族基本都拥有数量较多的唱、独唱、民歌；文义中各民族都拥有较多的民情民俗，而祈福与祝赞、笑话、革命精神的数量最少；舞蹈中各民族的自娱性舞蹈、徒手舞的数量都较多；文化功能中几乎各民族的娱乐功能都是数量最丰富的，而生产工具与技艺、竞技的总量最少。

第7章
丝绸之路国内段各地区的非物质文化遗产基因特征

7.1 南　　疆

1. 类型

南疆地区各类型"非遗"景观的数量状况如图7-1所示。

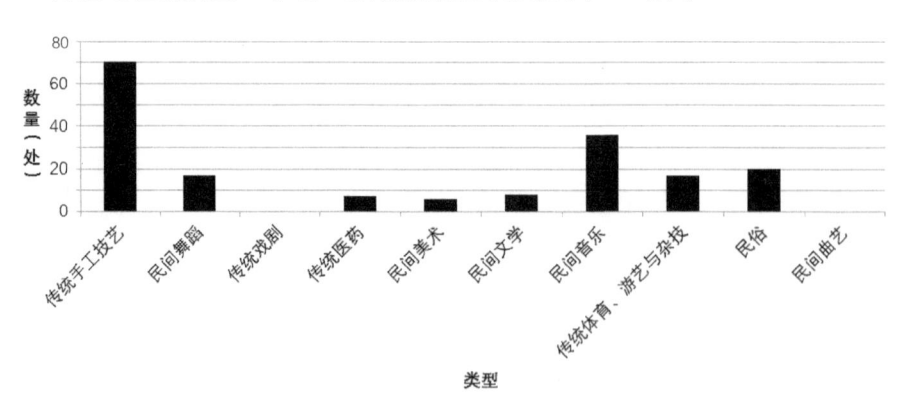

图7-1　南疆地区各类型"非遗"景观的数量状况

南疆地区人口的主要构成部分是维吾尔族，在数量上体现出了南疆地区文化类型中以维吾尔族为主体的特殊现象，在总共 182 项文化类型中，维吾尔族便占据了 128 项，其中最突出的便是维吾尔族的传统手工技艺，数量高达 62 种，且纺织类占其三分之一。另外，南疆地区的民间舞蹈、民间音乐、民俗、传统体育、游艺与杂技数量皆相对突出，尤以民间音乐（22 项）最多，有如木卡姆这般的大型综合类集歌、舞、乐于一体的艺术形式流行于南疆各地。

2. 产生年代

南疆地区各年代产生的"非遗"景观数量状况如图 7-2 所示。

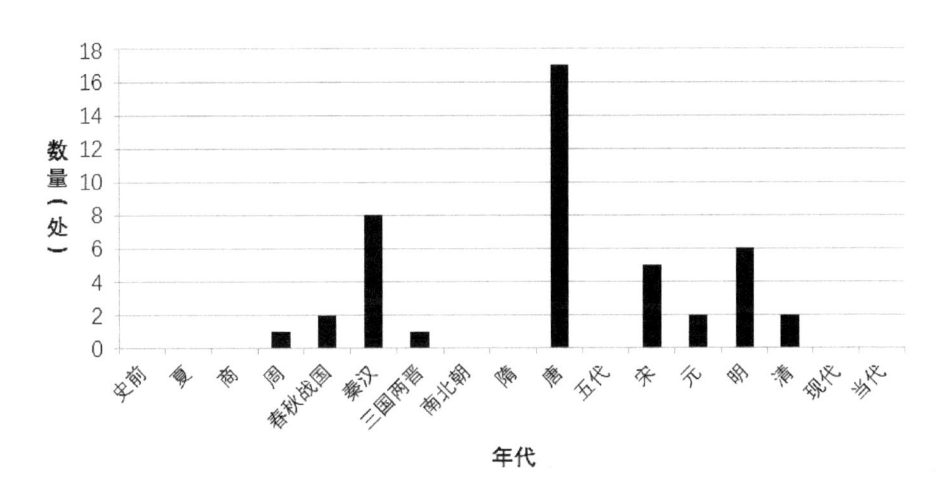

图 7-2 南疆地区各年代产生的"非遗"景观数量状况

南疆地区"非遗"历史传承久远，最早可考的如传统手工技艺中的柳编技艺便产生于周代，而传统医药、民间音乐、民间舞蹈、民间美术、传统体育、游艺与杂技等项目在春秋至秦汉期间便已活跃于历史。但南疆"非遗"产生最集中最突出的年代莫过于唐代，有近 40%的"非遗"集中出现在唐代，其中尤以民间音乐为最，其次便是民俗与民间舞蹈。而后宋元两代直至明清两代皆陆续恒定发生各类"非遗"项目，当中在明代又出现一个小高峰，且仍是民间音乐占比最高，最具代表性的木卡姆便是在此时被整合创造而出的。

3. 主要基因特征

（1）时令

南疆地区各时令"非遗"景观数量状况如图 7-3 所示。

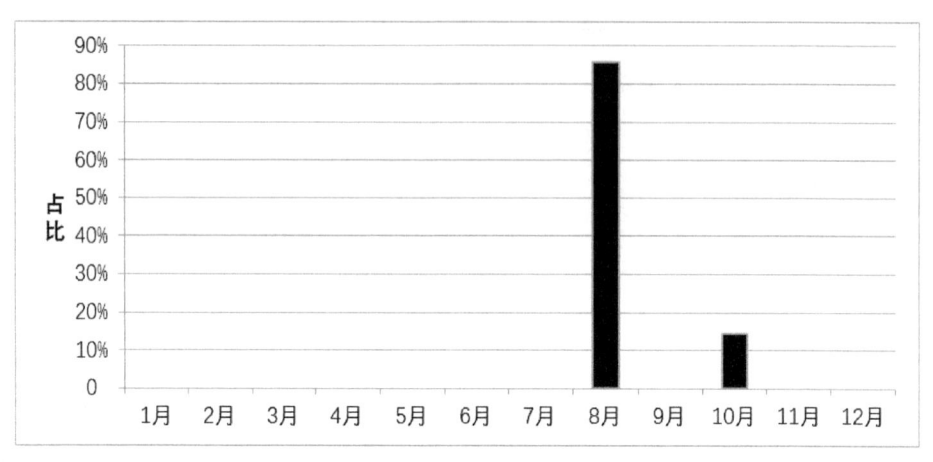

图 7-3　南疆地区各时令"非遗"景观的数量状况

南疆地区"非遗"与时令相关的主要基因特征是高度集中性，几乎所有的"非遗"都集中在 8 月且属于维吾尔族；只有 1 项具有时令特征的"非遗"——"祖拉节"在 10 月，属于蒙古族。

（2）乐器

南疆地区乐器"非遗"的数量状况图 7-4 所示。

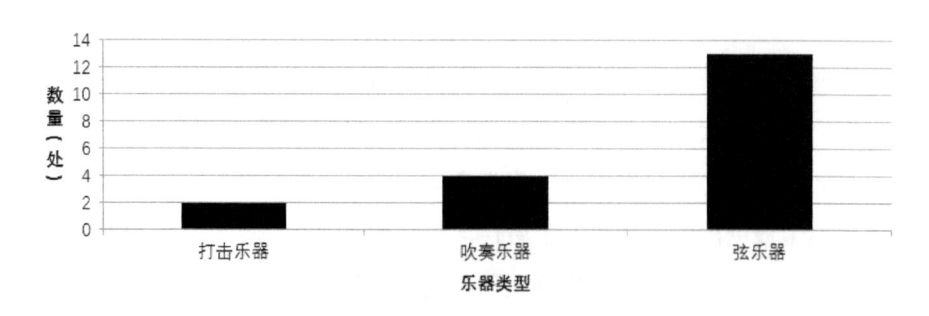

图 7-4　南疆地区乐器"非遗"的数量状况

南疆地区有关乐器的"非遗"项目极多，且各民族乐器数量分布都较为充沛，但在具体乐器种类偏好上则表现出了弦乐器较多。维吾尔族、柯尔克孜族以及乌孜别克族的"非遗"弦乐器数量都至少占据其乐器总量的1/3，而蒙古族更是几乎只有弦乐器。特别的是，在南疆如此偏好弦乐器的氛围下，塔吉克族却表现出了对吹奏乐器的热忱，以至于塔吉克族的乐器"非遗"项目中几乎只可见吹奏乐器。

（3）说唱

南疆地区说唱"非遗"的数量状况如图7-5所示。

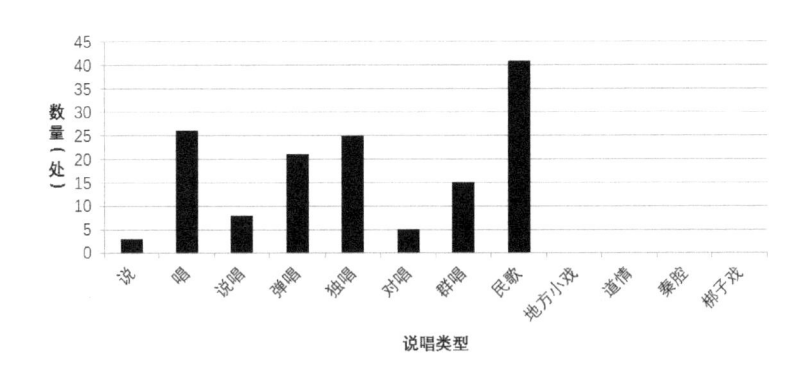

图7-5 南疆地区说唱"非遗"的数量状况

南疆地区说唱种类以民歌为主；表现形式以独唱居多，群唱略少，对唱最少；表现方式上主要是弹唱与唱为主，说唱与说的数量较少。

（4）文义

南疆地区各类文义特征"非遗"的数量状况如图7-6所示。

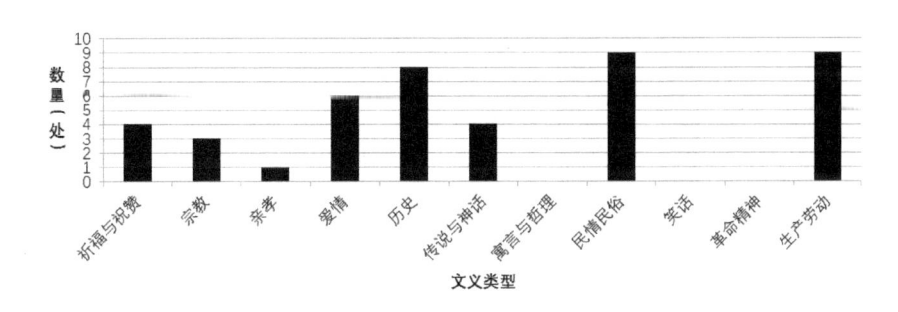

图7-6 南疆地区各类文义特征"非遗"的数量状况

南疆地区的文义特征"非遗"中表达最多的是生产劳动和民情民俗，历史稍稍次之，爱情再次之；传说与神话、祈福与祝赞数量相同且较少，宗教相对更少，亲孝最少。

（5）舞蹈

南疆地区各类舞蹈特征"非遗"的数量状况图7-7所示。

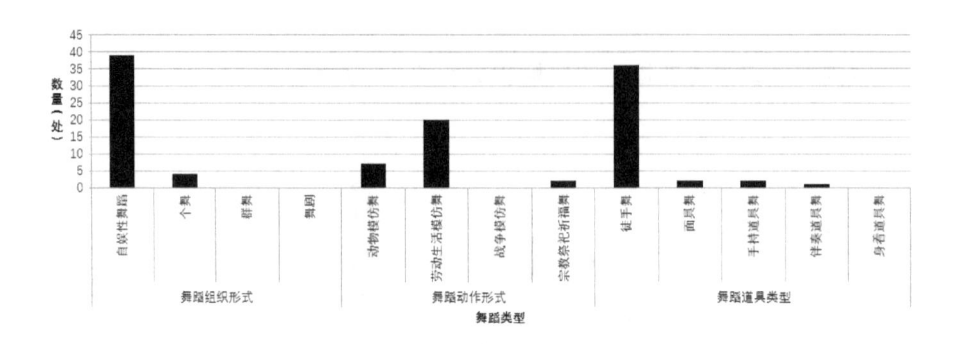

图7-7 南疆地区各类舞蹈特征"非遗"的数量状况

南疆地区舞蹈特征"非遗"的组织形式主要是自娱性舞蹈，有少量个舞；舞蹈动作形式上以劳动生活模仿舞为主，配以少量动物模仿舞和宗教祭祀祈福舞；舞蹈道具类型主要是徒手舞，其次有少许数量相仿的面具舞、手持道具舞、伴奏道具舞。

（6）文化功能

南疆地区各类文化功能特征"非遗"的数量状况如图7-8所示。

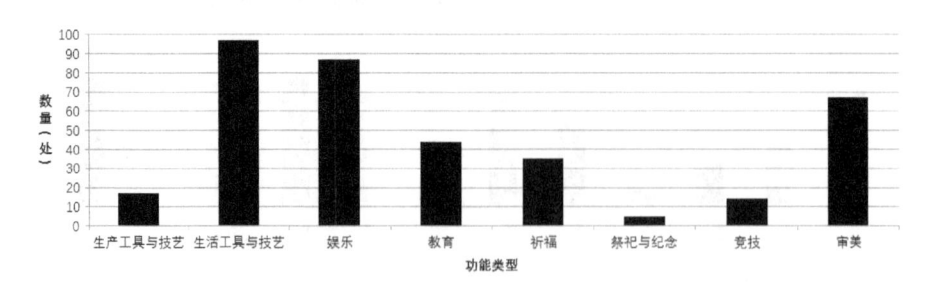

图7-8 南疆地区各类文化功能特征"非遗"的数量状况

南疆地区"非遗"文化功能上数量最丰富的是生活工具与技艺,娱乐占第二位,其后是审美,再后分别是教育和祈福,生产工具与技艺和竞技较少,祭祀与纪念最少。

7.2 北　　疆

1. 类型

北疆地区各类型"非遗"景观的数量状况如图 7-9 所示。

北疆地区"非遗"的类型特征表现出了重民间音乐,重传统手工技艺、民间舞蹈、民间美术、民间文学与民俗的特征,特别是民间音乐在北疆"非遗"特征中处于相对突出地位;而民间曲艺、传统医药、传统戏剧数量较少。

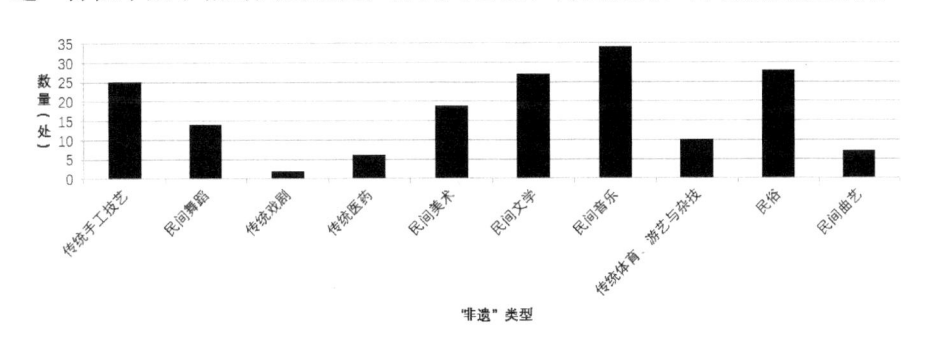

图 7-9　北疆地区各类型"非遗"景观的数量状况

2. 产生年代

北疆地区各年代产生的"非遗"景观数量状况如图 7-10 所示。

北疆地区"非遗"传承的历史最早可以上溯到周代,渐起于秦汉,爆发于唐代,兴盛于宋代,于明清时期达到顶峰,直至现当代仍有新兴。值得注意的是北疆地区的"非遗"项目在春秋战国、三国两晋以及隋代、五代时期、元代出现断层,没有产生或者未流传于后世。

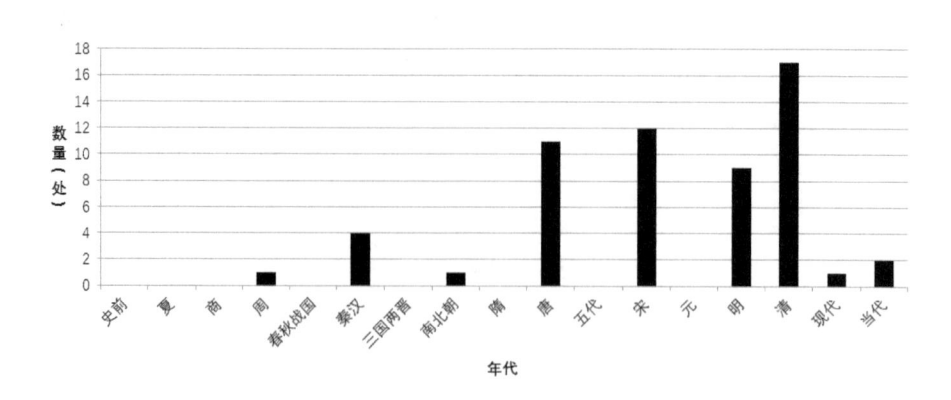

图 7-10　北疆地区各年代产生的"非遗"景观数量状况

3. 主要基因特点

（1）时令

北疆地区各时令"非遗"景观数量状况如图 7-11 所示。

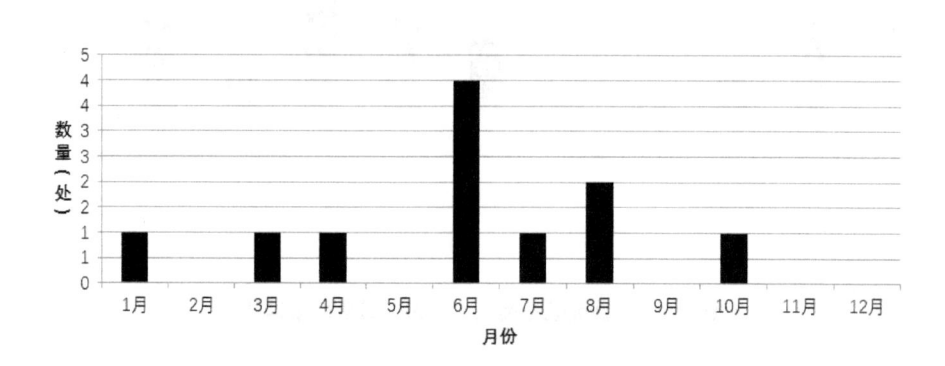

图 7-11　北疆地区各时令"非遗"景观的数量状况

北疆地区"非遗"的时令特征表现为集中于 6 月，8 月次之，而后散见于 1 月、3 月、4 月、7 月、10 月，不见于 2 月、5 月、9 月、11 月、12 月。

（2）乐器

北疆地区"非遗"乐器的数量状况如图 7-12 所示。

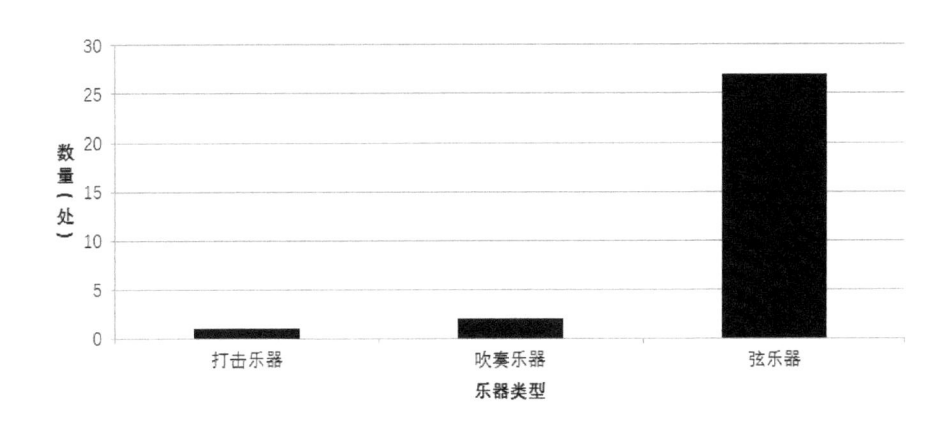

第 7 章　丝绸之路国内段各地区的非物质文化遗产基因特征

图 7–12　北疆地区"非遗"乐器的数量状况

北疆地区"非遗"乐器在种类分布上与南疆有异曲同工之妙，都是极度热衷于弦乐器，弦乐器种类便有 27 种，在数量上几乎是压倒性的存在；吹奏类的乐器只罕见于蒙古族与哈萨克族；打击乐器更是仅见于满族。

（3）说唱

北疆地区说唱"非遗"的数量状况图 7–13 所示。

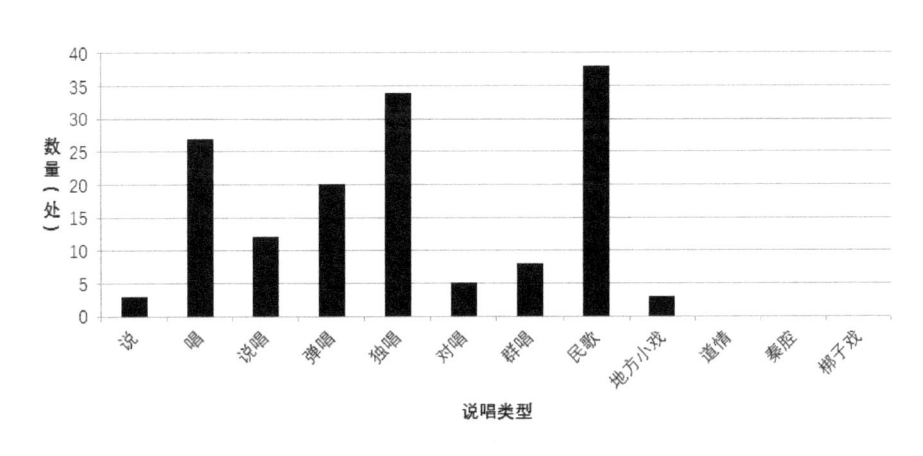

图 7–13　北疆地区说唱"非遗"的数量状况

北疆地区的说唱种类以民歌为主，数量庞大，辅以少许地方小戏；表现形式上独唱最多，群唱与对唱较少；表现方式上唱最多，弹唱稍次之，说唱也具有一定数量,说最少。

（4）文义

北疆地区各类文义特征"非遗"的数量状况如图7-14所示。

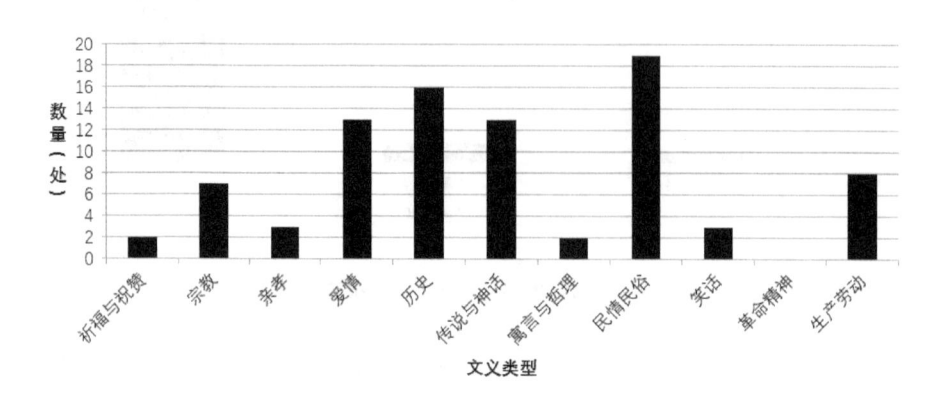

图7-14 北疆地区各类文义特征"非遗"的数量状况

北疆地区文义特征"非遗"最多的是民情民俗,其次是历史,爱情、传说与神话数量较高且相同位列第三,生产劳动、宗教数量较少,其余散见于笑话、祈福与祝赞、亲孝、寓言与哲理中。

（5）舞蹈

北疆地区各类舞蹈特征"非遗"的数量状况如图7-15所示。

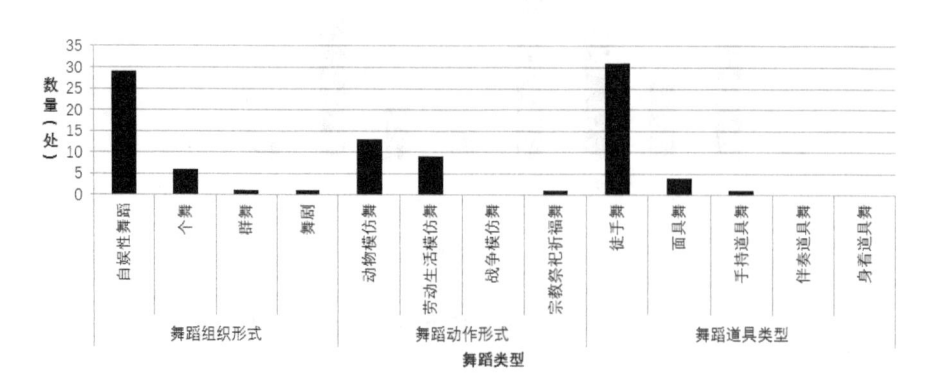

图7-15 北疆地区各类舞蹈特征"非遗"的数量状况

北疆地区的舞蹈组织形式数量最突出的是自娱性舞蹈，其次个舞较多，群舞与舞剧较少；舞蹈动作形式主要来源于动物模仿，其次来源于劳动生活模仿，宗教祭祀祈福舞较少；舞蹈道具类型绝大多数属于徒手舞，少量存在面具舞，手持道具舞最少。

（6）文化功能

北疆地区各类文化功能特征"非遗"的数量状况如图 7-16 所示。

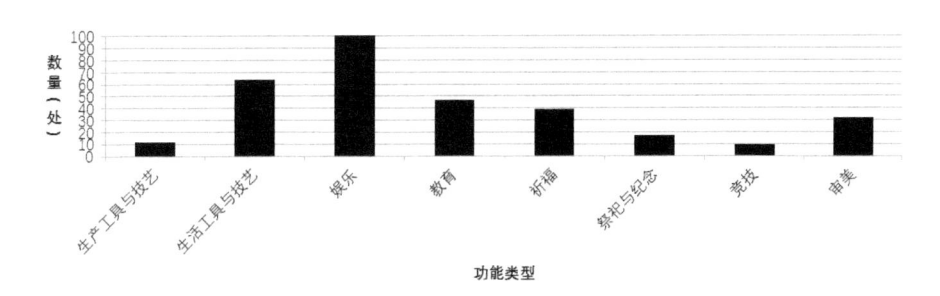

图 7-16 北疆地区各类文化功能特征"非遗"的数量状况

北疆地区"非遗"在文化功能上的娱乐最多，生活工具与技艺稍次，教育、祈福数量也较多且相似，审美再次之；祭祀与纪念数量较少，生产工具与技艺数量较少，竞技类数量最少。

7.3　河西走廊

1. 类型

河西走廊地区各类型"非遗"景观的数量状况如图 7-17 所示。

河西走廊地区的"非遗"总类分布上表现出了民俗占突出地位，民间舞蹈与民间音乐在数量上稍次之，传统戏剧、传统手工技艺、民间文学、民间美术和民间曲艺的数量皆相差无几且再次之，传统体育、游艺与杂技与传统医药数量最少。

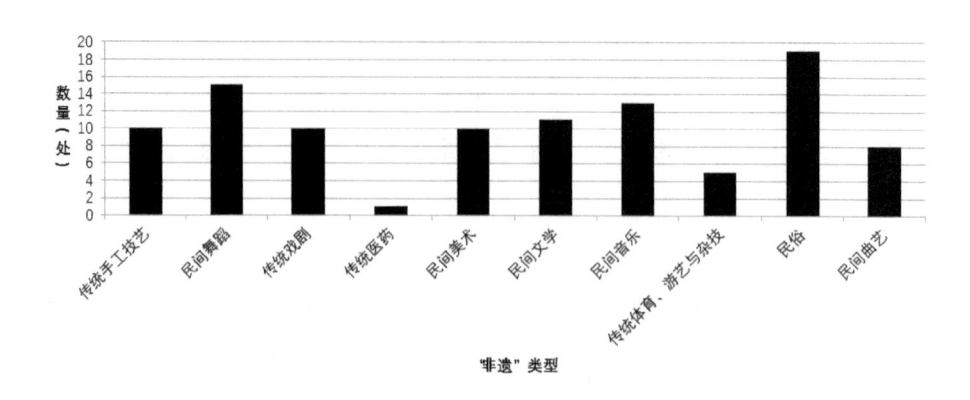

图 7-17　河西走廊地区各类型"非遗"景观的数量状况

2. 产生年代

河西走廊地区各年代产生的"非遗"景观数量状况如图 7-18 所示。

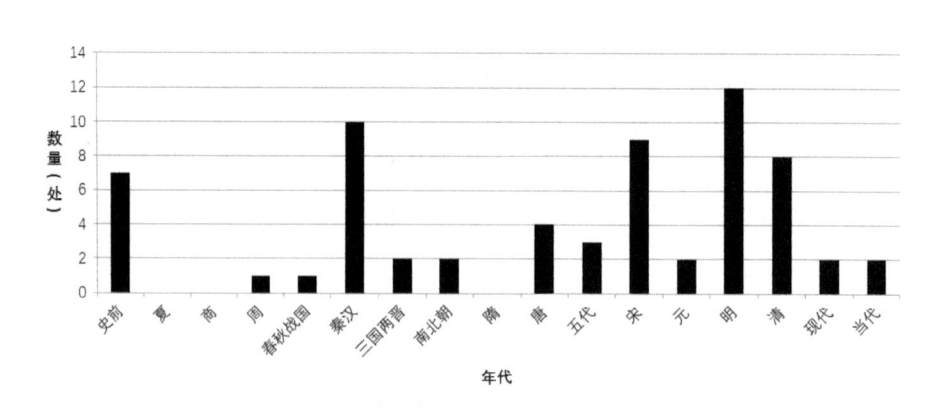

图 7-18　河西走廊地区各年代产生的"非遗"景观数量状况

河西走廊地区历史久远，自史前便已有大量"非遗"项目产生并流传至今，而后自周代起历朝历代皆有广泛分布。其中周代、春秋战国时期数量极少，在秦汉时期迎来一次大爆发，随即沉寂至唐代，期间稳定有少量"非遗"项目产生（隋代除外）。唐代以来，"非遗"项目的数量几乎呈现逐代上升的趋势，直至明清时期到达顶峰，但其中在元代出现了一次大幅度的数量下跌，而后在现当代依然有少量"非遗"项目产生。

3. 主要基因特点

（1）时令

河西走廊地区各时令"非遗"景观数量状况如图 7-19 所示。

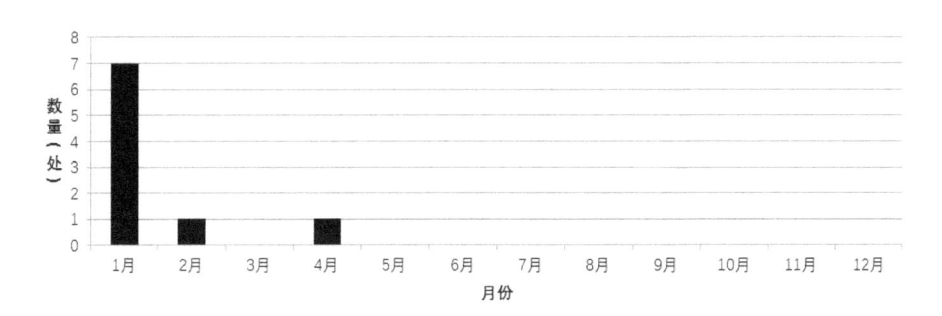

图 7-19　河西走廊地区各时令"非遗"景观的数量状况

河西走廊地区"非遗"的时令分布主要集中在 1 月，散见于 2 月、4 月，以汉族为主，但 4 月主要是裕固族"非遗"。

（2）乐器

河西走廊地区乐器"非遗"的数量状况如图 7-20 所示。

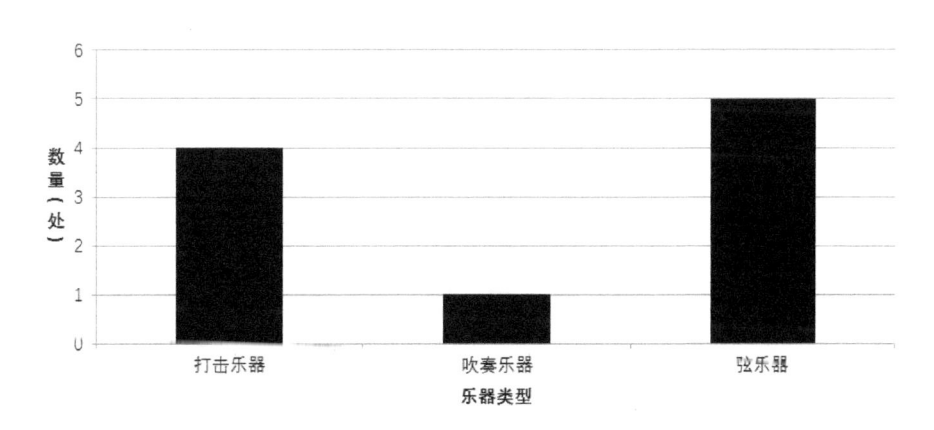

图 7-20　河西走廊地区乐器"非遗"的数量状况

河西走廊的乐器"非遗"数量分布上也表现了弦乐器数量最多的特征，但是打击乐器数量仅仅稍次之，而吹奏乐器数量最少。

（3）说唱

河西走廊地区说唱"非遗"的数量状况如图 7-21 所示。

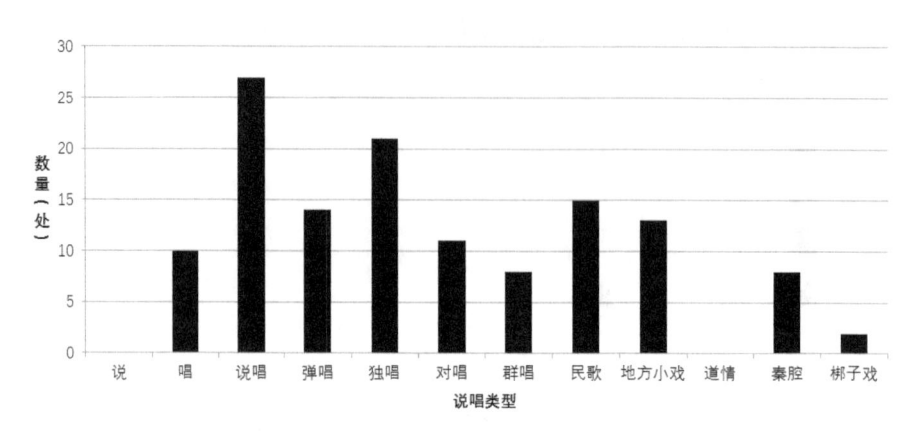

图 7-21 河西走廊地区说唱"非遗"的数量状况

河西走廊说唱种类丰富，其中民歌数量最多，地方小戏次之，秦腔数量再次之，梆子戏数量最少；表现形式上以独唱为主，对唱与群唱数量相仿且相对较少；表现方式上说唱数量最为丰富，弹唱稍次，唱的数量最少。

（4）文义

河西走廊地区各类文义特征"非遗"的数量状况如图 7-22 所示。

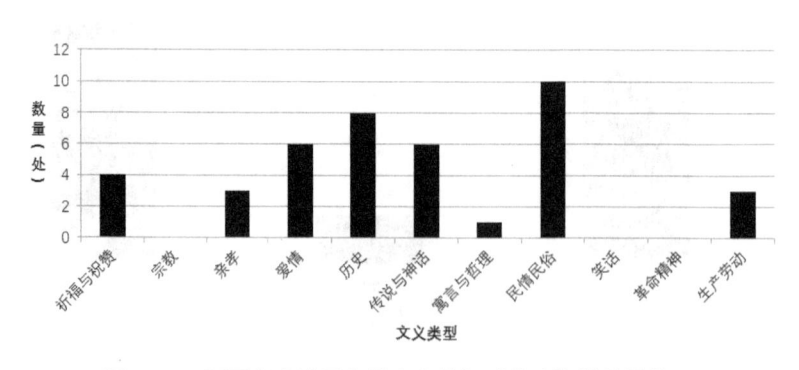

图 7-22 河西走廊地区各类文义特征"非遗"的数量状况

河西走廊地区"非遗"在文义特征上以民情民俗数量最多，历史数量稍次，传说与神话、爱情数量相同再次之，祈福与祝赞、生产劳动数量较少，寓言与哲理数量最少。

（5）舞蹈

河西走廊地区各类舞蹈特征"非遗"的数量状况如图7-23所示。

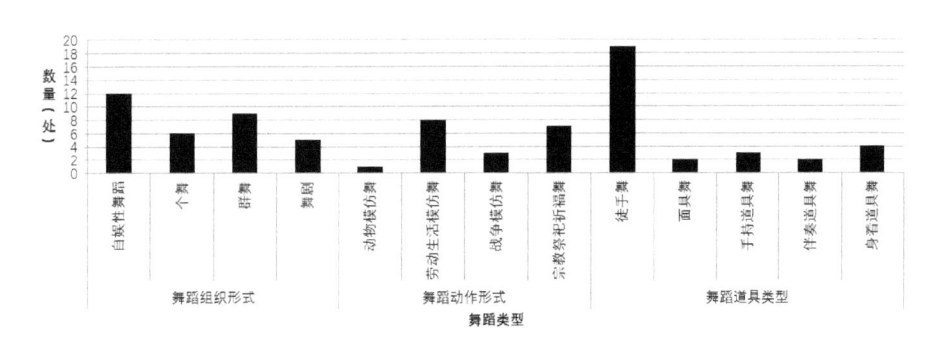

图7-23 河西走廊地区各类舞蹈特征"非遗"的数量状况

河西走廊地区舞蹈组织形式以自娱性舞数量最多，群舞数量稍次，个舞数量再次，舞剧最少；舞蹈动作形式中劳动生活模仿舞数量最多，宗教祭祀祈福舞的数量稍次，其余少见于动物模仿舞与战争模仿舞；舞蹈道具类型中徒手舞数量最多，身着道具舞居次，手持道具舞数量稍次于前者，其余散见于面具舞与伴奏道具舞。

（6）文化功能

河西走廊地区各类文化功能特征"非遗"的数量状况如图7-24所示。

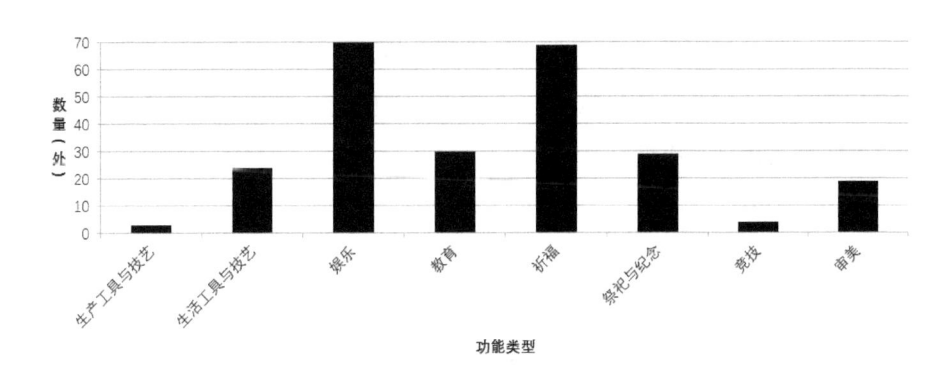

图7-24 河西走廊地区各类文化功能特征"非遗"的数量状况

河西走廊地区"非遗"的文化功能特征最突出的为娱乐、祈福，二者数量相仿且极多。教育、生活工具与技艺、祭祀与纪念数量相仿且较前者少，审美数量再次之，其余散见于竞技、生产工具与技艺。

7.4 陇南山地

1. 类型

陇南山地地区各类型"非遗"景观的数量状况如图7-25所示。

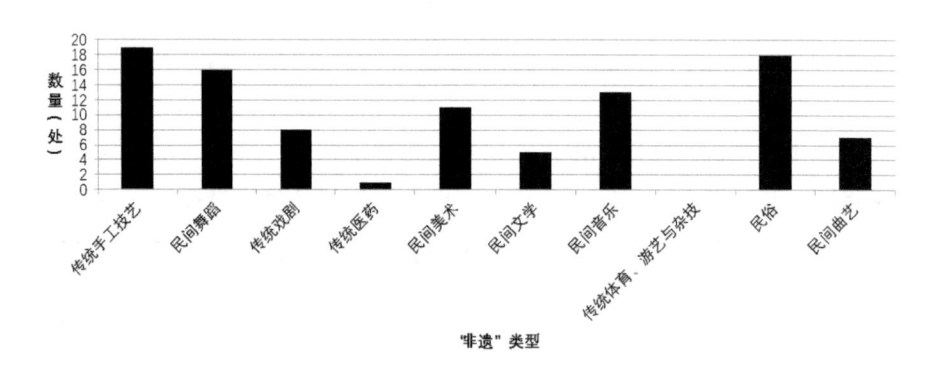

图7-25 陇南山地地区各类型"非遗"景观的数量状况

陇南山地"非遗"种类分布表现为传统手工技艺数量最为突出，民俗数量稍次之，民间舞蹈数量再次之；其他种类的数量较少，表现出民间音乐数量相对略多，民间美术数量次之，传统戏剧和民间曲艺数量再次之，民间文学和传统医药数量最少的特征。

2. 产生年代

陇南山地地区各年代产生的"非遗"景观数量状况如图7-26所示。

陇南山地"非遗"数量在史前迎来第一次大爆发，自周代以后少量均匀地产生直至隋代；到唐代迎来了数量上的第二次爆发，在数量上超过了史前时期；五代时期"非遗"的产生发生断层，宋代"非遗"数量恢复但种类不及唐代，元代"非遗"产生数量再次大幅度下跌，之后在明代迎来有史以来规模最大且种类最广泛的"非遗"数量爆发，直至清代始终能保持一个较高水平；到了现代，"非遗"产生再次断层，至于当代仅仅零星可见个别"非遗"产生。

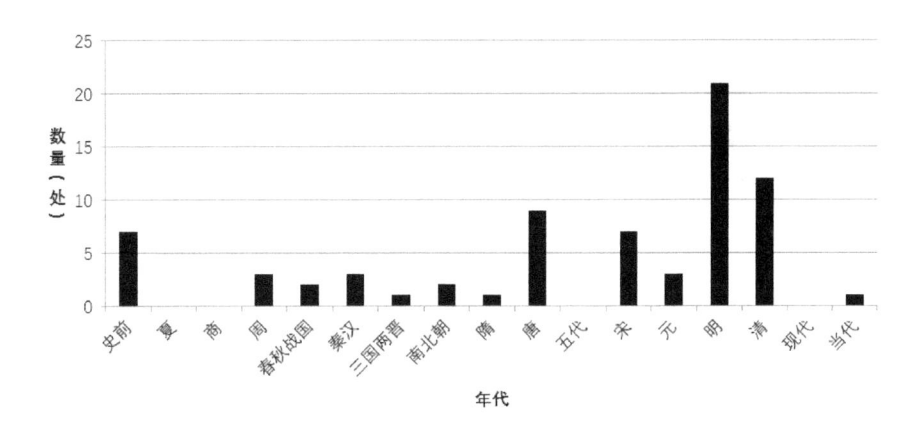

图 7-26 陇南山地地区各年代产生的"非遗"景观数量状况

3. 主要基因特点

（1）时令

陇南山地地区各时令"非遗"景观数量状况如图 7-27 所示。

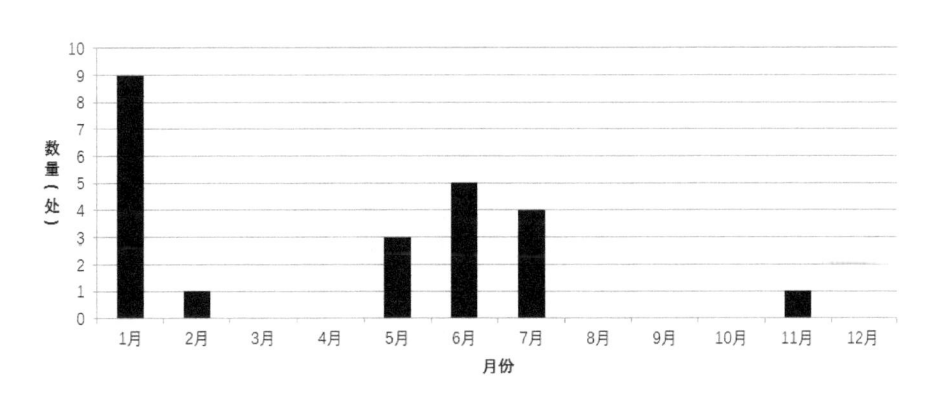

图 7-27 陇南山地地区各时令"非遗"景观的数量状况

陇南山地地区各时令"非遗"表现为1月数量最为突出，5月、6月、7月较为集中，2月、12月最少。

（2）乐器

陇南山地地区乐器"非遗"的数量状况如图7-28所示。

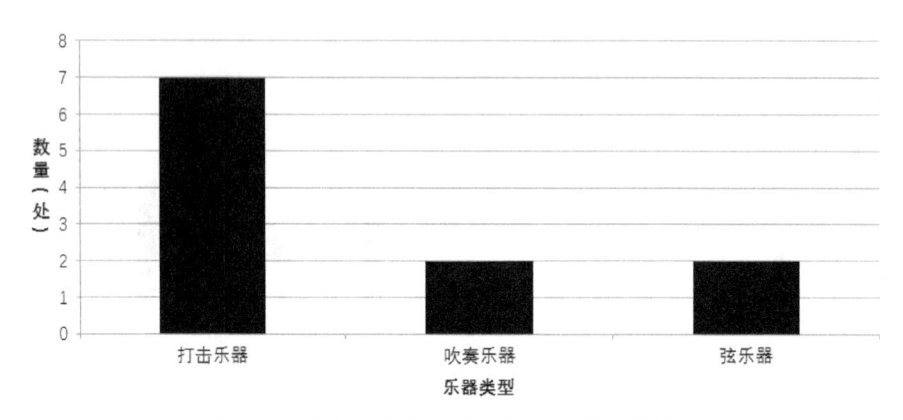

图7-28　陇南山地地区乐器"非遗"的数量状况

陇南山地地区对于乐器的喜好偏向于打击乐器类，其数量最多，弦乐器和吹奏乐器数量相仿且较打击乐器少。

（3）说唱

陇南山地地区说唱"非遗"的数量状况如图7-29所示。

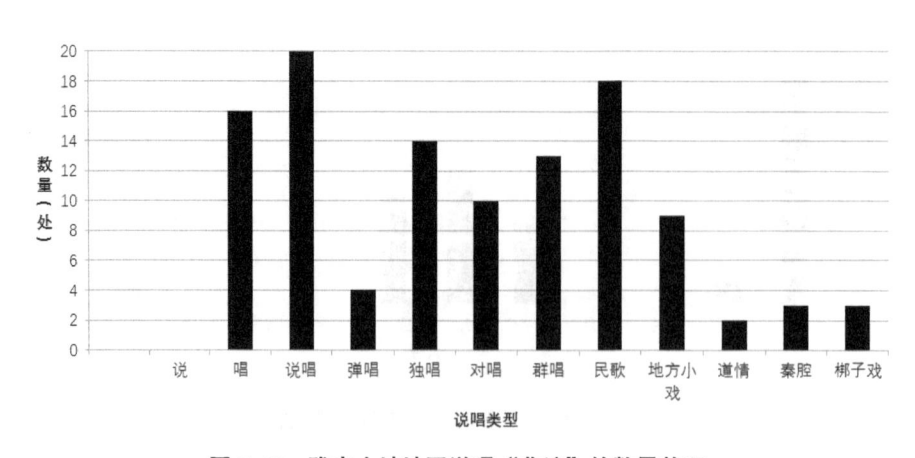

图7-29　陇南山地地区说唱"非遗"的数量状况

陇南山地地区说唱种类以地方小戏居多，民歌稍次，秦腔再次，道情更次，梆子戏最少；表现形式上独唱最多，群唱相对较少；表现方式上唱最多，弹唱的数量较其稍少，说唱数量更少，说最少。

（4）文义

陇南山地地区各类文义特征"非遗"的数量状况如图7-30所示。

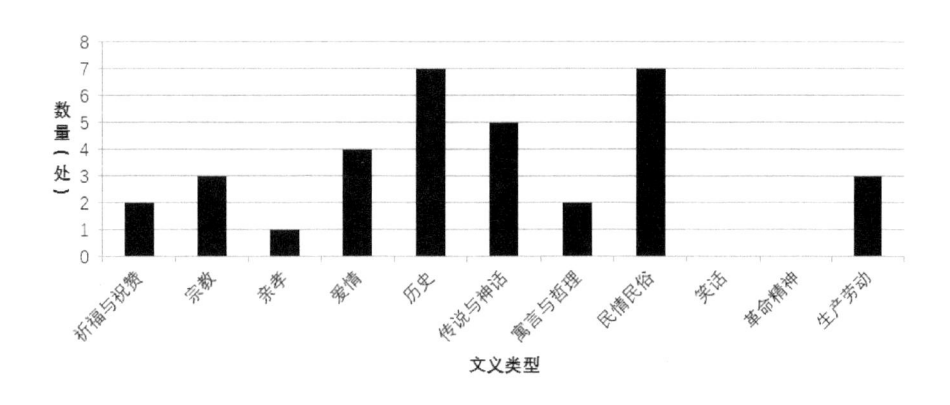

图7-30 陇南山地地区各类文义特征"非遗"的数量状况

陇南山地地区"非遗"的文义特征以历史、民情民俗数量最多，传说与神话居其次，爱情、生产劳动再次，其余散见于祈福与祝赞、宗教、亲孝、寓言与哲理中。

（5）舞蹈

陇南山地地区各类舞蹈特征"非遗"的数量状况如图7-31所示。

陇南山地地区的舞蹈组织形式中群舞数量最多，自娱性舞蹈数量较之稍少，个舞更少，舞剧最少；舞蹈动作形式以劳动生活模仿舞为主，宗教祭祀祈福舞次之，动物模仿舞的数量较少，战争模仿舞更为少见；舞蹈道具类型主要以徒手舞为主，其他种类数量较少但种类齐全，其中伴奏道具舞数量稍多些，面具舞次之，手持道具舞再次之，身着道具舞最少。

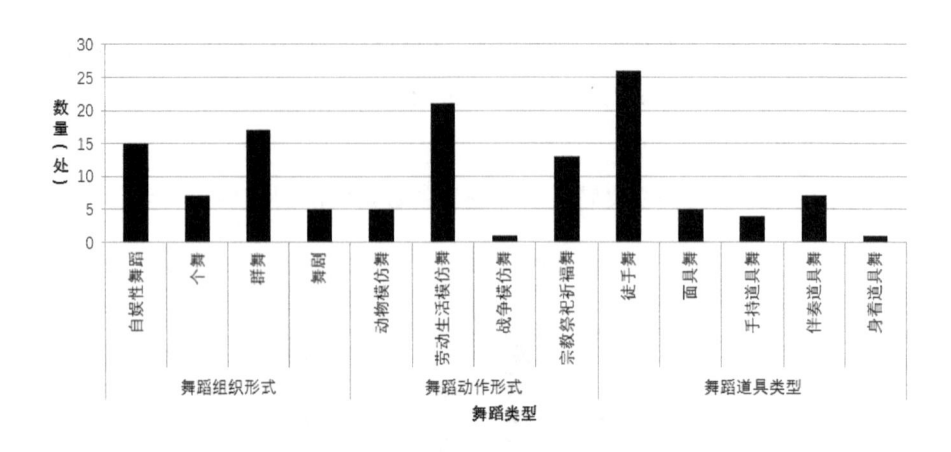

图 7-31 陇南山地地区各类舞蹈特征"非遗"的数量状况

（6）文化功能

陇南山地地区各类文化功能特征"非遗"的数量状况如图 7-32 所示。

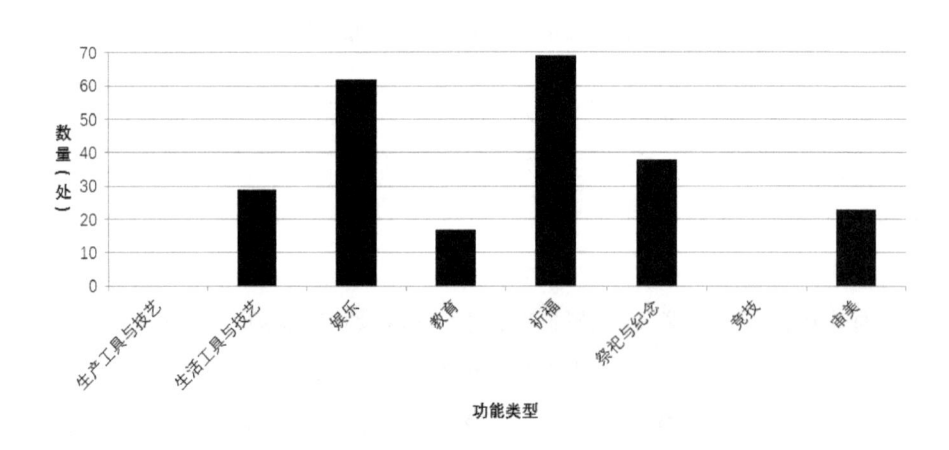

图 7-32 陇南山地地区各类文化功能特征"非遗"的数量状况

陇南山地地区"非遗"的文化功能特征主要集中在祈福、娱乐上，其中祈福数量最多，再次便是祭祀与纪念，生活工具与技艺稍次于前者，审美更次之，教育数量最少。

第 7 章　丝绸之路国内段各地区的非物质文化遗产基因特征

7.5　陕南山地

1. 类型

陕南山地地区各类型"非遗"景观的数量状况如图 7-33 所示。

陕南山地地区在"非遗"种类上表现出传统手工技艺数量突出，传统戏剧数量稍次之，民间舞蹈、民间美术、民间文学、民间音乐、民俗、民间曲艺的数量相差无几且再次之，传统医药和传统体育、游艺与杂技数量最少的现象。

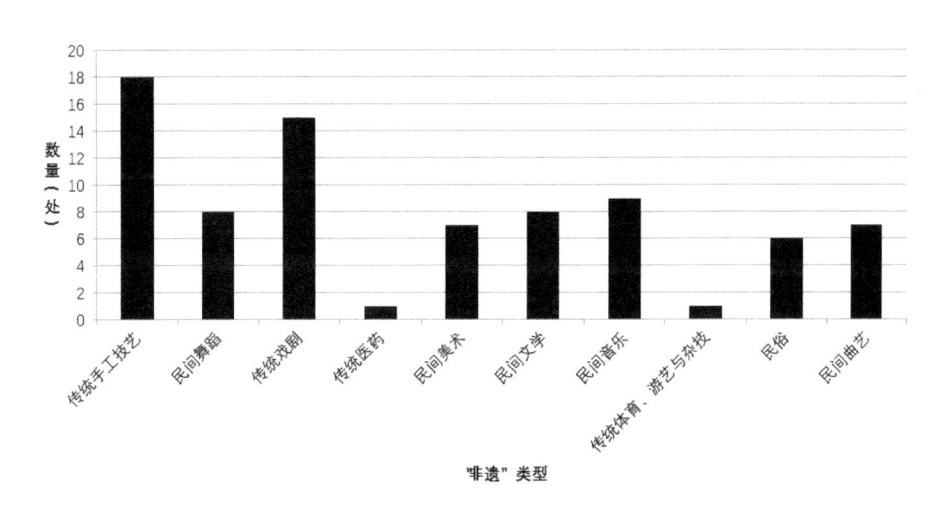

图 7-33　陕南山地各类型"非遗"景观的数量状况

2. 产生年代

陕南山地地区各年代产生的"非遗"景观数量状况如图 7-34 所示。

陕南山地地区的"非遗"产生年代在史前迎来第一次爆发，并且夏、商、周三代连绵不断地有"非遗"项目产生，在春秋战国时期呈现上升趋势，秦汉时期"非遗"数量再次到达一个新的高度；三国两晋时期"非遗"断层，南北朝时期只零星见少许,到隋代再次断层;唐代"非遗"产生的数量有了一定的恢复但总体不及史前时期,至五代时期再次断层,宋代亦仅见少许"非遗"产生,元代"非遗"产生依旧断代;直至明代"非遗"产生数量再次得到一定恢复,终于在清代"非遗"产生数量迎来了有史以来最大规模最全面的爆发,在数量上达到了前所未有的高度,远超任何一个时代;现当代"非遗"的产生状态仅保持着没有断层。

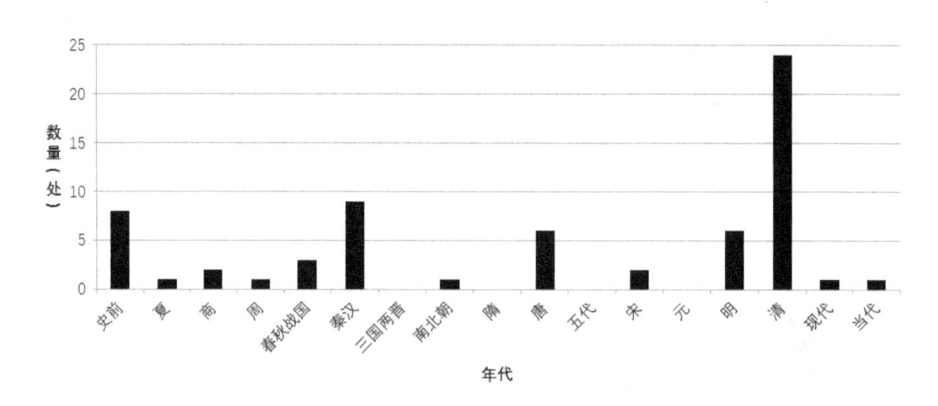

图 7-34　陕南山地地区各年代产生的"非遗"景观数量状况

3. 主要基因特点

（1）时令

陕南山地地区各时令"非遗"景观数量状况如图 7-35 所示。

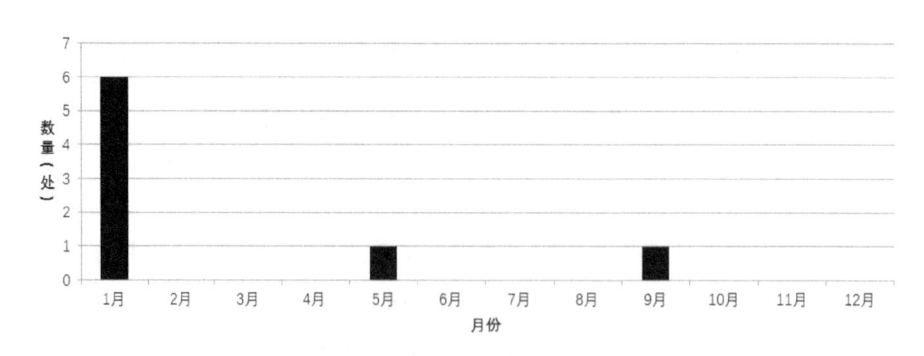

图 7-35　陕南山地地区各时令"非遗"景观的数量状况

陕南山地地区"非遗"在时令上表现为集中在 1 月,少见于 5 月、9 月的特征。

(2)乐器

陕南山地地区乐器"非遗"的数量状况如图 7-36 所示。

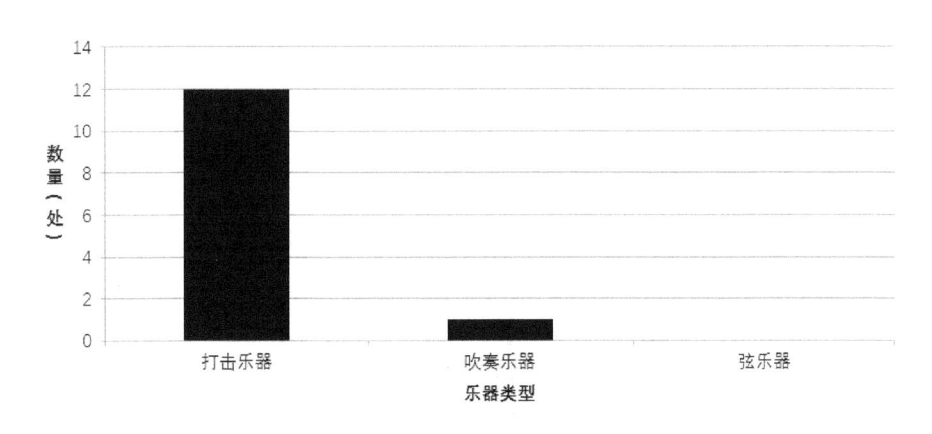

图 7-36　陕南山地地区乐器"非遗"的数量状况

陕南山地地区的"非遗"乐器种类中,打击乐器占据了绝对的统治地位,仅有极少的吹奏乐器,而弦乐器几乎不可见。

(3)说唱

陕南山地地区说唱"非遗"的数量状况如图 7-37 所示。

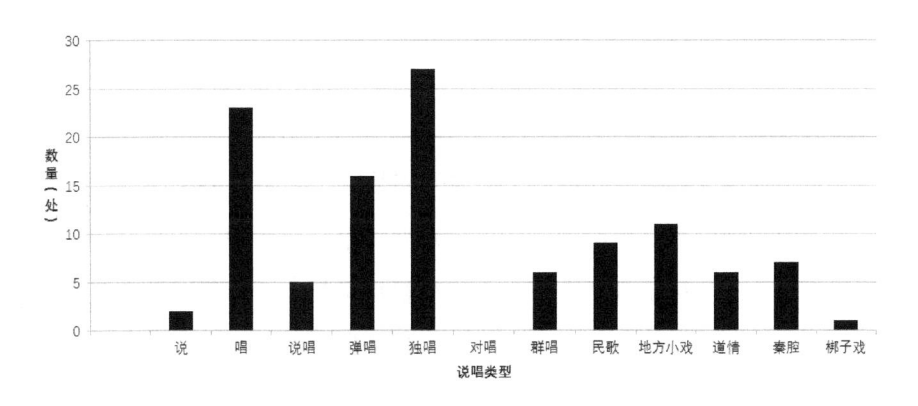

图 7-37　陕南山地地区说唱"非遗"的数量状况

陕南山地地区的说唱种类丰富，以地方小戏居多，民歌次之，秦腔、道情数量相仿且较之略少，梆子戏数量最少；表现形式主要以独唱为主，加之少许群唱；表现方式以唱最多，弹唱数量亦不菲，说唱数量较少，说最少。

（4）文义

陕南山地地区各类文义特征"非遗"的数量状况如图7-38所示。

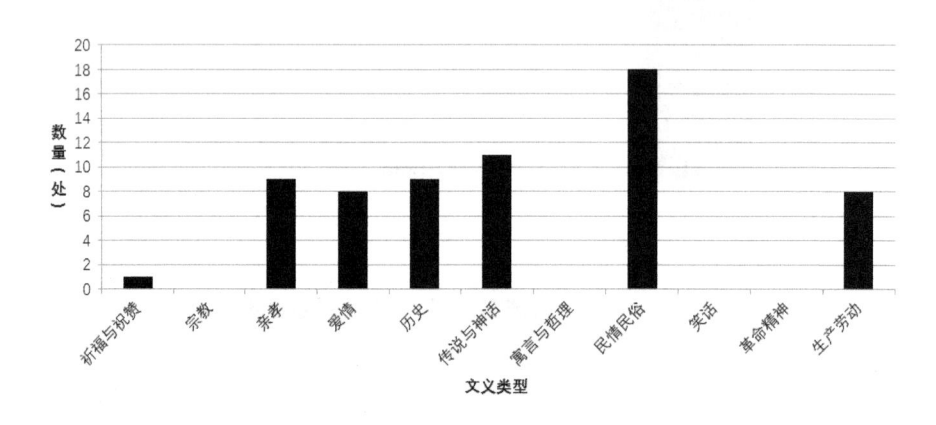

图 7-38 陕南山地地区各类文义特征"非遗"的数量状况

陕南山地地区文义以民情民俗数量最多，远超他类；传说与神话较其余略多；亲孝、历史、爱情、生产劳动四者数量相仿，其中后两者数量稍少些许；祈福与祝赞数量最少。

（5）舞蹈

陕南山地地区各类舞蹈特征"非遗"的数量状况如图7-39所示。

陕南山地地区舞蹈组织形式皆属自娱性舞蹈；舞蹈动作形式中劳动生活模仿舞最多，动物模仿舞次之，宗教祭祀祈福舞最少；舞蹈道具类型中伴奏道具舞数量最多，身着道具舞稍次，面具舞再次，徒手舞最少。

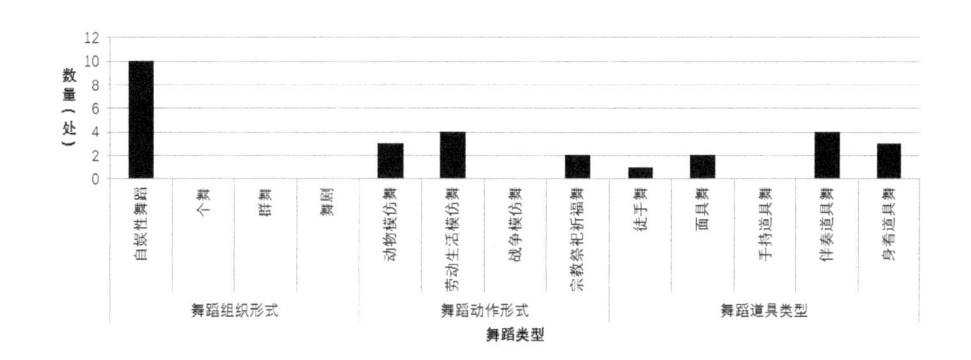

第 7 章　丝绸之路国内段各地区的非物质文化遗产基因特征

图 7–39　陕南山地地区各类舞蹈特征"非遗"的数量状况

（6）文化功能

陕南山地地区各类文化功能特征"非遗"的数量状况如图 7–40 所示。

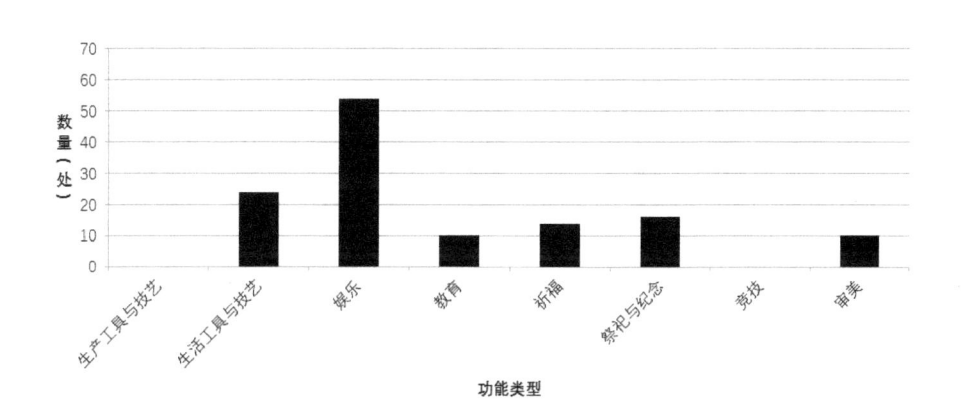

图 7–40　陕南山地地区各类文化功能特征"非遗"的数量状况

陕南山地地区"非遗"的文化功能以娱乐为主，生活工具与技艺为辅，其余散见于祭祀与纪念、祈福、教育、审美。

7.6 豫西山地

1. 类型

豫西山地地区各类型"非遗"景观的数量状况如图 7–41 所示。

豫西山地地区在"非遗"种类上数量最突出的是民间美术，其次是传统手工技艺，再次是民间文学，然后是传统戏剧；数量相对较少的按从多到少的顺序依次是民间舞蹈、民间曲艺、民间音乐、民俗、传统体育、游艺与杂技，但总体上数量相差不大；传统医药数量最少。总体上豫西山地地区的"非遗"种类发展全面且相对均衡。

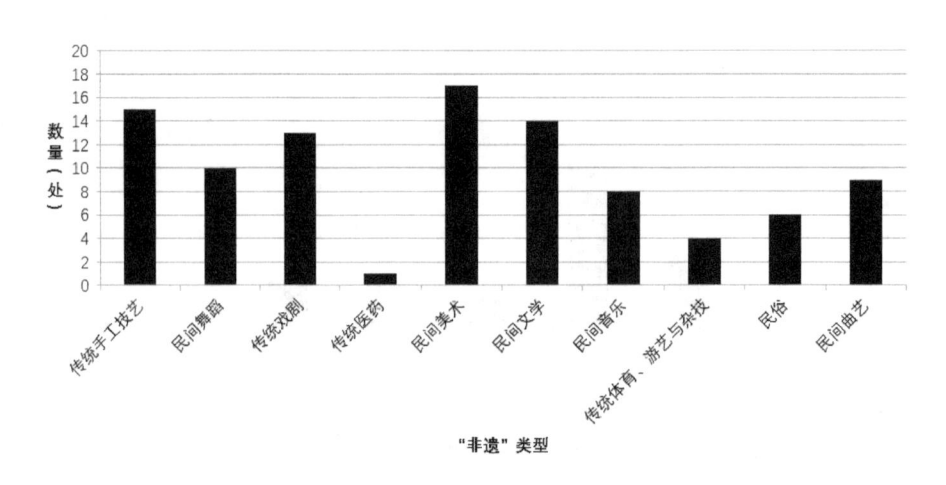

图 7-41　豫西山地地区各类型"非遗"景观的数量状况

2. 产生年代

豫西山地地区各年代产生的"非遗"景观数量状况如图 7–42 所示。

豫西山地地区"非遗"产生年代久远，于史前迎来一次爆发，夏代也有些许产生，经过商、周两代断层后在春秋战国时期重新涌现了一部分，接着在秦汉时期得到一次种类全面的爆发；三国两晋时期"非遗"产生再次断代，南北朝时期以及隋代只少见部分"非遗"产生；唐代是豫西山地地区"非遗"产生最集中、最全面的时期，其时产生的"非遗"数量达到了历史顶峰，但于五代时期骤然衰落以至于消失；宋代"非遗"产生数量有所恢复，元代则只有极少数，明清时期再次迎来了新一轮的爆发，而后直至现当代再无新的"非遗"产生。

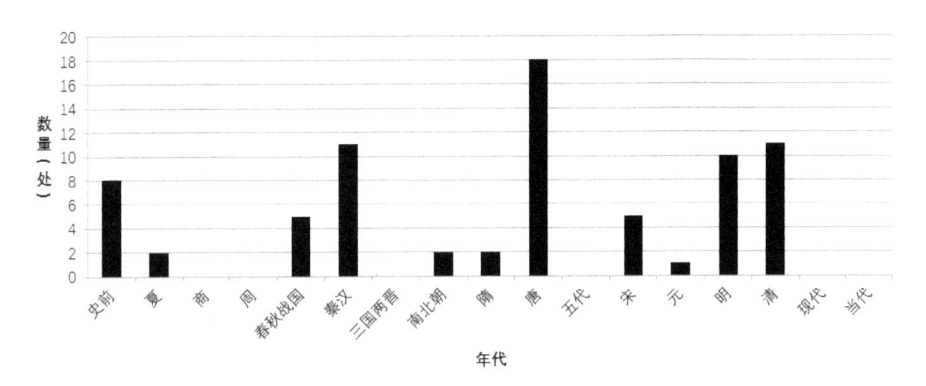

图 7-42 豫西山地地区各年代产生的"非遗"景观数量状况

3. 主要基因特点

（1）时令

豫西山地地区各时令"非遗"景观数量状况如图 7-43 所示。

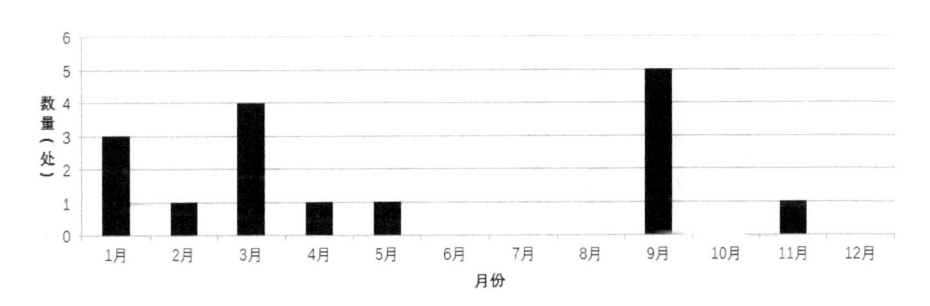

图 7-43 豫西山地地区各时令"非遗"景观的数量状况

豫西山地地区的时令分布主要集中在 9 月，1 月、3 月稍次之，然后散见于 2 月、4 月、5 月、12 月。

（2）乐器

豫西山地地区乐器"非遗"的数量状况如图7-44所示。

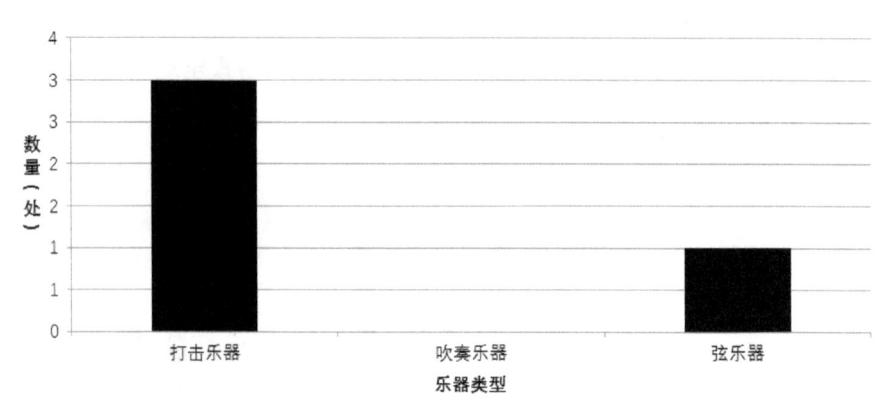

图7-44　豫西山地地区乐器"非遗"的数量状况

豫西山地地区的乐器种类以打击乐器居多，弦乐器较少，吹奏乐器几乎不可见。

（3）说唱

豫西山地地区说唱"非遗"的数量状况如图7-45所示。

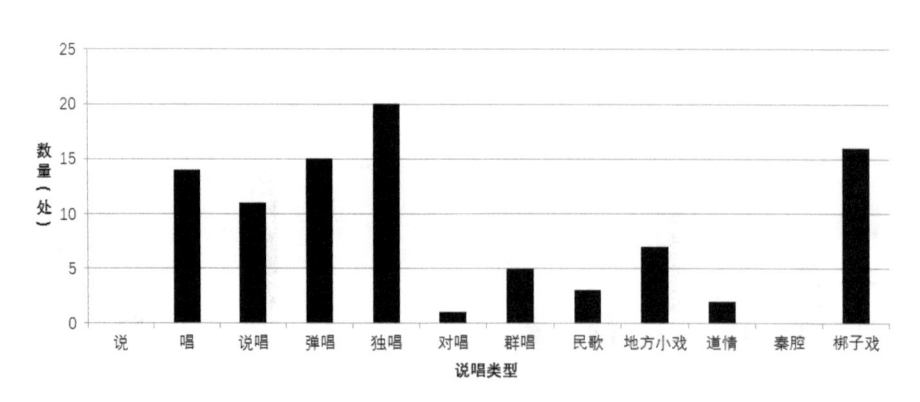

图7-45　豫西山地地区说唱"非遗"的数量状况

豫西山地地区的说唱种类中梆子戏最多，地方小戏其次，民歌再次；表现形式主要以独唱为主，加之少许群唱，对唱最少；表现方式以弹唱最多，

第 7 章　丝绸之路国内段各地区的非物质文化遗产基因特征

唱数量亦不菲，说唱数量相对较少。

（4）文义

豫西山地地区各类文义特征"非遗"的数量状况如图 7-46 所示。

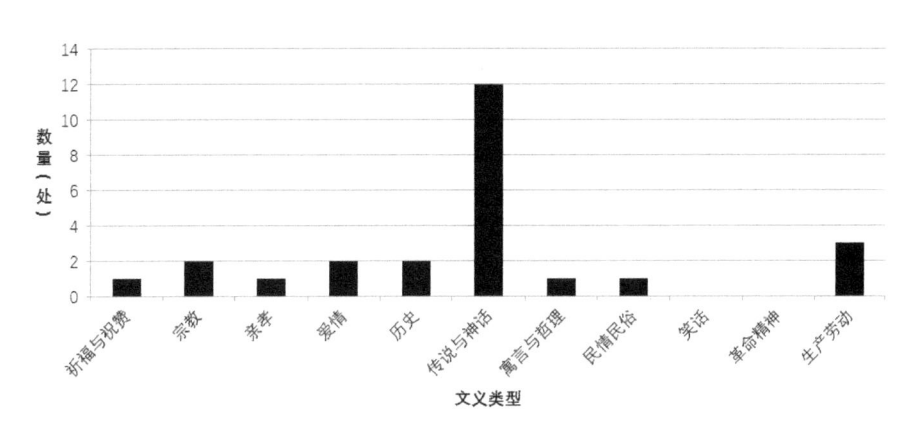

图 7-46　豫西山地地区各类文义特征"非遗"的数量状况

豫西山地地区"非遗"文义特征为传说与神话数量突出，其他类别数量稀少，其中生产劳动数量较他者稍多一点。

（5）舞蹈

豫西山地地区各类舞蹈特征"非遗"的数量状况如图 7-47 所示。

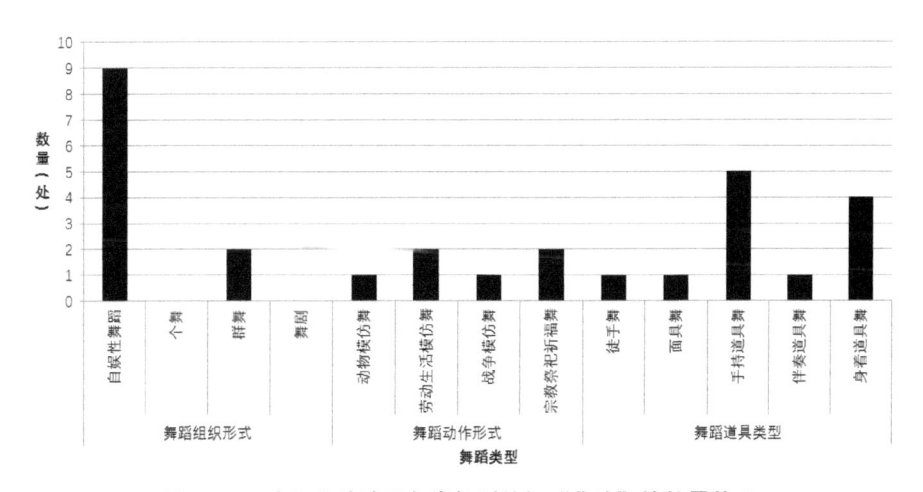

图 7-47　豫西山地地区各类舞蹈特征"非遗"的数量状况

豫西山地地区的舞蹈组织形式主要以自娱性舞蹈占绝大多数，辅以少量群舞；舞蹈动作形式上以劳动生活模仿舞与宗教祭祀祈福舞多而动物模仿舞与战争模仿舞少；舞蹈道具类型上以手持道具舞与身着道具舞数量最多，然后散见为徒手舞、面具舞、伴奏道具舞。

（6）功能

豫西山地地区各类文化功能特征"非遗"的数量状况如图7-48所示。

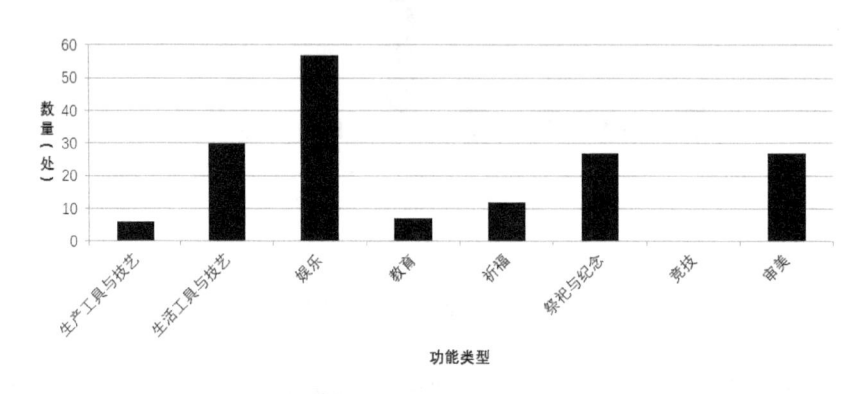

图 7-48　豫西山地地区各类文化功能特征"非遗"的数量状况

豫西山地地区"非遗"的文化功能特征中以娱乐数量最为丰富，其次是生活工具与技艺、祭祀与纪念、审美，祈福、教育、生产工具与技艺数量较少。

7.7　陇东黄土高原

1. 类型

陇东黄土高原地区各类型"非遗"景观的数量状况如图7-49所示。

陇东黄土高原地区的"非遗"归属特征中，传统手工技艺数量最突出，民间舞蹈、传统戏剧与民间美术几项数量相差不大而并居第二位，民间音乐数量略少于前者，民间文学、民俗与民间曲艺在数量上更少，但种类仍然相

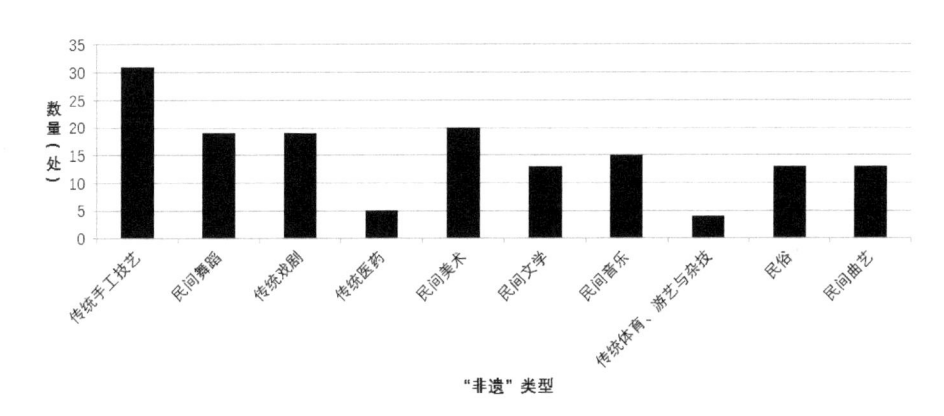

对丰富；传统医药和传统体育、游艺与杂技数量最少。

图 7-49　陇东黄土高原地区各类型"非遗"景观的数量状况

2. 产生年代

陇东黄土高原地区各年代产生的"非遗"景观数量状况如图 7-50 所示。

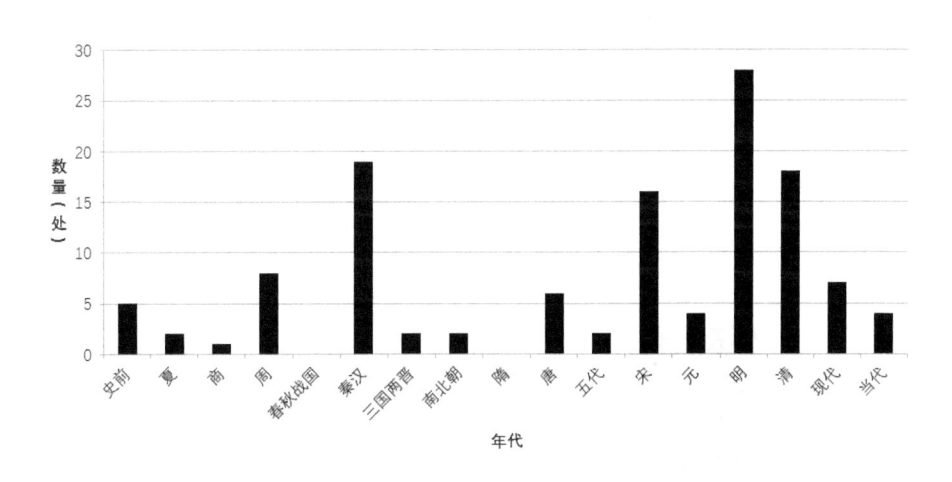

图 7-50　陇东黄土高原地区各年代产生的"非遗"景观数量状况

陇东黄土高原地区"非遗"产生年代分布十分广泛，除了春秋战国时期以及隋代之外，历朝历代都有"非遗"产生。其中"非遗"产生数量最突出的当属明代，数量极多；其次有三个高峰，以数量多少排序分别是清代、秦汉时期、宋代，三者相差不皆大；其余历朝历代"非遗"产生数量都较为稳定。

3. 主要基因特点

（1）时令

陇东黄土高原地区各时令"非遗"景观数量状况如图 7-51 所示。

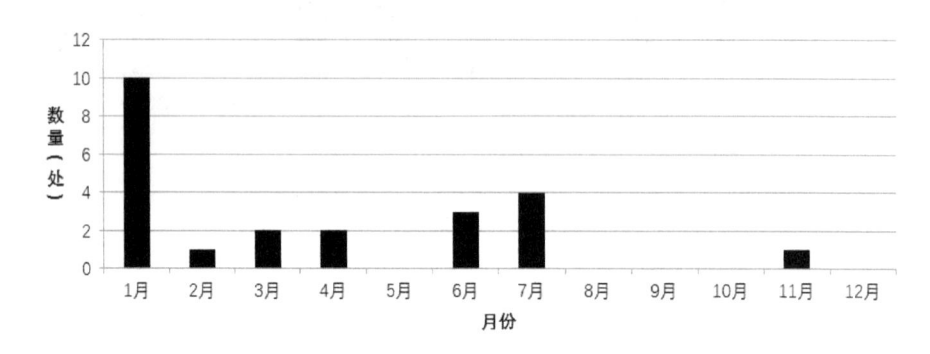

图 7-51　陇东黄土高原地区各时令"非遗"景观的数量状况

陇东黄土高原"非遗"的时令主要集中在 1 月，然后散见于 2 月、3 月、4 月、6 月、7 月、12 月，其中 6 月、7 月是小高峰，3 月、4 月数量相较 2 月、12 月稍多。

（2）乐器

陇东黄土高原地区乐器"非遗"的数量状况如图 7-52 所示。

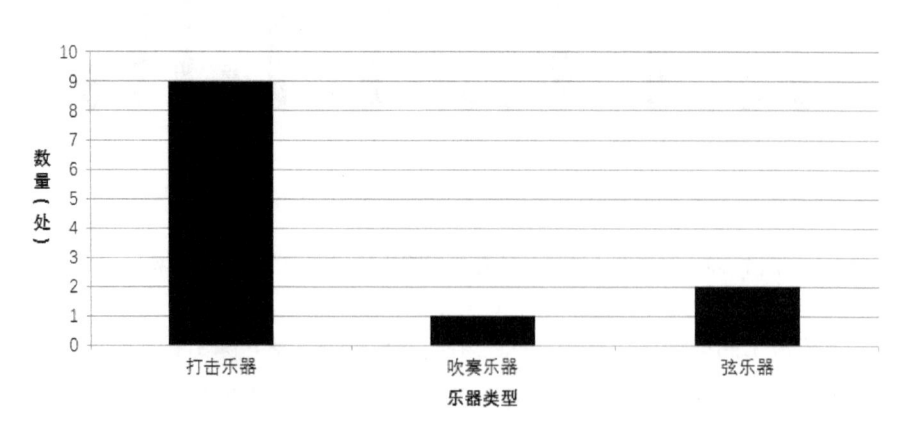

图 7-52　陇东黄土高原地区乐器"非遗"的数量状况

陇东黄土高原地区的乐器种类体现出打击乐器数量极为突出,弦乐较吹奏乐器略多但总量皆不大的特征。

(3)说唱

陇东黄土高原地区说唱"非遗"的数量状况如图7-53所示。

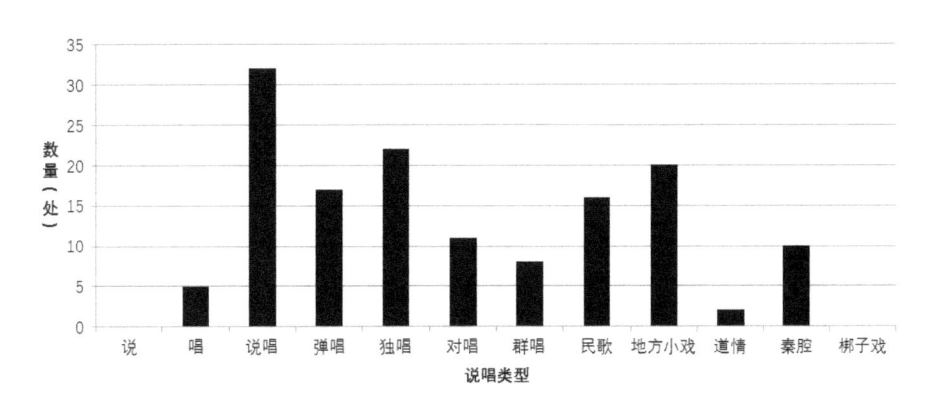

图7-53 陇东黄土高原地区说唱"非遗"的数量状况

陇东黄土高原地区说唱种类中地方小戏最多,民歌次之,秦腔再次,道情较少;表现形式主要以独唱为主,加之少许对唱,群唱最少;表现方式以说唱最多,弹唱稍次,唱数量较少。

(4)文义

陇东黄土高原地区各类文义特征"非遗"的数量状况如图7-54所示。

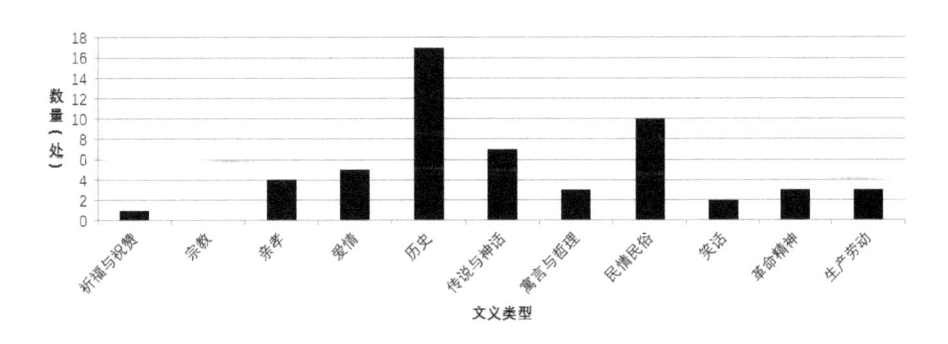

图7-54 陇东黄土高原地区各类文义特征"非遗"的数量状况

陇东黄土高原地区的文义特征"非遗"数量最多的是历史，民情民俗数量也很可观，之后便是传说与神话；爱情、亲孝数量相仿且较少，余下种类除宗教外皆散见些许。

（5）舞蹈

陇东黄土高原地区各类舞蹈特征"非遗"的数量状况如图 7-55 所示。

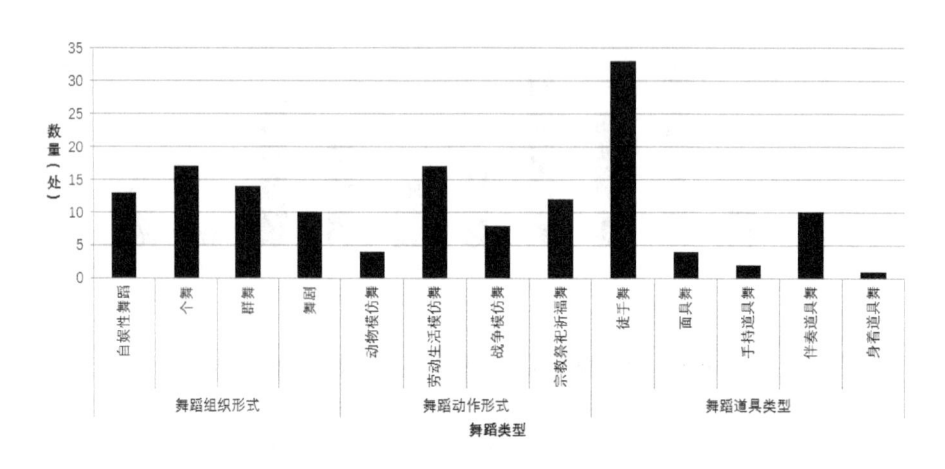

图 7-55　陇东黄土高原地区各类舞蹈特征"非遗"的数量状况

陇东黄土高原地区的舞蹈组织形式上，个舞、群舞以及自娱性舞蹈的数量相近且丰富，舞剧较之略少；舞蹈动作形式中劳动生活模仿舞数量最大，宗教祭祀祈福舞数量次之，战争模仿舞略少之，动物模仿舞数量最少；舞蹈道具类型中徒手舞数量最多，远超其余类型，伴奏道具舞数量次于徒手舞，余者数量皆较少，以数量多少排序为面具舞、手持道具舞、身着道具舞。

（6）文化功能

陇东黄土高原地区各类文化功能特征"非遗"的数量状况如图 7-56 所示。

陇东黄土高原地区"非遗"的功能以娱乐、祈福数量最为庞大，生活工具与技艺、教育、祭祀与纪念、审美数量次之，生产工具与技艺、竞技数量最少。

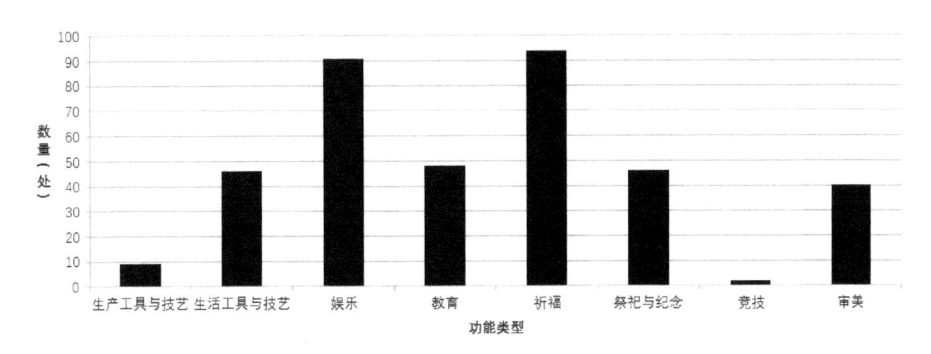

第 7 章　丝绸之路国内段各地区的非物质文化遗产基因特征

图 7-56　陇东黄土高原地区各类文化功能特征"非遗"的数量状况

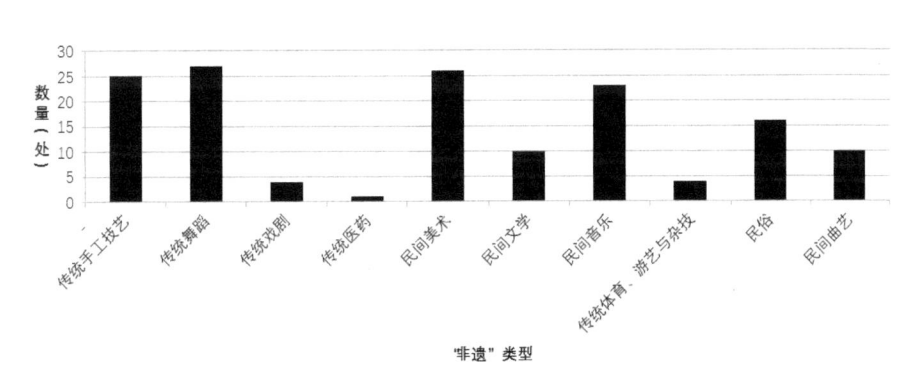

7.8　陕北黄土高原

1. 类型

陕北黄土高原地区各类型"非遗"景观的数量状况如图 7-57 所示。

图 7-57　陕北黄土高原地区各类型"非遗"景观的数量状况

陕北黄土高原地区的"非遗"种类中以民间舞蹈的数量为最，并且民间美术、传统手工技艺、民间音乐的数量都极多且数量相差不大。民俗的数量相对前者较少，民间文学和民间曲艺的数量相同且种类已不多。传统戏剧、传统体育、游艺与杂技数量相同且更少，数量最少的是传统医药。

2. 产生年代

陕北黄土高原地区各年代产生的"非遗"景观数量状况如图 7-58 所示。

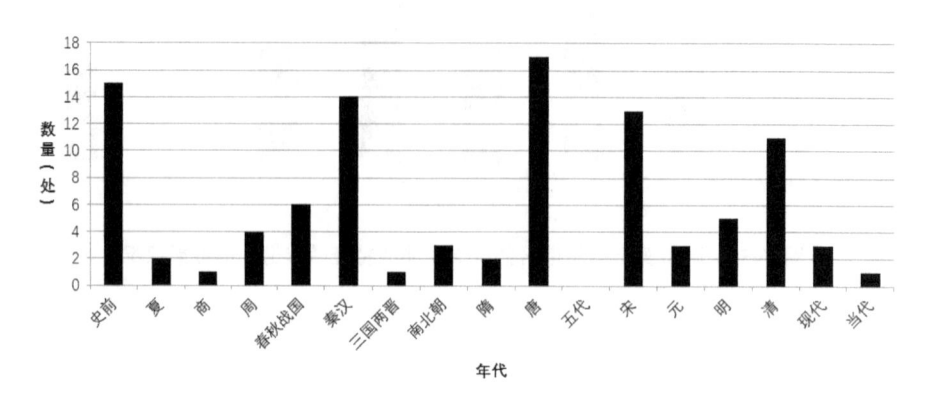

图 7-58 陕北黄土高原地区各年代产生的"非遗"景观数量状况

陕北黄土高原地区的"非遗"产生年代分布十分广泛，除五代时期外历朝历代都不乏新的"非遗"产生，其中唐代是"非遗"产生数量最丰富的时期，另有几次集中爆发的时期以数量多寡排序为：宋代、史前时期、秦汉时期、清代，且四者数量接近。其余历代的"非遗"产生数量皆较少。

3. 主要基因特点

（1）时令

陕北黄土高原地区各时令"非遗"景观数量状况如图 7-59 所示。

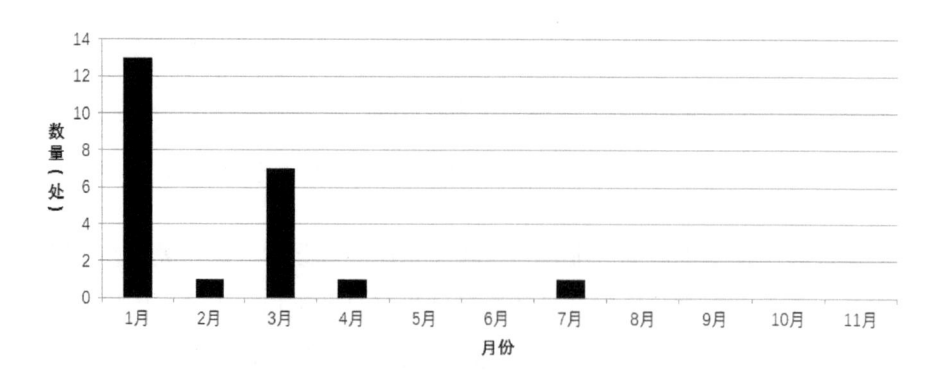

图 7-59 陕北黄土高原地区各时令"非遗"景观的数量状况

陕北黄土高原地区的"非遗"时令上主要集中在 1 月，另在 3 月有一个小高峰，其余仅散见于 2 月、4 月、7 月。

（2）乐器

陕北黄土高原地区乐器"非遗"的数量状况如图 7-60 所示。

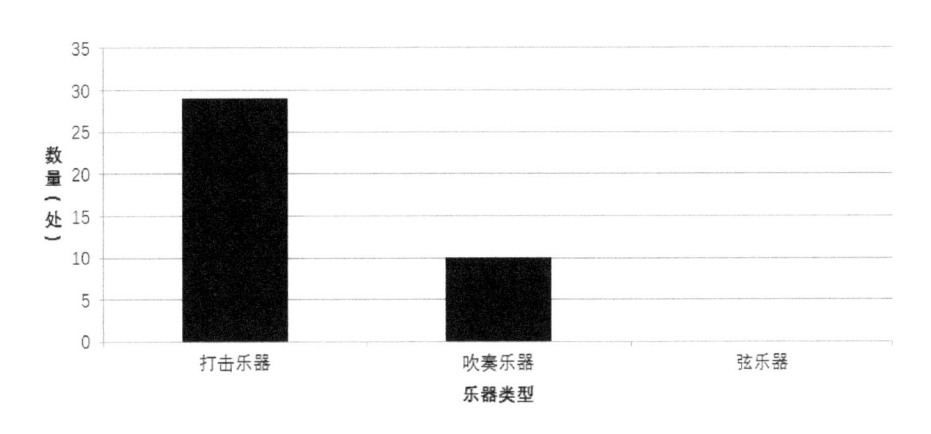

图 7-60　陕北黄土高原地区乐器"非遗"的数量状况

陕北黄土高原地区的乐器"非遗"主要是以打击乐器为主，其种类极丰富。吹奏乐器数量约为打击乐器数量的 1/3。

（3）说唱

陕北黄土高原地区说唱"非遗"的数量状况如图 7-61 所示。

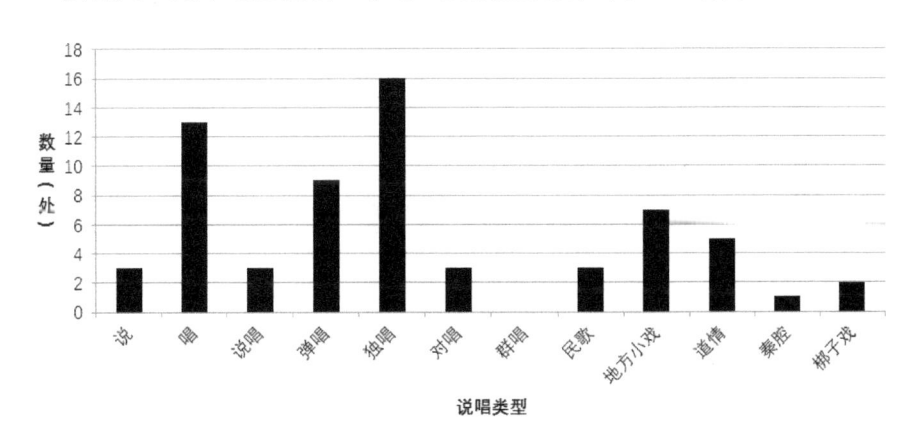

图 7-61　陕北黄土高原地区说唱"非遗"的数量状况

陕北黄土高原地区说唱种类中地方小戏最多，道情次之，民歌再次，梆子戏较少，秦腔最少；表现形式主要以独唱为主，加之少许对唱。表现方式以唱最多，弹唱稍次，说唱和说数量较少。

（4）文义

陕北黄土高原地区各类文义特征"非遗"的数量状况如图7-62所示。

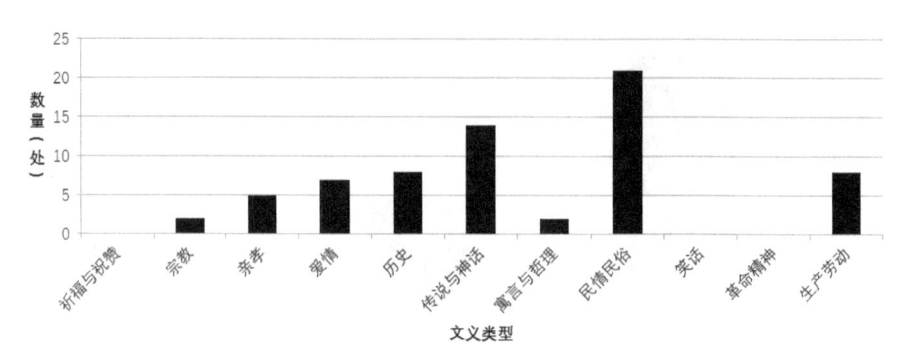

图7-62 陕北黄土高原地区各类文义特征"非遗"的数量状况

陕北黄土高原地区的"非遗"文义特征以民情民俗数量最多，传说与神话数量稍次些，生产劳动、历史、爱情数量相仿再次之；亲孝数量较少，宗教、寓言与哲理数量最少。

（5）舞蹈

陕北黄土高原地区各类舞蹈特征"非遗"的数量状况如图7-63所示。

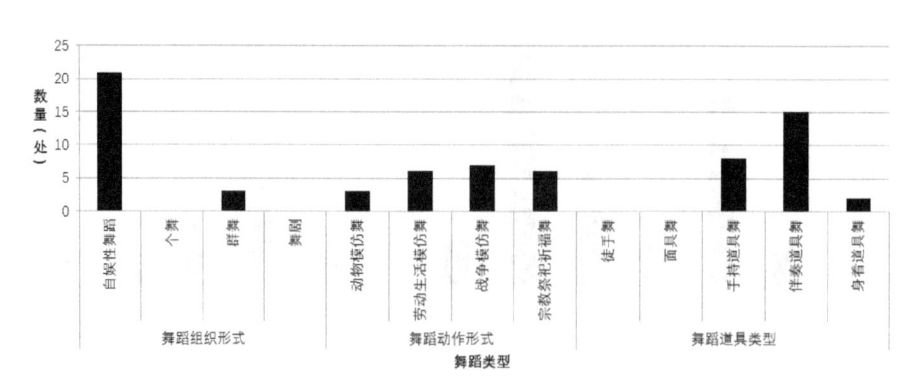

图7-63 陕北黄土高原地区各类舞蹈特征"非遗"的数量状况

陕北黄土高原地区的舞蹈组织形式以自娱性舞蹈为主，加之少量群舞；舞蹈动作形式以战争模仿舞数量最多，劳动生活模仿舞与宗教祭祀祈福舞数量相同且稍次之，动物模仿舞数量最少；舞蹈道具类型中伴奏道具舞数量最多，手持道具舞次之，身着道具舞最少。

（6）文化功能

陕北黄土高原地区各类文化功能特征"非遗"的数量状况如图7-64所示。

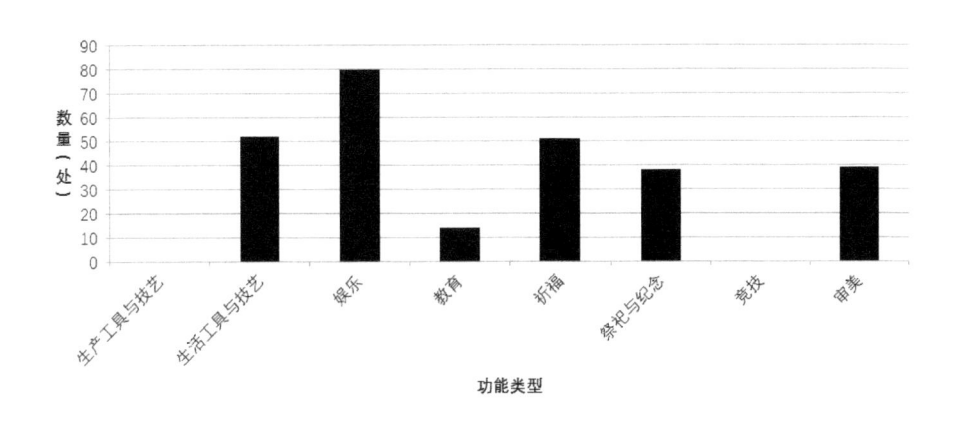

图 7-64　陕北黄土高原地区各类文化功能特征"非遗"的数量状况

陕北黄土高原地区"非遗"的文化功能中娱乐占据主要地位，其次是生活工具与技艺、祈福，再次是审美、祭祀与纪念，教育最少。

7.9　关中平原

1. 类型

关中平原地区各类型"非遗"景观的数量状况如图7-65所示。

关中平原地区的"非遗"种类里，传统手工技艺的数量占据绝对领先地位，民俗和民间舞蹈的数量相仿，居于次位；其余以数量多寡排列为民间美术、传统戏剧、民间音乐、民间曲艺；数量较少的为民间文学和传统体育、游艺与杂技；数量最少的为传统医药。

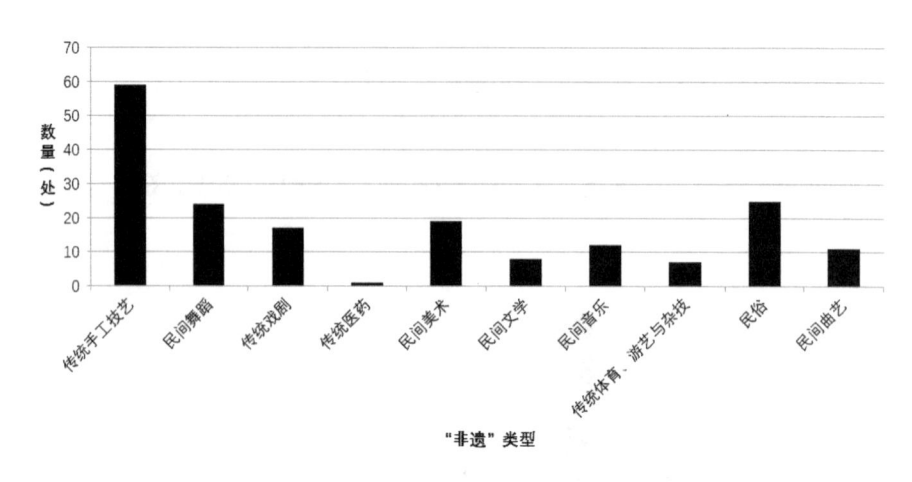

图 7-65 关中平原地区各类型"非遗"景观的数量状况

2. 产生年代

关中平原地区各年代产生的"非遗"景观数量状况如图 7-66 所示。

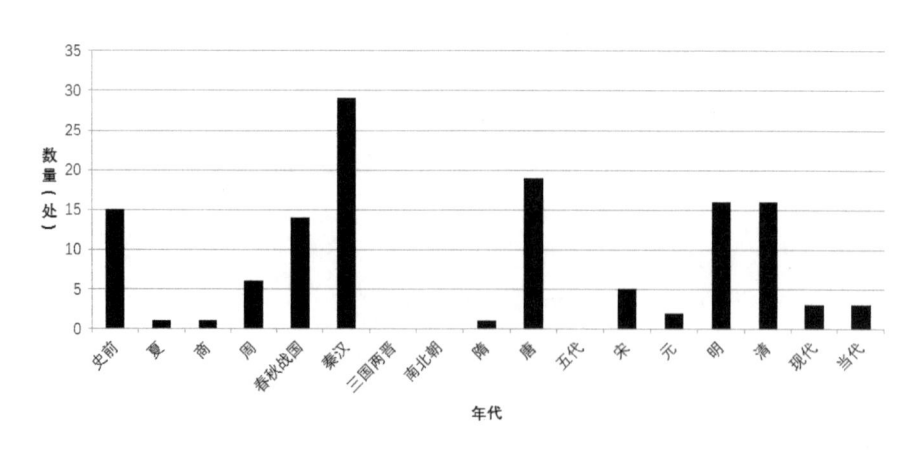

图 7-66 关中平原地区各年代产生的"非遗"景观数量状况

关中平原地区的"非遗"产生年代自史前第一次大爆发后，自夏代起数量逐代增加，至秦汉时期达到历史顶峰，而后骤然断层，直至隋代方才依稀有恢复趋势；唐代突生大量"非遗"，数量直追秦汉时期，然后五代时期陡然沉寂，宋、元两代亦是仅零星可见；明清时期"非遗"开始大量踊跃产生，两时期数量相仿。现当代也可见些许新兴"非遗"产生。

3. 主要基因特点

（1）时令

关中平原地区各时令"非遗"景观数量状况如图7-67所示。

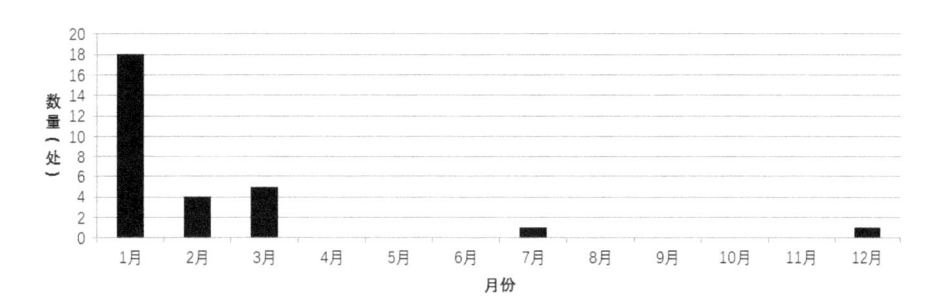

图7-67 关中平原地区各时令"非遗"景观的数量状况

关中平原地区"非遗"时令上主要集中于1月，2月、3月亦有不少，散见于7月、12月。

（2）乐器

关中平原地区乐器"非遗"的数量状况如图7-68所示。

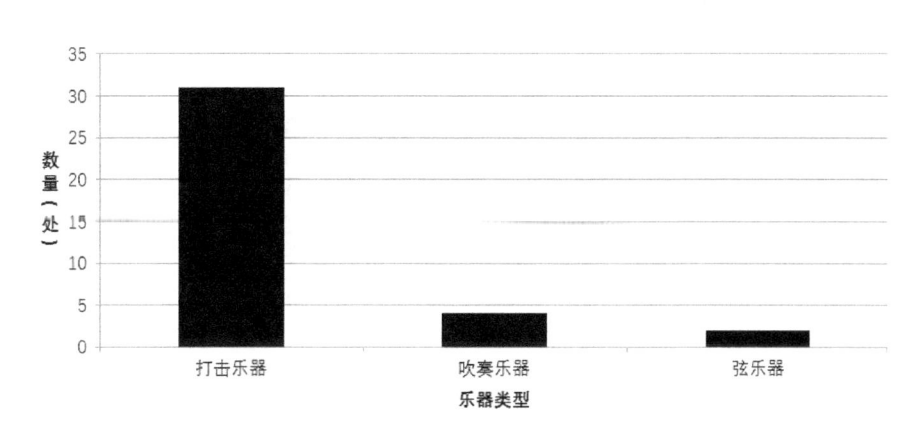

图7-68 关中平原地区乐器"非遗"的数量状况

关中平原地区的乐器"非遗"主要以打击乐器为主，辅以少量吹奏乐器与些许弦乐器。

（3）说唱

关中平原地区说唱"非遗"的数量状况如图 7-69 所示。

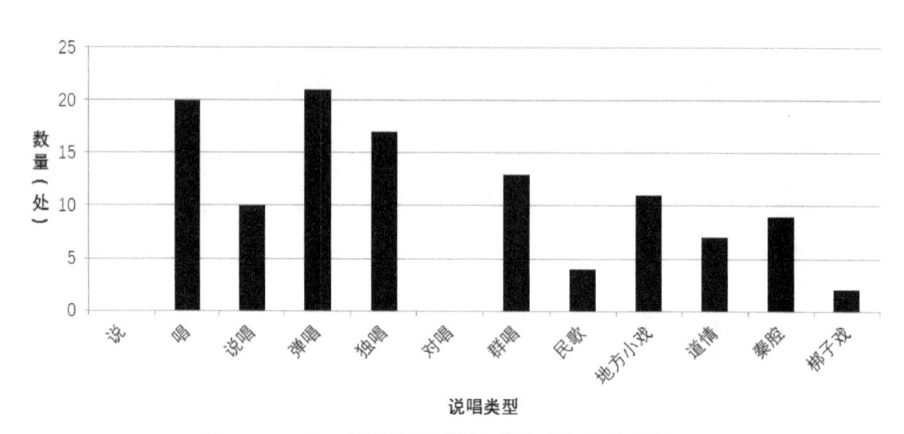

图 7-69　关中平原地区说唱"非遗"的数量状况

关中平原地区说唱种类以地方小戏最多，秦腔稍次，道情再次，民歌较少，梆子戏最少；表现形式独唱最多，群唱稍次；表现方式以弹唱最多，唱稍次，说唱再次。

（4）文义

关中平原地区各类文义特征"非遗"的数量状况如图 7-70 所示。

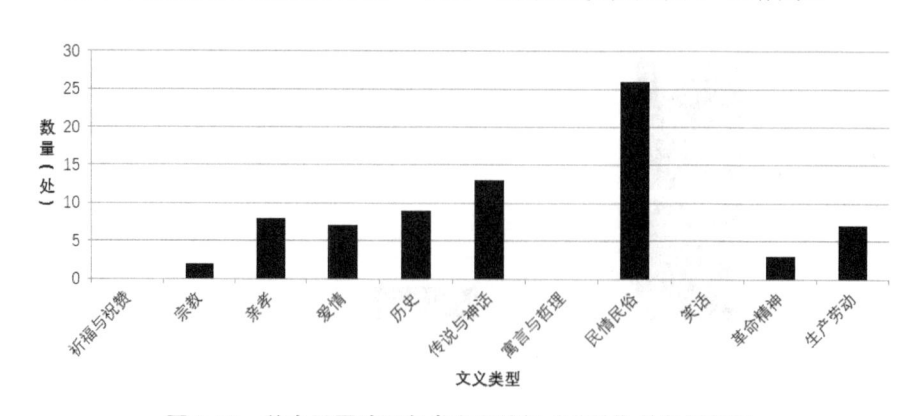

图 7-70　关中平原地区各类文义特征"非遗"的数量状况

关中平原"非遗"文义中数量最庞大的是民情民俗,远超余类;传说与神话数量较余者略多,亲孝、爱情、历史、生产劳动数量相仿且稍次于前者,宗教、革命精神数量最少。

（5）舞蹈

关中平原地区各类舞蹈特征"非遗"的数量状况如图 7-71 所示。

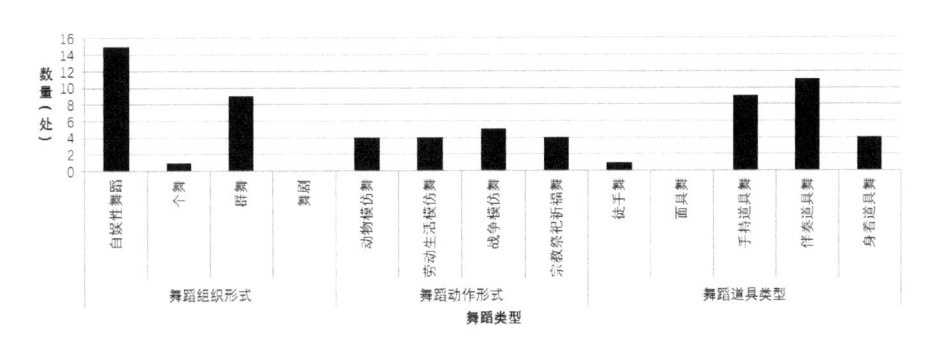

图 7-71　关中平原地区各类舞蹈特征"非遗"的数量状况

关中平原地区的舞蹈组织形式以自娱性舞蹈最多,群舞次之,个舞最少;各类舞蹈动作形式数量皆相仿,仅战争模仿舞稍多一些;舞蹈道具类型以伴奏道具舞最多,手持道具舞数量稍次,身着道具舞数量便已较少,徒手舞数量最少。

（6）文化功能

关中平原地区各类文化功能特征"非遗"的数量状况如图 7-72 所示。

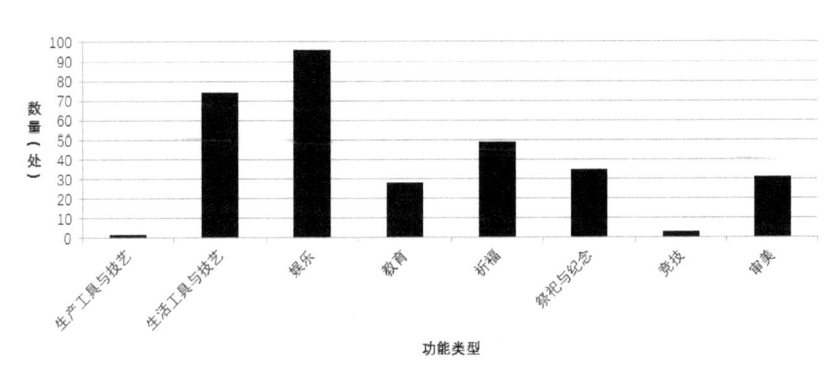

图 7-72　关中平原地区各类文化功能特征"非遗"的数量状况

关中平原地区"非遗"文化功能中以娱乐、生活工具与技艺数量最多，其中娱乐数量最丰富；祈福数量亦不少，但相去娱乐甚远；审美、祭祀与纪念、教育数量相仿且略少于祈福，竞技数量最少。

7.10 豫东黄河平原

1. 类型

豫东黄河平原地区各类型"非遗"景观的数量状况如图7-73所示。

豫东黄河平原地区的"非遗"种类中，传统手工技艺、传统戏剧、民间舞蹈数量丰富，位居第一梯队，其中传统手工技艺数量最丰富；第二梯队之内也是数量相仿，包括民间美术、民俗、民间文学、民间音乐、传统体育、游艺与杂技；传统医药的种类较少，但较之其他地区而言大幅增加；民间曲艺数量最少。

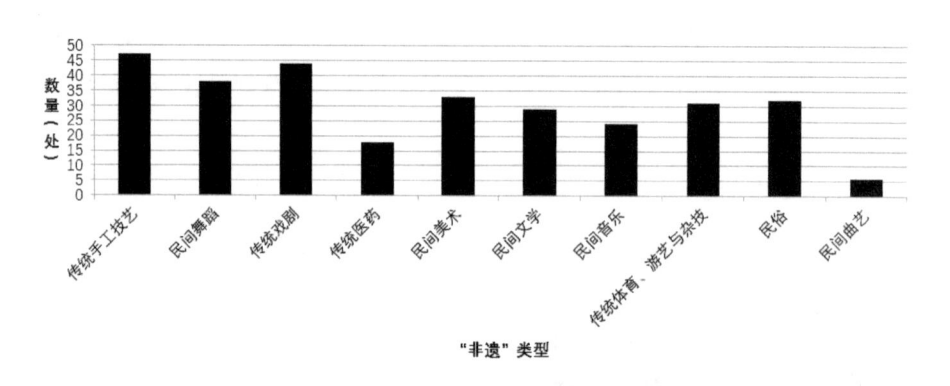

图7-73 豫东黄河平原地区各类型"非遗"景观的数量状况

2. 产生年代

豫东黄河平原地区各年代产生的"非遗"景观数量状况如图7-74所示。

豫东黄河平原地区的"非遗"产生年代以清代数量最多，其余高峰期为唐代、宋代、明代，此外小爆发于史前、春秋战国、秦汉三个时期；除周代、

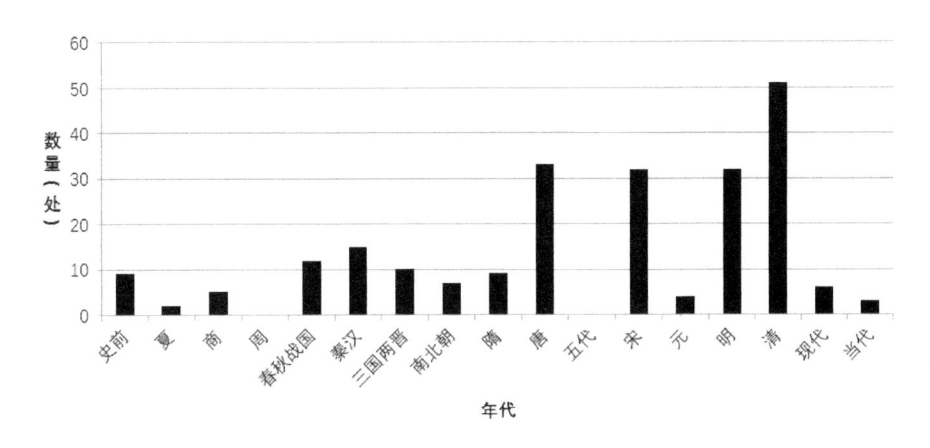

五代时期断层以外，散见于其他时期。

图 7-74　豫东黄河平原地区各年代产生的"非遗"景观数量状况

3. 主要基因特点

（1）时令

豫东黄河平原地区各时令"非遗"景观数量状况如图 7-75 所示。

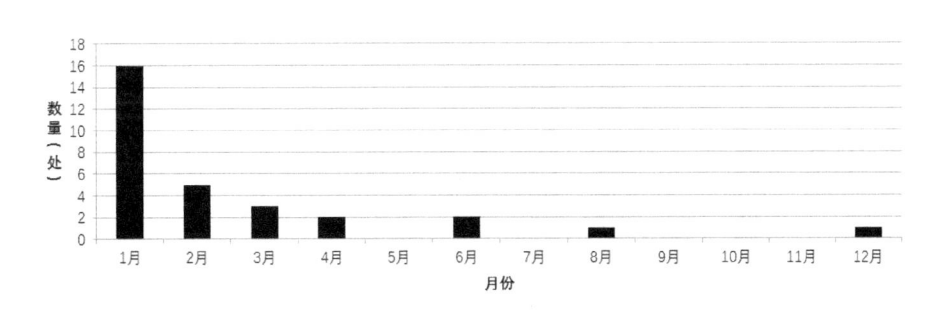

图 7-75　豫东黄河平原地区各时令"非遗"景观的数量状况

豫东黄河平原的时令主要集中于 1 月，次见于 2 月，再次见于 3 月，散见于 4 月、6 月、8 月、12 月。

（2）乐器

豫东黄河平原地区乐器"非遗"的数量状况如图 7-76 所示。

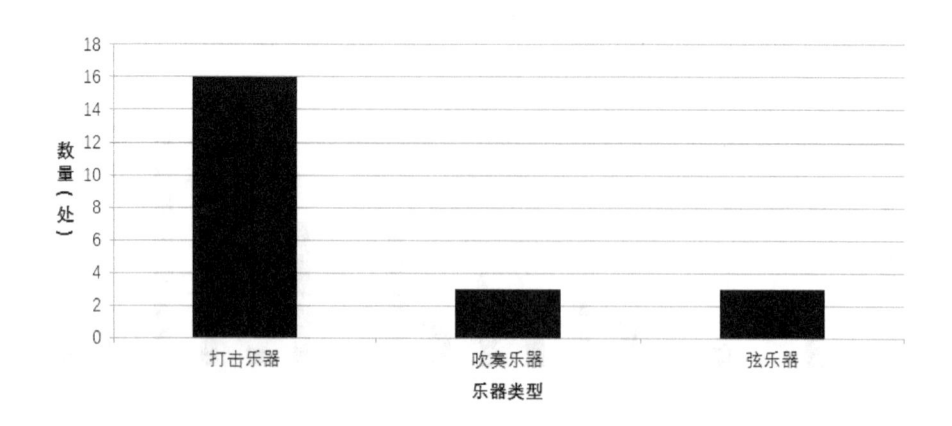

图 7-76 豫东黄河平原地区乐器"非遗"的数量状况

豫东黄河平原地区乐器"非遗"以打击乐器为主，辅以少量吹奏乐器与弦乐器，且两者数量相仿。

（3）说唱

豫东黄河平原地区说唱"非遗"的数量状况如图 7-77 所示。

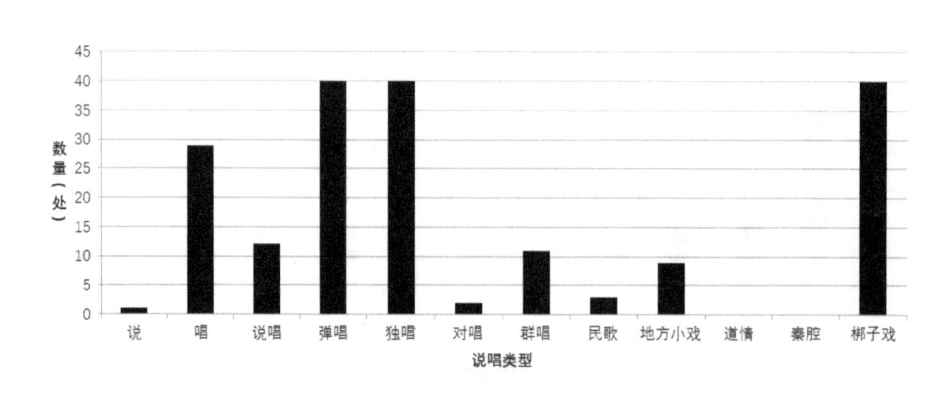

图 7-77 豫东黄河平原地区说唱"非遗"的数量状况

豫东黄河平原地区说唱种类中梆子戏最多，地方小戏次之，民歌最少；表现形式以独唱为主，加之少许群唱，对唱最少；表现方式以弹唱最多，唱稍次，说唱数量较少，说最少。

第 7 章　丝绸之路国内段各地区的非物质文化遗产基因特征

（4）文义

豫东黄河平原地区各类文义特征"非遗"的数量状况如图 7-78 所示。

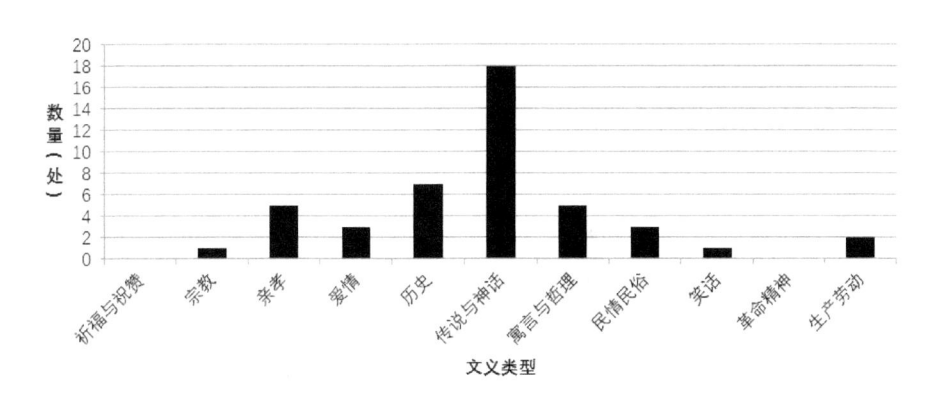

图 7-78　豫东黄河平原地区各类文义特征"非遗"的数量状况

豫东黄河平原地区"非遗"的文义中以传说与神话的数量最丰富，其次是历史，但数量远不及前者；亲孝、寓言与哲理数量相同且较历史稍少，爱情与民情民俗数量相同且更少；其余仅散见于生产劳动、宗教、笑话中。

（5）舞蹈

豫东黄河平原地区各类舞蹈特征"非遗"的数量状况如图 7-79 所示。

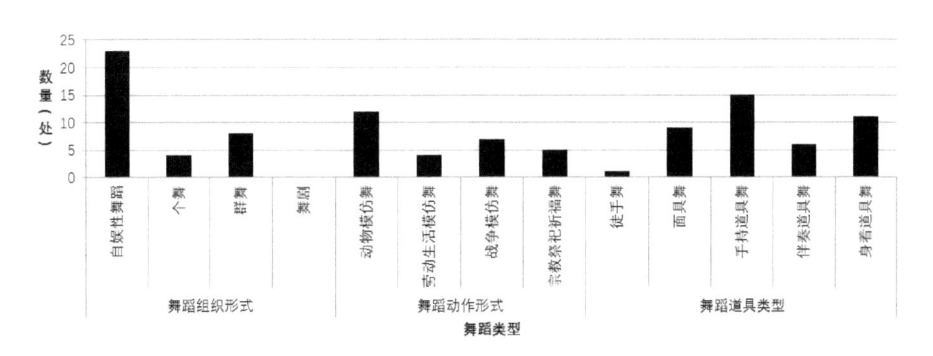

图 7-79　豫东黄河平原地区各类舞蹈特征"非遗"的数量状况

豫东黄河平原地区的舞蹈组织形式以自娱性舞蹈为主，辅以少量群舞，个舞最少；舞蹈动作形式以动物模仿舞为主，战争模仿舞次之，宗教祭祀祈福舞再次之，数量最少的是劳动生活模仿舞；舞蹈道具类型中手持道具舞数量最多，其次是身着道具舞，面具舞数量再次之，伴奏道具舞数量紧随其后，数量最少的是徒手舞。

（6）文化功能

豫东黄河平原地区各类文化功能特征"非遗"的数量状况如图7-80所示。

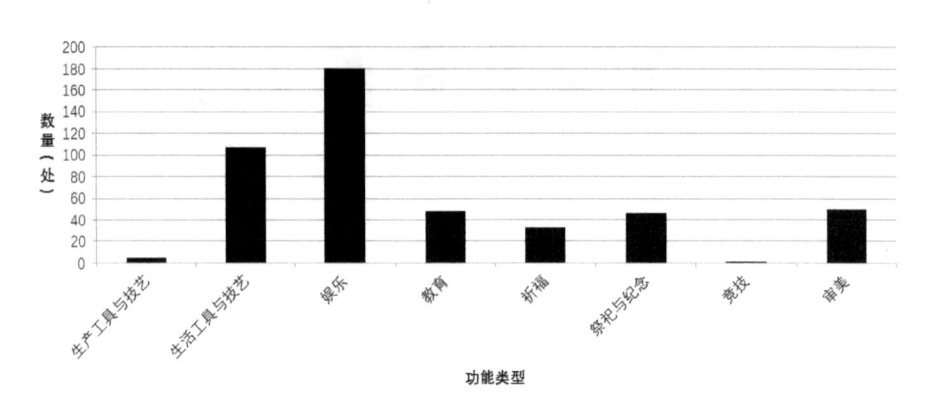

图7-80 豫东黄河平原地区各类文化功能特征"非遗"的数量状况

豫东黄河平原地区"非遗"文化功能上由娱乐占据主要地位，其次是生活工具与技艺，教育、祈福、祭祀与纪念、审美四者数量相近且较少，其余零星见于生产工具与技艺。

7.11 豫东淮河平原

1. 类型

豫东淮河平原地区各类型"非遗"景观的数量状况如图7-81所示。

豫东淮河平原地区的"非遗"种类中，传统手工技艺数量最为丰富；民间文学、民间舞蹈、传统戏剧数量相近，处于第二梯队；传统医药、民间美术、民间音乐、民俗、民间曲艺、传统体育、游艺与杂技的数量皆不菲且相差不大，位于第三梯队。

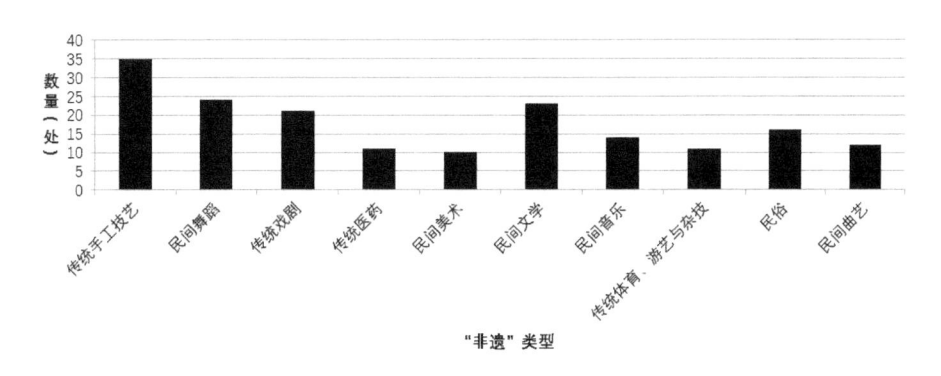

图 7-81 豫东淮河平原地区各类型"非遗"景观的数量状况

2. 产生年代

豫东淮河平原地区各年代产生的"非遗"景观数量状况如图 7-82 所示。

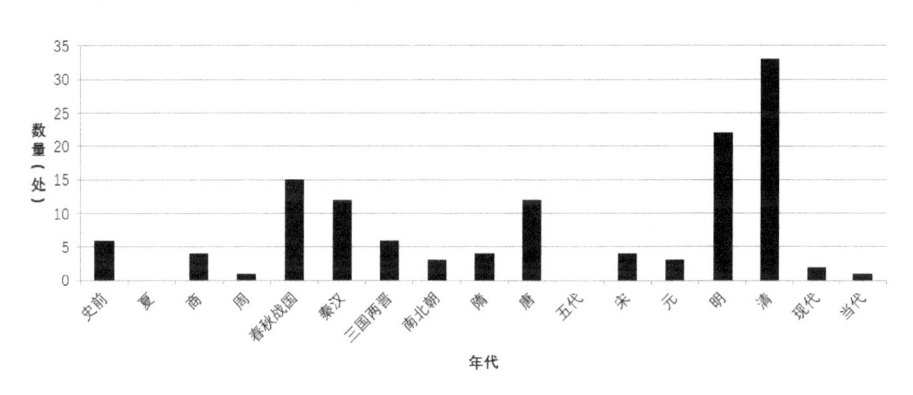

图 7-82 豫东淮河平原地区各年代产生的"非遗"景观数量状况

豫东淮河平原地区的"非遗"产生年代以清代最多，明代次之，春秋战国时期、秦汉时期、唐代数量相近，共处第三梯队；除去夏代与五代时期断层以外，其余历代皆有少量分布。

3. 主要基因特点

（1）时令

豫东淮河平原地区各时令"非遗"景观数量状况如图 7-83 所示。

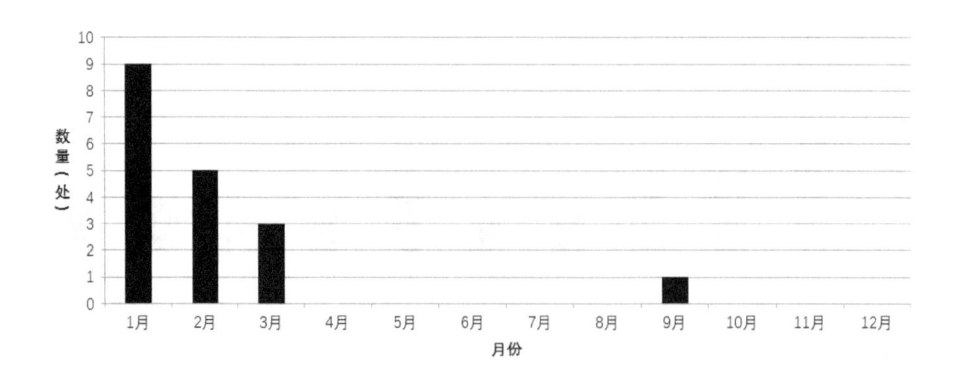

图 7-83　豫东淮河平原地区各时令"非遗"景观的数量状况

豫东淮河平原的"非遗"时令分布主要集中在 1 月，2 月次之，3 月再次之，然后仅见于 9 月。

（2）乐器

豫东淮河平原地区乐器"非遗"的数量状况如图 7-84 所示。

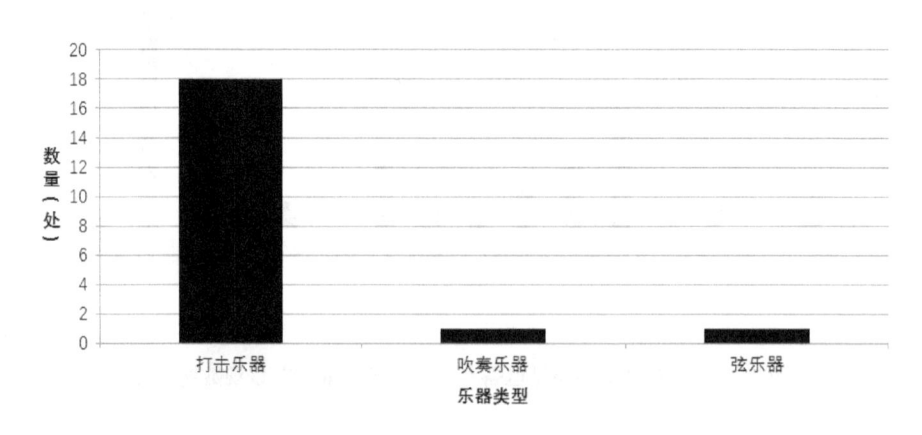

图 7-84　豫东淮河平原地区乐器"非遗"的数量状况

豫东淮河平原地区"非遗"乐器以打击乐器为主，仅有个别吹奏乐器与弦乐器。

（3）说唱

豫东淮河平原地区说唱"非遗"的数量状况如图 7-85 所示。

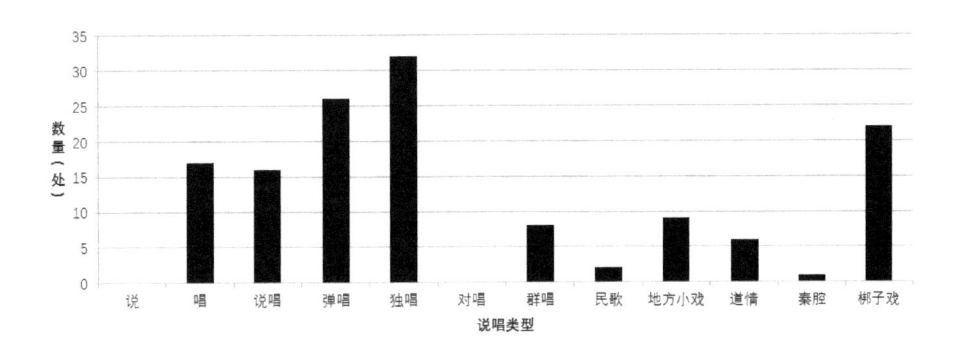

第 7 章 丝绸之路国内段各地区的非物质文化遗产基因特征

图 7-85 豫东淮河平原地区说唱"非遗"的数量状况

豫东淮河平原地区说唱种类中梆子戏最多,地方小戏次之,道情再次之,民歌较少,秦腔最少;表现形式以独唱为主,加之少许群唱;表现方式以弹唱最多,唱与说唱稍次。

(4)文义

豫东淮河平原地区各类文义特征"非遗"的数量状况如图 7-86 所示。

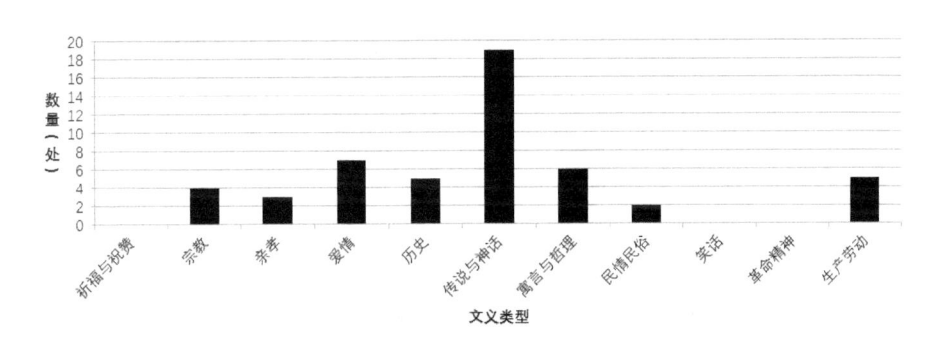

图 7-86 豫东淮河平原地区各类文义特征"非遗"的数量状况

豫东淮河平原地区的"非遗"文义特征中传说与神话的数量最多,远超它类;爱情数量稍多于寓言与哲理而位居第二,历史、生产劳动数量相同且次于前者,宗教数量再次,亲孝数量更次,民情民俗数量最少。

(5)舞蹈

豫东淮河平原地区各类舞蹈特征"非遗"的数量状况如图 7-87 所示。

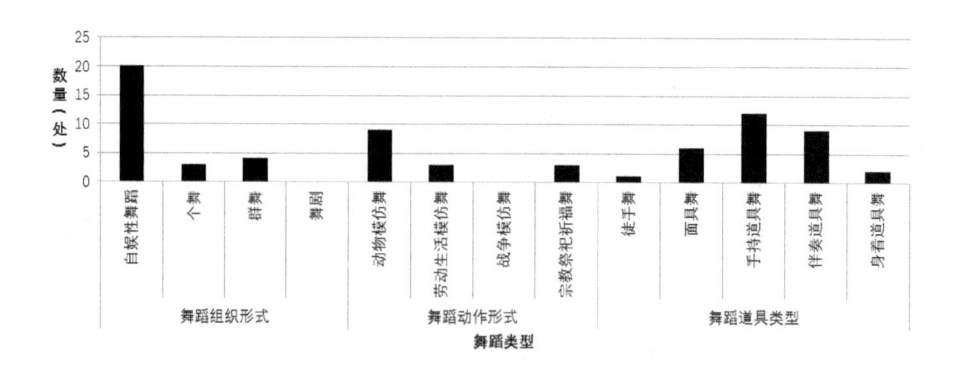

图 7-87 豫东淮河平原地区各类舞蹈特征"非遗"的数量状况

豫东淮河平原地区的舞蹈组织形式主要是自娱性舞蹈，少量有个舞与群舞；舞蹈动作形式以动物模仿舞为主，加之一些劳动生活模仿舞和宗教祭祀祈福舞；舞蹈道具类型以手持道具舞为主，伴奏道具舞为辅，面具舞次之，身着道具舞再次之，徒手舞数量最少。

（6）文化功能

豫东淮河平原地区各类文化功能特征"非遗"的数量状况如图 7-88 所示。

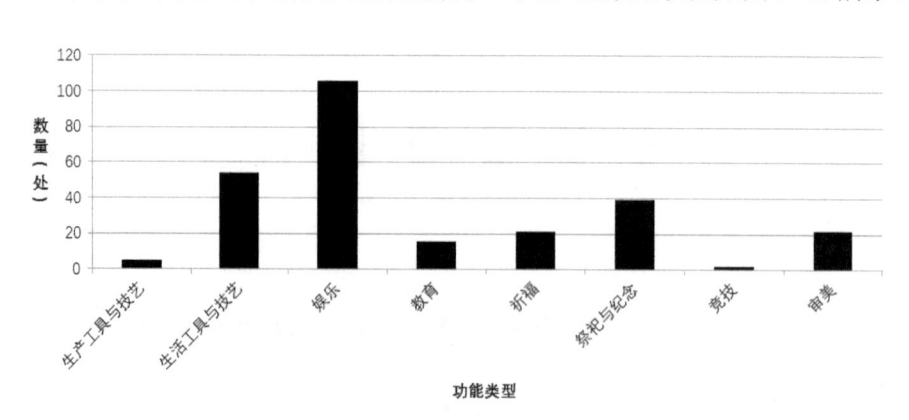

图 7-88 豫东淮河平原地区各类文化功能特征"非遗"的数量状况

豫东淮河平原地区"非遗"的文化功能以娱乐为主，其次是生活工具与技艺，再次是祭祀与纪念。其余少见于审美、祈福、教育、生产工具与技艺中，竞技数量最少。

7.12 本章小结

1. 区域景观生态

（1）南疆

南疆地区"非遗"以维吾尔族"非遗"为主，是相对较为单一的民族文化景观，占该地区所有"非遗"的63%。唐代是产生"非遗"的最重要年代，所体现出的生产劳动的内容，在类型上传统手工技艺数量高达62种，时令上在8月秋收之后占比较多。南疆地区的文义中表达最多的是生产劳动和民俗民情。文化功能上数量最丰富的是生活工具与技艺。劳作后的娱乐是另一项主要功能，南疆地区主要体现为自娱自乐性的方式，表现形式独唱居多，群唱略少，对唱最少；表现方式上主要是弹唱与唱为主，乐器以弦乐器为主，舞蹈也主要是自娱性舞蹈、原生态的徒手舞和原生态民歌为主，缺乏系统性、加工性、专业化的戏曲等形式。

（2）北疆

气候、地貌的多样性使得北疆地区的生产方式更为多样，从而相对于南疆表现出更为多样化的"非遗"特征：藏族、回族、哈萨克族、维吾尔族、柯尔克孜族、乌孜别克族、塔塔尔族、锡伯族、俄罗斯族、达斡尔族、满族、汉族等多民族的景观分布；唐、宋、明、清多时代的景观产生。与民族多样化相应的是，文义内容反映各民族民情民俗，以及历史、传说与神话等相对较多。文化功能上包含传统手工技艺、民间音乐、民间舞蹈、民间美术与民间文学等多类型。在娱乐性的"非遗"中，以使用弦乐器、自娱性的弹唱式民歌和自娱性的徒手舞舞蹈为主，相对出现了更多的面具舞。北疆也有为数不多的地方小戏。不同于南疆的8月集中，6—8月是北疆"非遗"的主要时令。舞蹈动作上除了劳动模仿舞外，更多的是包括对鹰、蝴蝶、马等的动物模仿舞。

(3) 河西走廊

该地区以汉族为主体，包括了蒙古族、裕固族、哈萨克族等多民族融合的"非遗"景观。这种汉族为主、融合少数民族的人文特征也反映在文化景观中。文义方面民俗民情类占突出地位，民间舞蹈与民间音乐在数量上稍次之。不仅使用弦乐器，也有相当数量的打击乐器。民歌数量多，但相对于北疆，地方小戏数量继续增加，并且出现了秦腔和梆子戏等戏剧。文化功能方面，娱乐、祈福与祝赞二者数量相仿且极多，教育、生活工具与技艺、祭祀与纪念数量相仿且较前者少。河西走廊在文义上以民情民俗数量最多，历史数量稍次，传说与神话和爱情数量相同再次之。舞蹈方面劳动生活模仿数量最多，宗教祭祀祈福舞的数量稍次，河西武威地区出现了战争模仿舞。

(4) 陇南山地

该地区除了有 1 项土族"非遗"景观外，其余的"非遗"景观分属于汉族（56.12%）、藏族（42.86%），是汉藏交融的地区。传统手工技艺数量最为突出，民俗数量稍次之，民间舞蹈数量再次之。时令上 1 月数量最为突出，主要是汉族以及汉藏融合的"非遗"（如巴郎鼓舞），5 月、6 月也有时令"非遗"（如博峪采花节、夏河县香浪节）。乐器上弦乐器、打击乐器类数量相对多，也出现了吹奏乐器。说唱种类上以民歌居多，地方小戏稍次。文义上以历史与民情民俗数量最多，传说与神话居其次，爱情、生产劳动再次。舞蹈形式上以群舞数量最多，舞蹈动作形式以劳动生活模仿舞为主。文化功能上以祈福数量最多，再是祭祀与纪念，生活工具与技艺稍次于前者，审美更次之，教育数量最少。

(5) 陕南山地

该地区"非遗"景观均属汉族，是完全的汉族聚居区。陕南山地在"非遗"种类上以传统手工技艺数量突出，传统戏剧数量稍次。时令上表现为集中在 1 月，少见于 5 月、9 月的特征。陕南山地的"非遗"乐器种类中打击乐器占据了绝对的统制地位，仅有极少的吹奏乐器，而弦乐器几乎不可见。陕南山地的说唱种类丰富，以地方小戏居多，民歌次之，秦腔、道情、梆子戏有少量分布；表现形式主要以独唱为主，加之少许群唱；表现方式以唱最多，弹唱数量亦不菲。"非遗"文义以民情民俗数量最多，远超它类；传说与神话较其余略多；亲孝、历史、爱情、生产劳动四者数量相仿，其中后两者数量稍少。陕南山地舞蹈组织形式皆属自娱性舞蹈；舞蹈动作形式中劳动生活模仿舞最多，动物模仿舞次之；舞蹈道具类型中伴奏道具舞数量最多，身着道具舞稍次，面具舞再次，徒手舞最少。陕南山地的"非遗"文化功能以娱乐为主，生活工具与技艺为辅。

(6) 豫西山地

豫西山地的"非遗"均属于汉族，在"非遗"种类上数量最突出的是民间美术，其次是传统手工技艺。总体上豫西山地的"非遗"种类发展全面且相对均衡。豫西山地"非遗"的时令分布主要集中在9月，12月至次年3月，以及4月、5月。有3项打击乐器和1弦乐器"非遗"。说唱的表现方式中没有单独说的方式；表现形式中以独唱为主；种类上梆子戏数量多，还有相当数量的地方小戏，民歌数量少。豫西山地"非遗"文义主要特征为传说与神话数量突出，其他类别数量稀少，其中生产劳动数量较其他稍多一点。豫西山地的舞蹈组织形式主要由自娱性舞蹈占绝大多数，辅以少量群舞；舞蹈动作形式为劳动生活模仿舞与宗教祭祀祈福舞多，而动物模仿舞与战争模仿舞少；舞蹈道具类型为手持道具舞与身着道具舞数量最多。豫西山地的"非遗"文化功能中娱乐数量最为丰富，其次是生活工具与技艺，祭祀与纪念、审美数量紧随其后，祈福、教育、生产工具与技艺数量较少。

(7) 陇东黄土高原

陇东黄土高原以汉族"非遗"为主，还有部分藏族、东乡族、保安族、回族、土族等的"非遗"。陇东黄土高原的"非遗"归属特征中，传统手工艺数量最突出，民间舞蹈、传统戏剧与民间美术几项数量相差不大而居第二位。陇东黄土高原"非遗"的时令主要集中在12月至次年4月，其中1月最多，然后是6—7月，其中7月是小高峰，主要是傩舞以及汉、藏融合的花儿会。陇东黄土高原的乐器"非遗"体现出打击乐器数量极为突出、弦乐器较吹奏乐器略多但总量皆不大的特征。陇东黄土高原的文义数量最多的是历史，民情民俗数量也很可观。陇东黄土高原的舞蹈组织形式主要是个舞与群舞；舞蹈动作形式中劳动生活模仿舞数量最大，宗教祭祀祈福舞数量次之，还有部分战争模仿舞，动物模仿舞数量最少；舞蹈道具类型中徒手舞数量最多，远超其余类型，伴奏道具舞数量次于徒手舞。陇东黄土高原的"非遗"文化功能以娱乐和祈福数量最为庞大，生活工具与技艺次之。

（8）陕北黄土高原

陕北黄土高原没有少数民族的"非遗"景观，全属汉族。"非遗"种类中以民间舞蹈的数量为最，并且民间美术、传统手工技艺、民间音乐的都极多且相差不大。陕北黄土高原的"非遗"时令上主要集中在1—4月且1月数量最多，少量在7月。陕北黄土高原的"非遗"乐器主要以打击乐器为主，其种类极丰富。说唱的表现方式上单独唱的居多，弹唱也有相当数量；表现形式以独唱为主；种类上地方小戏数量较多，道情有5项，还有少量民歌、秦腔和梆子戏。陕北黄土高原的"非遗"文义以民情民俗数量最多，传说与神话数量稍次些，生产劳动、历史、爱情数量相仿再次之。陕北黄土高原的舞蹈组织形式以自娱性舞蹈为主，也有群舞；舞蹈动作形式战争模仿舞数量最多，劳动生活模仿舞与宗教祭祀祈福舞数量相同且稍次之，动物模仿舞数量最少；舞蹈道具类型中伴奏道具舞数量最多，手持道具舞次之，身着道具舞最少。陕北黄土高原的"非遗"文化功能中娱乐占据主要地位，其次是祈福、生活工具与技艺，再次是审美和祭祀与纪念，教育最少。

（9）关中平原

关中平原没有少数民族的"非遗"景观，全属汉族。关中平原的"非遗"种类里传统手工技艺的数量占据绝对领先地位，远超同侪，民俗和民间舞蹈的数量相仿，居于次位。关中平原"非遗"时令主要集中于12月至次年3月，其中1月最多，7月有1项（七夕传说）。关中平原的"非遗"乐器主要以打击乐器为主。说唱的表现方式上弹唱和唱数量多；表现形式上独唱和群唱数量多，缺乏对唱；种类上地方小戏、秦腔、道情较多，民歌和梆子戏数量较少。关中平原"非遗"文义中数量最庞大的是民情民俗,远超余类。关中平原的舞蹈组织形式中自娱性舞蹈最多,群舞次之,个舞最少;舞蹈动作形式数量皆相仿,仅战争模仿舞稍多一些;舞蹈道具类型以伴奏道具舞最多,手持道具舞数量稍次,身着道具舞数量便已较少,徒手舞数量最少。关中平原"非遗"文化功能中娱乐、生活工具与技艺数量最多,其中娱乐数量最丰富。

(10) 豫东黄河平原

豫东黄河平原以汉族"非遗"为主,有少量的回族"非遗"景观。豫东黄河平原的"非遗"种类中,传统手工技艺、传统戏剧、民间舞蹈数量丰富,位居第一梯队,其中传统手工技艺数量最丰富。时令上分布于12月至次年4月,其中1月最多,有2项在6月,1项在8月,均是地方民俗类。"非遗"乐器主要以打击乐器为主,辅以少量吹奏乐器与弦乐器,且两者数量相仿。说唱的表现方式以单独的唱为主,弹唱数量多;表现形式以独唱为主;该地区是梆子戏的主要地域。豫东黄河平原"非遗"的文义中传说与神话的数量最丰富,其次是历史,但数量远不及前者。豫东黄河平原的舞蹈组织形式以自娱性舞蹈为主,另有少量群舞,个舞最少;舞蹈动作形式以动物模仿舞为主,战争模仿舞次之,宗教祭祀祈福舞再次之,数量最少的是劳动生活模仿舞;舞蹈道具类型中手持道具舞数量最大,其次是身着道具舞,面具舞数量再次之,伴奏道具舞数量紧随其后,数量最少的是徒手舞。

豫东黄河平原"非遗"文化功能中娱乐占据主要地位,其次是生活工具与技艺,教育、祈福、祭祀与纪念、审美四者数量相近且较少,其余零星见于生产工具与技艺。

(11) 豫东淮河平原

豫东淮河平原以汉族"非遗"为主,有少量的回族"非遗"景观。豫东淮河平原的"非遗"种类中传统手工艺数量最为丰富;民间文学、民间舞蹈、传统戏剧数量相近,处于第二梯队;传统医药、民间美术、民间音乐、民间曲艺、传统体育、游艺与杂技的数量皆不菲且相差不大,位于第三梯队。

豫东淮河平原的"非遗"时令分布上主要集中于12月至次年4月,其中

1月最多。有1项在9月。豫东淮河平原"非遗"乐器主要以打击乐器为主，仅有个别吹捧乐器与弦乐器。豫东淮河平原的"非遗"文义中传说与神话的数量最多，远超它类；爱情数量稍多于寓言与哲理而位于第二，历史、生产劳动数量相同且次于前者，宗教数量再次，亲孝数量更次，民情民俗数量最少。豫东淮河平原的舞蹈组织形式主要是自娱性舞蹈，有少量个舞与群舞；舞蹈动作形式以动物模仿舞为主，加之一些劳动生活模仿舞和宗教祭祀祈福舞；舞蹈道具类型以手持道具舞为主，伴奏道具舞为辅，面具舞次之，身着道具舞再次之，徒手舞数量最少。说唱的表现方式上弹唱数量最多，单独的唱以及说唱稍次；表现形式以对唱和独唱数量多；该地区是梆子戏的主要地域；也有相当数量的地方小戏和道情戏。豫东淮河平原"非遗"的文化功能以娱乐为主，其次是生活工具与技艺，再次是祭祀与纪念，其余少见于审美、祈福、教育、生产工具与技艺中，其中生产工具与技艺数量最少。

2. 空间关联影响

南疆的民族构成主要是维吾尔族；北疆主要是哈萨克族、维吾尔族、蒙古族、锡伯族；陇南山地以汉族、藏族为主；其余地区都以汉族为主。

产生年代上无论是历史的久远程度还是产生地数量多少，均呈现出东多西少的特征。

时令上汉族聚居的地区时令都较丰富，主要集中在1月、2月、3月。1月是各地区"非遗"的主要时令期；关中平原与豫东黄河、淮河平原地区在2月、3月也有相对多的分布；北疆在6月与8月、南疆在8月有相对多的时令"非遗"；11月各地区都没有没有时令"非遗"。

乐器的地域性特征非常明显，新疆地区的弦乐器占据主要位置，仅在塔里木盆地西部、伊犁、天山以北有少许其他乐器分布；打击乐器盘踞了甘肃、陕西、河南的几乎所有区域，尤其是关中平原附近，但却不见于陇东黄土高原；吹奏乐器集中于关中平原和陕北黄土高原，豫东黄河平原也有较多分布，其余便个别见于陇南山地、河西走廊、天山南北。

说唱上仅有汉族与维吾尔族有单独说的表演形式。藏族、蒙古族、裕固族、回族、哈萨克族、维吾尔族、柯尔克孜族、乌孜别克族和锡伯族主要采用民歌的形式；汉族、藏族和土族有部分地方小戏；汉族还有秦腔、梆子戏等戏剧形式。民歌对唱的形式占比高；藏族以唱的形式表演的民歌占比较高，并且既有独唱、也有对唱和群唱；维吾尔族的民歌则主要是群唱和独唱，对唱的占比较小。

文义上整体来说祈福与祝赞文义的比例自西向东减少；陕西三个区域的亲孝内容占比较高；新疆、陕西、豫东淮河平原关于爱情的内容相对较多；陕西与新疆关于民情民俗的内容较多。

舞蹈特征整体上自娱性舞蹈自西向东减少，新疆分布多，陇东黄土高原和陕北黄土高原地区也有部分分布；个舞也呈现西多东少的特点；群舞则表现为两端（河南、新疆以及关中、陕北）多，中间（甘肃以及陕南）少的分布。动物模仿舞与神兽模仿舞也呈现两端多（豫东地区主要是神兽模仿舞），中间少的特点；劳动生活模仿舞呈现南疆以及陇南山地、陕南山地、豫西山地多的分布；战争模仿舞占比较多的地区是陕北黄土高原、豫西山地、豫东黄河平原地区；河南、陕西各地区的道具舞占比明显多于其他地区。

文化功能上相对而言，南疆在生产工具与技艺、生活工具与技艺、审美三项上相对其他地区占比较多；甘肃的三个地区的祈福占比都相对较多；甘肃各地以及豫东、陕北黄土高原的祭祀与纪念占比相对较多。

第8章
丝绸之路国内段非物质文化遗产基因的主要特征

8.1 "非遗"基因的区域内共生

区域内"非遗"景观的基因存在广泛的共生关系,一定程度上显示了区域文化的整合性特征。

取以棉为材质的"非遗"所在的地区为例,这类地区河流密度相对小($M=0.2759$,与整体均值比较 $p<0.05$),降水量明显少($M=364.66$, $p<0.05$),气温相对较低($M=10.22$, $p<0.05$),日照时数长($M=2594.13$, $p<0.05$),是适应棉花生长的自然条件。以两两的相关性比较(双尾相关性分析 $p<0.05$),在这一区域中,也较多地使用毛材质,舞蹈形式多样(既有自娱性舞蹈、也有表演性舞蹈),但是与说唱的形式相关性不强,颜色方面更加喜爱白色,更多地使用弹拨而不是吹奏与打击乐器,时令相对集中在气温高的8月,类型上更多的是传统手工技艺、民间音乐、竞技,文化功能上与生产工具与技艺、竞技正相关。

以毛为材质的"非遗"所在的地区与棉为材质的地区相关性明显,相对而言,河流密度相对小($M=0.2242$),降水量更少($M=243.53$, $p<0.05$),

气温更低（$M=8.28$），日照时数更长（$M=2817.81$）。两者所处的地区具有相似的基因特征，包括明显与多种舞蹈形式正相关，而与说唱没有相关性。该地区的"非遗"更偏好白色，时令上与8月的正相关，类型上多是传统手工技艺、民间音乐，文化功能上与生产工具与技艺、竞技正相关。

就时令而言，1月主要是娱乐和祭祀，和生产负相关，舞蹈动作和劳动模仿、祭祀、道具舞正相关，材质多使用粮食与秸秆；时令中2月、3月与其他基因要素之间的关系与1月近似。

就文义内容而言，生产劳动与传说与神话近似，而历史、寓言与哲理、民俗民情、祈福与祝赞等是一类。

8.2 "非遗"基因的区域内排异

区域内景观的基因也存在一定的排异关系。

取以棉为材质的"非遗"所在的地区为例，其与民间戏曲呈显著的负相关关系（$C=-0.724$，$p<0.05$），与祭祀与纪念功能负相关（$C=-0.734$，$p<0.05$）。以毛为材质的"非遗"所在的地区也有类似的情形，与民间戏曲接近显著的负相关关系（$C=-0.598$，$p=0.052$），与祭祀与纪念功能也接近显著负相关（$C=-0.590$，$p=0.056$）。

8.3 "非遗"基因的地区间分异

"非遗"基因整体上存在显著的地区分异特征。在进行地区差异分析的79个基因要素点中，达到显著性水平的有58项，占比达73.43%。不具有地区分异的基因主要是材质以及部分文义内容，除此之外，大部分基因在地区间的差异显著（存在名义变量的相关关系）。其中的民歌、自娱性舞蹈、道具舞、乐器、时令、图腾以及神祇等在地区间的差异大（以地区为名义变量的相关性＞0.5）。

8.4 "非遗"基因的民族分异

部分"非遗"基因分民族的名义变量相关性分析（Crame's V）如表8-1所示。

"非遗"基因整体上存在相对显著的民族分异特征。在进行民族差异分析的76个基因要素点中，达到显著性水平的有39项，占比达51.32%。不具有民族分异的基因主要是材质、制作技艺以及部分文义内容，除此之外，大部分基因在地区间的差异显著（存在名义变量的相关关系）。民歌、自娱性舞蹈等在地区间的差异大（以地区为名义变量的相关性大于0.5）。

相对而言，"非遗"基因的民族分异不如地区分异显著。就达到显著性水平的基因要素点而言，地区与民族分异的情形分别是58项与39项，进一步进行两者的相关性的均值比较，地区的相关性系数均值为0.302，民族的这一指标为0.282。

表8-1 部分"非遗"基因分地区与民族的名义变量相关性分析（Cramer's V）

基因要素	分区域 Cramer's V	分区域 近似值 Sig.	分民族 Cramer's V	分民族 近似值 Sig.	基因要素	分区域 Cramer's V	分区域 近似值 Sig.	分民族 Cramer's V	分民族 近似值 Sig.
说	0.237	0.007	0.193	0.306	祈福与祝赞	0.346	0.003	0.448	0
唱	0.278	0	0.231	0.057	宗教	0.276	0.077	0.22	0.385
说唱	0.405	0	0.267	0.006	亲孝	0.317	0.014	0.208	0.477
弹唱	0.36	0	0.358	0	爱情	0.263	0.123	0.411	0
独唱	0.287	0	0.313	0	历史	0.296	0.035	0.309	0.02

第 8 章　丝绸之路国内段非物质文化遗产基因的主要特征

续表

基因要素	分区域 Cramer's V	近似值 Sig.	分民族 Cramer's V	近似值 Sig.	基因要素	分区域 Cramer's V	近似值 Sig.	分民族 Cramer's V	近似值 Sig.
对唱	0.348	0	0.37	0	传说与神话	0.449	0	0.319	0.013
群唱	0.242	0.005	0.263	0.008	寓言与哲理	0.291	0.044	0.165	0.815
道情	0.343	0	—	—	民情民俗	0.466	0	0.339	0.005
秦腔	0.339	0	—	—	笑话	0.246	0.202	0.202	0.528
梆子戏	0.697	0	—	—	革命精神	0.282	0.063	0.254	0.163
民歌	0.609	0	0.625	0	生产劳动	0.291	0.044	0.339	0.005
地方小戏	0.285	0	0.307	0	红	0.328	0.049	0.243	0.434
自娱性舞蹈	0.633	0	0.718	0	黄	0.449	0	0.439	0
个舞	0.222	0.066	0.31	0.002	白	0.322	0.06	0.408	0.001
群舞	0.46	0	0.258	0.052	黑	0.323	0.057	0.341	0.031
组舞	0.397	0	0.25	0.078	蓝	0.263	0.296	0.328	0.049
舞剧	0.29	0.001	0.221	0.245	绿	0.367	0.011	0.255	0.349
动物模仿	0.303	0	0.395	0	时令	0.7	0	0.7	0
劳动生活模仿	0.344	0	0.335	0	乐器	0.552	0.01	0.583	0.01
战争模仿	0.324	0	0.227	0.193	木竹	0.191	0.004	0.172	0.114
宗教祭祀祈福	0.293	0.001	0.293	0.007	皮	0.203	0.001	0.221	0.002
道具舞	0.733	0	0.543	0	沙土	0.197	0.003	0.129	0.639
雕	0.187	0.036	0.189	0.096	毛	0.88	0	0.401	0
画	0.263	0	0.195	0.069	棉	0.174	0.02	0.219	0.002

187

续表

基因要素	分区域 Cramer's V	分区域 近似值 Sig.	分民族 Cramer's V	分民族 近似值 Sig.	基因要素	分区域 Cramer's V	分区域 近似值 Sig.	分民族 Cramer's V	分民族 近似值 Sig.
剪	0.198	0.016	0.159	0.37	麻	0.112	0.548	0.087	0.981
编	0.182	0.047	0.138	0.639	丝	0.14	0.191	0.166	0.152
绣	0.199	0.014	0.294	0	纸	0.214	0	0.125	0.691
织	0.272	0	0.325	0	铜铁等金属	0.196	0.003	0.182	0.06
染	0.153	0.221	0.135	0.684	金银	0.087	0.873	0.127	0.664
锻铸	0.145	0.303	0.211	0.025	玉石	0.193	0.004	0.182	0.058
酿	0.139	0.379	0.185	0.119	粮食或秸秆	0.255	0	0.227	0.001
扎	0.163	0.139	0.113	0.898	奶蛋	0.184	0.009	0.298	0
烧	0.192	0.025	0.157	0.396	动物或其骨肉	0.156	0.073	0.154	0.281
蒸	0.27	0	0.281	0.014	瓜果蔬菜	0.132	0.279	0.059	1
擀	0.182	0.049	0.434	0	草本植物	0.148	0.121	0.267	0
晒	0.16	0.159	0.094	0.977	茶	0.177	0.016	0.056	1
烤	0.142	0.336	0.058	1	矿物	0.135	0.241	0.079	0.993
煮	0.243	0	0.206	0.035	图腾	0.532	0.01	0.4	0.01
榨	0.194	0.021	0.047	1	神祇	0.532	0.01	1	0.6

8.5 "非遗"基因的邻近关联

1. 整体情况

对进行分析的所用 108 项"非遗"基因在各地区的分布数量进行分析，结果如表 8-2 所示。整体上的相关性分析显示这一地区"非遗"基因的数量

表 8-2 "非遗"基因在各地区分布数量的相关性分析

		南疆	北疆	河西走廊	陇南山地	陕南山地	豫西山地	陇东黄土高原	陕北黄土高原	关中平原	豫东黄河平原	豫东淮河平原
南疆	皮尔逊(Pearson)相关性	1	0.865	0.611	0.621	0.608	0.643	0.663	0.712	0.804	0.759	0.704
	显著性(双尾)		0	0	0	0	0	0	0	0	0	0
北疆	皮尔逊(Pearson)相关性	0.865	1	0.749	0.711	0.735	0.731	0.754	0.745	0.777	0.829	0.803
	显著性(双尾)	0		0	0	0	0	0	0	0	0	0
河西走廊	皮尔逊(Pearson)相关性	0.611	0.749	1	0.917	0.642	0.662	0.946	0.739	0.724	0.697	0.691
	显著性(双尾)	0	0		0	0	0	0	0	0	0	0
陇南山地	皮尔逊(Pearson)相关性	0.621	0.711	0.917	1	0.666	0.68	0.92	0.771	0.742	0.675	0.695
	显著性(双尾)	0	0	0		0	0	0	0	0	0	0
陕南山地	皮尔逊(Pearson)相关性	0.608	0.735	0.642	0.666	1	0.805	0.651	0.773	0.768	0.782	0.859
	显著性(双尾)	0	0	0	0		0	0	0	0	0	0
豫西山地	皮尔逊(Pearson)相关性	0.643	0.731	0.662	0.68	0.805	1	0.678	0.819	0.745	0.835	0.866
	显著性(双尾)	0	0	0	0	0		0	0	0	0	0

续表

		南疆	北疆	河西走廊	陇南山地	陕南山地	豫西山地	陇东黄土高原	陕北黄土高原	关中平原	豫东黄河平原	豫东淮河平原
陇东黄土高原	皮尔逊（Pearson）	0.663	0.754	0.946	0.92	0.651	0.678	1	0.748	0.793	0.742	0.73
	相关性显著性（双尾）	0	0	0	0	0	0		0	0	0	0
陕北黄土高原	皮尔逊（Pearson）	0.712	0.745	0.739	0.771	0.773	0.819	0.748	1	0.863	0.799	0.817
	相关性显著性（双尾）	0	0	0	0	0	0	0		0	0	0
关中平原	皮尔逊（Pearson）	0.804	0.777	0.724	0.742	0.768	0.745	0.793	0.863	1	0.884	0.877
	相关性显著性（双尾）	0	0	0	0	0	0	0	0		0	0
豫东黄河平原	皮尔逊（Pearson）	0.759	0.829	0.697	0.675	0.782	0.835	0.742	0.799	0.884	1	0.945
	相关性显著性（双尾）	0	0	0	0	0	0	0	0	0		0
豫东淮河平原	皮尔逊（Pearson）	0.704	0.803	0.691	0.695	0.859	0.866	0.73	0.817	0.877	0.945	1
	相关性显著性（双尾）	0	0	0	0	0	0	0	0	0	0	

分布，在所有地区间的相关性均达到显著性水平（$p<0.01$），表明"丝绸之路"国内段地区"非遗"景观相互影响，整体形态相似。进一步可见，相邻近区域之间的相关程度更高。例如，南、北疆之间（$C=0.865$），河西走廊与陇南山地（$C=0.917$）及陇东黄土高原（$C=0.946$）之间，关中平原与陕北黄土高原（$C=0.863$）、豫东黄河平原（$C=0.884$）、豫东淮河平原（$C=0.877$）之间相对于其他地区间的相关性系数更高。

各地区间"非遗"基因聚类状况如图8-1所示。

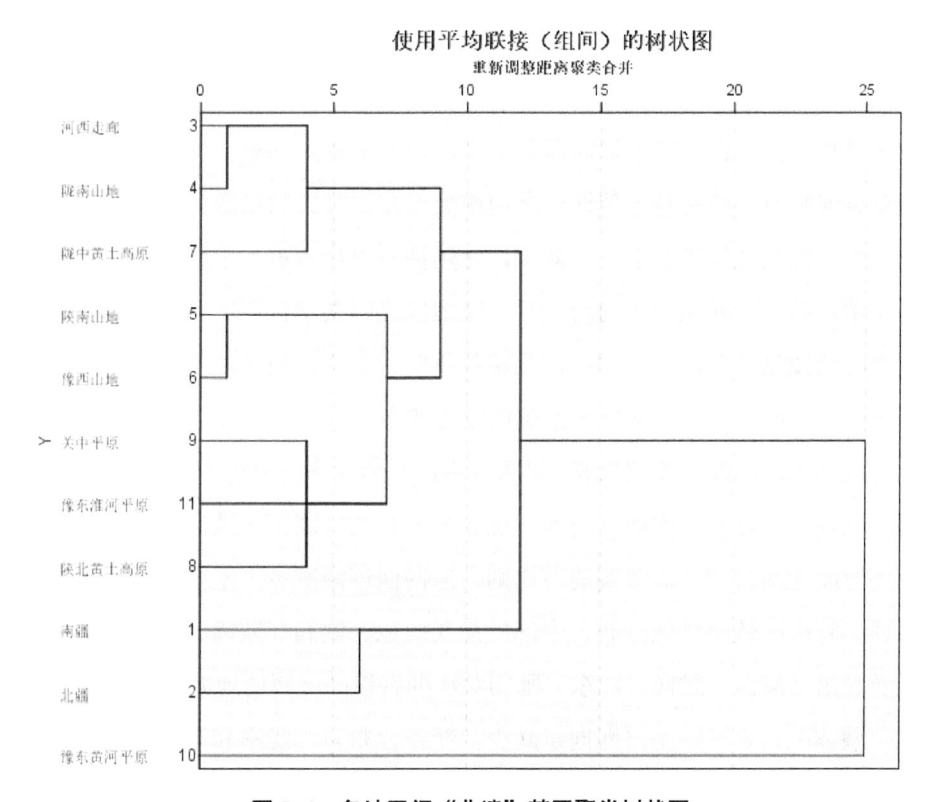

使用平均联接（组间）的树状图

图8-1 各地区间"非遗"基因聚类树状图

对所有的纳入标记的108个"非遗"基因进行地区间的聚类统计分析，采用系统聚类（分层聚类法）。基于聚类分析可见，就地区而言，聚类类型包括：①河西走廊与陇南山地，并与陇东黄土高原聚为一类；②陕南山地与豫西山地聚为一类；③关中平原、豫东淮河平原与陕北黄土高原聚为一类；④南疆与北疆聚为一类。②、③两类更加接近，其结为一类后与④类相聚。豫东黄河平原则与前述类型相并列。

2. 典型情况

就各个类型而言。整体上来看，传统手工技艺总体上东西多中部少，南疆数量最多，向东沿北疆、河西、陇东、陕南并逐渐减少，在关中、陕北数量开始提升，河南也拥有较大数量。传统戏剧明显是东多西少，南、北疆几近没有，而在豫东两地大行其道，中部总体上呈现向西递减的趋势。传统医药在各地的数量都不丰富，除了峰值豫东黄河平原和豫东淮河平原外，各地几乎只见个例。民间美术以陕西最丰富，向周围辐射递减，虽然峰值出现在豫东黄河平原，但总量上陕西较之河南更丰富，甘肃数量较之略少，新疆数量最少。民间文学东西多、中部少，北疆拥有除豫东黄河平原外最丰富的民间文学，但总量新疆少于河南，甘、陕地区民间文学皆不丰富。传统体育、游艺与杂技也是东西多中部少，北疆数量较为丰富，但是峰值出现在豫东黄河平原，除此之外的亚文化区数量都较为稀少。

就具体的民歌与戏剧来看，民歌其占比自西向东逐渐减少，即沿新疆（南疆—北疆）—甘肃（陇南—河西—陇东）—陕西（陕南—陕北—关中）—河南的空间逐渐减少；而戏剧的占比则自东向西逐渐减少，主要分布在河南，陕西、甘肃有较少比例分布，中部的豫西山地、陕西（陕南、陕北、关中）以及甘肃（河西、陇南、陇东）则相对地拥有较高比例的地方小戏。

整体上自娱性舞蹈自西向东减少，新疆分布多，陇东和陕北黄土高原地区也有部分分布；个舞也呈现西多东少的特点；群舞则表现为两端（河南、新疆以及关中、陕北）多、中间（甘肃以及陕南）少的分布。

8.6 "非遗"景观与基因分布的自然环境分异

整体而言,"非遗"点相对于区域整体,低海拔、缓坡度、向阳坡向以及高降水量、高气温、高日照时数、高河流密度的分布特征明显。以上指标中,仅坡度的 CV 值差异明显,显示出整体而言虽然"非遗"点对环境的选择特征明显,即在其分布的范围内受环境的自身分布特征影响明显,但坡度分布呈高聚集状态。

第一,民间舞蹈、民间音乐、民俗以及民间曲艺相较于传统手工技艺、传统戏剧、传统医药、民间美术、民间文学、传统体育、游艺与杂技在与高程的关系上显得更为紧密一些,它们都产生在高度较高的地方。第二,传统手工技艺、传统戏剧、传统医药、民间美术、民间文学、传统体育、游艺与杂技、民俗以及民间曲艺相较于民间舞蹈、民间音乐在坡向方面普遍都产生在地势较平缓的平原地区。第三,这些非物质文化遗产的产生与无霜期的关系均不紧密,因此无霜期对这些非物质文化遗产影响不大。第四,传统手工技艺、民间美术、民间音乐、传统体育、游艺与杂技、民俗相较于民间舞蹈、传统戏剧、传统医药、民间文学、民间曲艺所在的地方降水量都不是很高,天气更为干旱一些。第五,日照时数对于非物质文化遗产的产生影响不大。第六,传统手工技艺、民间舞蹈、传统戏剧、传统医药、民间文学、民间音乐、传统体育、游艺与杂技、民俗和民间曲艺都产生在离河流较近的地方。第七,传统戏剧、传统医药、民间文学要比传统手工技艺、民间舞蹈、传统体育、游艺与杂技所处地区的人口更多一些。

自然环境方面,舞蹈整体上河流密度 $M=0.029$,海拔高程 $M=1029.72$,降水量 $M=620.9$,说唱整体上河流密度 $M=0.030$,海拔高程 $M=835.33$,降水量 $M=471.76$。两者整体上在河流密度上差异不显著($p>0.05$),在海拔高程上差异显著($p<0.05$),高海拔地区群众更加喜爱舞蹈。

"说"与"说唱结合"两种形式在河流密度与高程上无显著差异，但均显著地区别于"唱"与"弹唱结合"的形式，前两者的河流密度显著低于后两者，海拔显著高于后两者，但在降水量上，"说"与其他三种有显著差异，其他三者差异不显著。显示出"说"的形式更受到河流密度小、海拔相对较高地区人民的喜爱。

8.7 "非遗"基因的历史差异性层进发展

"非遗"文化是一个连续统一体，是一系列事件的流程，是从一个时代纵向地传递到另一个时代。非物质文化遗产的产生与发展具有时间上的连续性。"非遗"文化是活态的文化形式，是在人们日常的生活与生产中出现的，其产生的历程与生产生活活动紧密相联。就文化形式而言，具有大众性的"非遗"产生的年代普遍相对较早，并且在不同的历史时期具有相对均质的产生历程；相对而言，形式较为复杂，具有多类型叠加形态的文化，其产生应当体现为层进性的历史发展趋势。就文化内容而言，具有历史发展性的、反映生产生活技能与水平等的"非遗"内容的产生，应当具有历史产生的增长特征。

"非遗"文义内容的历史演进情况如图 8-2 所示。

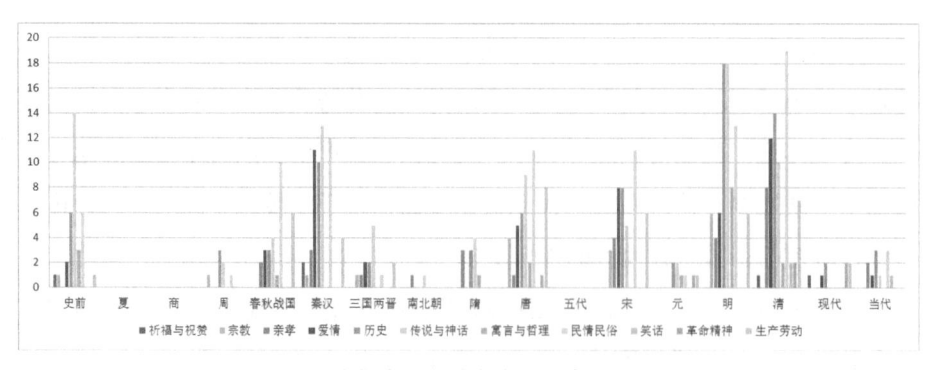

图 8-2 "非遗"文义内容的历史演进情况

从文义内容来看，史前以及秦汉时期产生的传说与神话较多。祈福与祝赞、历史则是在不同时期分散存在。亲孝、民情民俗则是历史性增长，显示了这些内容在社会生产生活的历史延续中的发展。

"非遗"说唱形式的历史演进情况如图8-3所示。

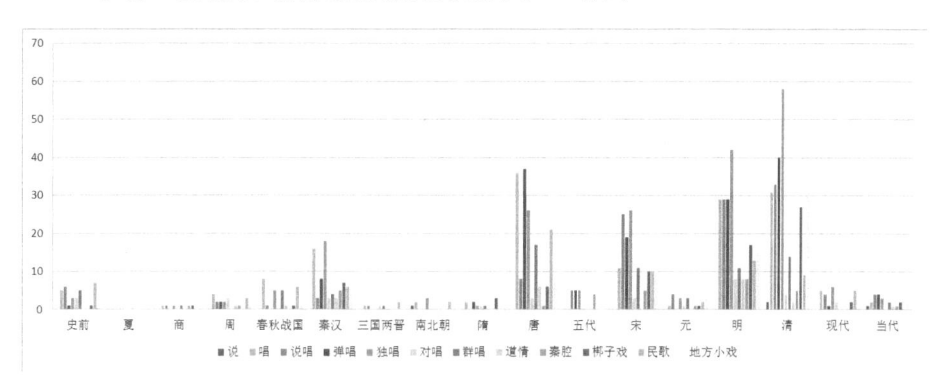

图8-3 "非遗"说唱形式的历史演进情况

从说唱类型的产生时序来看，唱、弹唱、群唱、地方小戏、民歌自史前时期经秦汉时期至唐代达到数量最大，而说唱、独唱表演则随历史推进而增加。道情、秦腔、梆子戏随着时代发展而增多，前两者到明代达到最多。

"非遗"舞蹈形式的历史演进情况如图8-4所示。

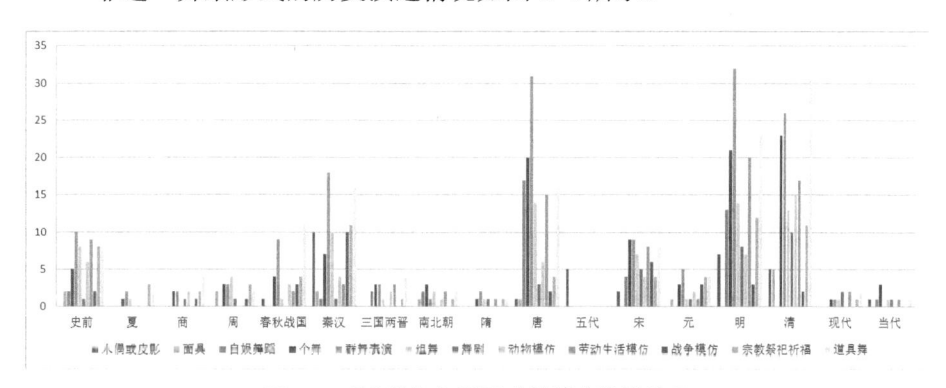

图8-4 "非遗"舞蹈形式的历史演进情况

从不同舞蹈类型的产生时序来看。个舞、组舞、舞剧、道具舞非常显著地增加，自娱性舞蹈、群舞没有这样的特性。具有劳动生活特征的舞蹈动作在不断地增加，而战争模仿、宗教祭祀祈福等形式没有这样的特征。

参考文献

[1] PEACH C. Social Geography: New Religions and Ethnoburbs−Contrasts with Cultural Geography[J]. Progress in Human Geography, 2002, 26 (2): 252−260.

[2] CRAWFORD, THOMAS W. Stability and Change on the American Religious Landscape: A Centrographic Analysis of Major U.S. Religious Groups[J]. Journal of Cultural Geography, 2005, 22 (2): 51−86.

[3] LUO W, HARTMANN J, LIU J, et al. Geographic Patterns of Zhuang (Tai)Kinship Terms in Guangxi and Border Areas: A GIS Analysis of Language and Culture Change[J]. Social & Cultural Geography, 2007, 8 (4): 575−596.

[4] SWENSEN G, JERPÅSEN G B. Cultural Heritage in Suburban Landscape Planning[J]. Landscape & Urban Planning, 2008, 87 (4): 289−300.

[5] GONZALEZ M V. Intangible Heritage Tourism and Identity[J]. Tourism Management, 2008, 29 (4): 807−810.

[6] PARKS L. Digging into Google Earth: An analysis of "Crisis in Darfur"[J]. Geoforum, 2009, 40 (4): 535−545.

[7] EETVELDE V V, ANTROP M. Indicators for Assessing Changing Landscape

参考文献

Character of Cultural Landscapes in Flanders (Belgium)[J]. Land Use Policy, 2009, 26 (4): 901−910.

[8] SAHACHAISAEREE N N. Determinant of Cultural Heritage on the Spatial Setting of Cultural Landscape: A Case Study on the Northern Region of Thailand[J]. Procedia − Social and Behavioral Sciences, 2010(5): 1241−1245.

[9] PARK H Y. Shared National Memory as Intangible Heritage: Re−imagining Two Koreas as One Nation[J]. Annals of Tourism Research, 2011, 38 (2): 520−539.

[10] BILLESUPA M. Assembling Heritage: Investigating the UNESCO Proclamation of Bedouin Intangible Heritage in Jordan[J]. International Journal of Heritage Studies, 2012, 18 (2): 107−123.

[11] WANG Y, Bramwell B. Heritage Protection and Tourism Development Priorities in Hangzhou, China: A Political Economy and Governance Perspective [J]. Tourism Management, 2012, 33 (4): 988−998.

[12] SILVIA, RITA, SEDITA. Leveraging the Intangible Cultural Heritage: Novelty and Innovation through Exaptation[J]. City Culture & Society, 2012 (3): 251−259.

[13] COMINELLI F, GREFFE X. Intangible Cultural Heritage: Safeguarding for Creativity[J]. City Culture & Society, 2012, 3 (4): 245−250.

[14] 刘沛林, 董双双. 中国古村落景观的空间意象研究[J]. 地理研究, 1998, 17 (1): 31−38.

[15] 周成虎, 李宝林. 地球空间信息图谱初步探讨[J]. 地理研究, 1998, 17 (1): 11−16.

[16] 钱智. 吴文化区域系统的初步研究[J]. 地理学报, 1998, 53 (2): 123−131.

[17] 刘继生, 陈彦光. 城镇体系空间结构的分形维数及其测算方法[J]. 地理研究, 1999 (2): 60−67.

[18] 张晓虹. 陕西文化区划及其机制分析[J]. 人文地理, 2000 (3): 17−21，72.

[19] 陈述彭, 岳天祥, 励惠国. 地学信息图谱研究及其应用[J]. 地理研究, 2000, 19 (4): 337-343.

[20] 方李莉. 文化生态失衡问题的提出[J]. 北京大学学报 (哲学社会科学版), 2001 (3): 105-113.

[21] 吴惠平. 论书法地理的地域空间研究[J]. 人文地理, 2001, 16 (2): 93-96.

[22] 朱竑, 司徒尚纪. 海南岛地域文化的空间分布研究[J]. 地理研究, 2001, 20 (4): 463-470.

[23] 罗平, 杜清运, 何素芳. 基于关系数据库的 CA 模型扩展和时空模拟实验研究[J]. 地理学与国土研究, 2002, 18 (3): 8-12.

[24] 角媛梅, 程国栋, 肖笃宁. 哈尼梯田文化景观及其保护研究[J]. 地理研究, 2002, 21 (6): 733-741.

[25] 张捷. 基于人地关系的书法地理学研究[J]. 人文地理, 2003, 18 (5): 1-6.

[26] 潘鲁生. 走进民艺：呼吁民间文化生态保护[J]. 美术研究, 2003 (2): 54-59.

[27] 李蕾蕾. 从新文化地理学重构人文地理学的研究框架[J]. 地理研究, 2004, 23 (1): 125-135.

[28] 许桂灵, 司徒尚纪. 广东华侨文化景观及其地域分异[J]. 地理研究, 2004, 23 (3): 411-421.

[29] 乌丙安. 非物质文化遗产保护中文化圈理论的应用[J]. 江西社会科学, 2005 (1): 102-106.

[30] 李蕾蕾. 当代西方"新文化地理学"知识谱系引论[J]. 人文地理, 2005, 20 (5): 77-83.

[31] 陈述彭, 黄翀. 文化遗产保护与开发的思考[J]. 地理研究, 2005, 24 (4): 489-498.

[32] 张红, 王新生, 余瑞林. 基于 Voronoi 图的测度点状目标空间分布特征的方法[J]. 华中师范大学学报（自然科学版）, 2005, 39 (3): 422-426.

[33] 邓运员, 代侦勇, 刘沛林. 基于 GIS 的中国南方传统聚落景观保护管理信

息系统初步研究[J]. 测绘科学, 2006, 31 (4): 74−77.

[34] 邓运员, 申秀英, 刘沛林. GIS 支持下的传统聚落景观管理模式[J]. 经济地理, 2006, 26 (4): 693−697.

[35] 龚建华, 林晖. 面向地理环境主体 GIS 初探[J]. 武汉大学学报 (信息科学版), 2006, 31 (8): 704−708.

[36] 涂超. GIS 在历史文化资源保护中的应用研究[J]. 计算机技术与发展, 2006, 16 (7): 165−167.

[37] 夏玢. 地理环境对黄梅戏的影响的初步研究[J]. 云南地理环境研究, 2006, 18 (2): 107−110.

[38] 祁庆富. 论非物质文化遗产保护中的传承及传承人[J]. 西北民族研究, 2006 (3): 114−123, 199.

[39] 郑威. 地方性: 一种旅游人类学视角: 以广西贺州区域旅游研究为个案[J]. 改革与战略, 2006 (4): 123−125.

[40] 许志晖, 戴学军, 庄大昌, 等. 南京市旅游景区景点系统空间结构分形研究[J]. 地理研究, 2007, 26 (1): 132−140.

[41] 王彬, 司徒尚纪. 基于 GIS 的广东地名景观分析[J]. 地理研究, 2007, 26 (2): 238−248.

[42] 唐晓峰, 周尚意, 李蕾蕾. 超级机制与文化地理学研究[J]. 地理研究, 2008, 27 (2): 431−438.

[43] 唐文跃. 地方感: 旅游规划的新视角[J]. 旅游学刊, 2008, 23 (8): 11.

[44] 刘沛林. "景观信息链" 理论及其在文化旅游地规划中的运用[J]. 经济地理, 2008, 28 (6): 1035−1039.

[45] 李凡. GIS 在历史、文化地理学研究中的应用及展望[J]. 地理与地理信息科学, 2008, 24 (1): 21−26.

[46] 吴康. 戏曲文化的空间扩散及其文化区演变: 以国家非物质文化遗产淮剧为例[J]. 地理研究, 2009, 28 (5): 1427−1439.

[47] 张中华, 王岚, 张沛. 国外地方理论应用旅游意象的研究的空间解构[J].

现代城市研究, 2009 (5): 69-75.

[48] 刘沛林, 刘春腊. 基于景观基因完整性理念的传统聚落保护与开发[J]. 经济地理, 2009, 29 (10): 1731-1736.

[49] 刘沛林, 刘春腊, 邓运员, 等. 客家传统聚落景观基因识别及其地学视角的解析[J]. 人文地理, 2009, 6: 40-44.

[50] 吴康. 戏曲文化的空间扩散及其文化区演变: 以国家非物质文化遗产淮剧为例[J]. 地理研究, 2009, 28 (5): 1427-1439.

[51] 李凡, 司徒尚纪. 民间信仰文化景观的时空演变及对社会文化空间的整合: 以明至民国初期佛山神庙为视角[J]. 地理研究, 2009, 28 (6): 1550-1561.

[52] 薛熙明, 朱竑, 唐雪琼. 城市宗教景观的空间布局及演化: 以1842年以来的广州基督教教堂为例[J]. 人文地理, 2009, 24 (1): 48-52.

[53] 艾大宾, 李宏芸, 谢贤健. 农村居民婚姻迁移空间演变及内在机制: 以四川盆地为例[J]. 地理研究, 2010, 29 (8): 1427-1439.

[54] 姚华松, 许学强, 薛德升. 人文地理学研究中对空间的再认识[J]. 人文地理, 2010, 25 (2): 8-12.

[55] 柴国珍, 孙文学. 山西非物质文化遗产的时空分布与重心移动分析[J]. 文化遗产, 2010 (2): 6-11.

[56] 李双成, 王羊, 蔡运龙. 复杂性科学视角下的地理学研究范式转型[J]. 地理学报, 2010, 65 (11): 1315-1324.

[57] 李凡, 朱竑, 黄维. 从地理学视角看城市历史文化景观集体记忆的研究[J]. 人文地理, 2010, 4: 60-67.

[58] 周尚意, 左一鸥, 吴倩. KFC在北京城区的空间扩散模型[J]. 地理学报, 2010, 63 (12): 1311-1317.

[59] 刘沛林, 刘春腊, 李伯华, 等. 中国少数民族传统聚落景观特征及其基因分析[J]. 地理科学, 2010, 30 (6): 810-817.

[60] 刘沛林, 刘春腊, 邓运员, 等. 中国传统聚落景观区划及其景观基因识别

要素研究[J]. 地理学报, 2010, 65 (12): 1496−1506.

[61] 吴兴帜. 文化生态区与非物质文化遗产保护研究[J]. 广西民族研究, 2011 (4): 192−197.

[62] 马建华. 文化生态保护的理念与方法[J]. 福建艺术, 2011 (5): 29−33.

[63] 邓运员, 杨柳, 刘沛林. 景观基因视角的湖南省古村镇文化特质及其保护价值[J]. 经济地理, 2011, 31 (9): 1552−1557, 1584.

[64] 谢菲. 国外非物质文化遗产相关研究述评[J]. 贵州民族研究, 2011 (6): 93−98.

[65] 郑春霞, 周常春. 广义文化空间视角下非物质文化遗产保护研究：以福建土楼为例[J]. 昆明理工大学学报 (社会科学版), 2012, 12 (6): 82−87.

[66] 周全明. 罗山皮影戏的传承江湖研究：兼论非物质文化遗产文化生态保护区的建设与保护[J]. 河南教育学院学报 (哲学社会科学版), 2012, 31 (6): 25−28.

[67] 黄永林, 谈国新. 中国非物质文化遗产数字化保护与开发研究[J]. 华中师范大学学报（人文社会科学版）, 2012, 51 (2): 49−55.

[68] 宋奕. 福柯的启示：空间视角中的"文化遗产"[J]. 东南文化, 2012 (4): 15−20.

[69] 袁少雄, 陈波. 广东省非物质文化遗产结构及地理空间分布[J]. 热带地理, 2012, 32 (1): 94−97.

[70] 欧阳正宇. 丝绸之路非物质文化遗产旅游开发 RMP 分析[J]. 干旱区资源与环境, 2012, 26 (12): 203−208.

[71] 胡最, 刘沛林, 曹帅强. 湖南省传统聚落景观基因的空间特征[J]. 地理学报, 2013, 68 (2): 219−231.

[72] 徐杰, 吴承照, 王莫迪. 非物质文化遗产主题式开发的实践与思考：以石林民俗文化主题园为例[J]. 中国园林, 2013 (1): 60−64.

[73] 贾鸿雁, 徐红. 苏州非物质文化遗产资源的旅游开发研究：基于 RMP 的分析[J]. 资源开发与市场, 2013, 29 (1): 102−105.

[74] 程乾, 凌素培. 中国非物质文化遗产的空间分布特征及影响因素分析[J]. 地理科学, 2013, 33 (10): 1166–1173.

[75] 李仁杰, 傅学庆, 张军海. 非物质文化景观研究：载体、空间化与时空尺度[J]. 地域研究与开发, 2013, 32 (3): 49–55.

[76] 曾芸. 文化生态与非物质文化遗产保护研究[J]. 中央民族大学学报 (哲学社会科学版), 2013, 40 (3): 92–96.

[77] 李仁杰, 傅学庆, 张军海. 非物质文化空间数据库与地图表达方法：基于定西剪纸的实证研究[J]. 人文地理, 2014, 29 (1): 20–25.

[78] 蒋丽芹. 非物质文化遗产旅游价值评价体系构建及应用[J]. 边疆经济与文化, 2014 (1): 9–11.

[79] 吴清, 李细归, 张明. 中国不同类型非物质文化遗产的空间分布与成因[J]. 经济地理, 2015, 35 (6): 175–183.

[80] 胡美娟, 李在军, 侯国林, 等. 江苏省乡村旅游景点空间格局及其多尺度特征[J]. 经济地理, 2015 (6): 202–208.

[81] 王芳, 周年兴, 关健, 等. 中国民歌文化景观基因空间分布特征及形成机理[J]. 热带地理, 2015, 35 (6): 797–803.

[82] 王录仓, 杨志鹏, 武荣伟, 等. 甘肃黄河三峡景区旅游资源空间结构研究[J]. 干旱区研究, 2016, 33 (1): 215–222.

[83] 马知遥, 刘智英, 刘垚瑶. 中国非物质文化遗产保护理念的几个关键性问题[J]. 民俗研究, 2019 (6): 39–46, 157–158.

[84] 王晓华. 非物质文化遗产旅游化利用中的地方文化精英[J]. 旅游学刊, 2019, 34 (5): 5–6.

[85] 陶伟, 蔡浩辉, 高雨欣, 等. 身体地理学视角下非物质文化遗产的传承与实践[J]. 地理学报, 2020 (10): 2256–2268.

[86] SAUER C O. The Morphology of Landscape[J]. University of California Publication in Geography, 1925 (2): 19–54.

[87] JACKSON J B. Discovering the Vernacular Landscape[M]. New Haven: Yale

University Press, 1984.

[88] COSGROVE D. Social Formation and Symbolic Landscape[M]. London: CroomHelm, 1988.

[89] SMITH N. Homeless. Global: Scaling of Places[M].//BIRD J, PUTNAM T, ROBERTSON G, et al. Mapping the Futures Local Cultures Global Change. London: Routledge, 1993.

[90] MADOWELL L. The Transformation of Cultural Geography[M]//GREGORY D, MARTIN R, SMITH G. (eds.) Human Geography: Society, Space and Social Science. Houndmills: The Macmillan Press LTD, 1994.

[91] JORDAN T G, DOMOSH M, ROWNTREE L. The Human Mosaic: A The matic Introduction to Cultural Geography[M]. 7th edition. New York: Longman, 1997.

[92] DANIELS S. Marxism, Culture and The Duplicity of Landscape[M]// ANGNEW J, LIVINGSTONE D N, ROGERS A. Human Geography: An Essential Anthology. Cambridge Mass: Blackwell, 1996.

[93] ADAMS P C, HOELSCHER S, TILL K E. Textures of Place: Exploring Humanist Geographies[M]. Minneapolis: University of Minnesota Press, 2001.

[94] 德伯里. 人文地理：文化，社会与空间[M]. 王民，译. 北京：北京师范大学出版社，1988.

[95] 约翰斯顿. 哲学与人文地理学[M]. 蔡运龙，等译. 北京：商务印书馆，2000.

[96] 约翰斯顿. 人文地理学词典[M]. 北京：商务印书馆，2004.

[97] 保罗·诺克斯，斯蒂文·平奇. 城市社会地理学导论[M]. 柴彦威，张景秋，译. 北京：商务印书馆，2005.

[98] 苏珊·汉森. 改变世界的十大地理思想[M]. 北京：商务印书馆，2009.

[99] 李旭旦. 人文地理学[M]. 上海：中国大百科全书出版社，1984.

[100] 郭仁忠. 空间分析[M]. 武汉：武汉测绘科技大学出版社，1997.

[101] 陈述彭. 地学信息图谱探索研究[M]. 北京：商务印书馆，2001.

[102] 向云驹. 人类口头和非物质遗产[M]. 银川：宁夏人民教育出版社，2004.

[103] 王文章. 非物质文化遗产概论[M]. 修订版. 北京：教育科学出版社，2013.

[104] 陕西人民出版社项目组. 第一批陕西非物质文化遗产图录[M]. 西安：陕西人民出版社，2008.

[105]《新疆非物质文化遗产集锦》编委会. 新疆非物质文化集锦[M]. 乌鲁木齐：新疆美术摄影出版社，新疆电子音像出版社，2009.

[106]《河南省国家级非物质文化遗产图录》委员会. 河南省国家级非物质文化遗产图录[M]. 郑州：河南人民出版社，2011.

[107] 陈青，王福生，马廷旭. 甘肃省文化资源名录：非物质文化遗产[M]. 北京：中国书籍出版社，2017.